TIYUYUANXIAOHANSHOUJIAOCAI

TIYUXINLIXUE

uyuanxiaochengrenjiaoyuxiezuozu《tiyuxinlixue》jiaocaibianxiezu

育院校成人教育协作组《体育心理学》教材编写组

体育心理学

体育院校
函授教材

民体育出版社

内 容 提 要

本书由国家体委认定的体育学院函授教材编写成员集多年教学经验编写而成。内容分为体育心理学研究的对象、意义和方法、体育运动中的认知过程、体育运动中的心理状态、体育运动与个性、青少年的心理发展、体育运动动机、体育教学心理、体育运动心理卫生、运动训练心理、运动员的心理训练、运动竞赛心理等 11 章。本书突出体育心理学应用学科的特点,介绍了体育运动心理实验和研究方法,内容翔实,力求理论上的系统性和科学性。每章前均设有自学指导,章末列有思考题和作业题。是成人体育函授教育本、专科生的教科书,也可以作为中小学体育教师、基层运动队教练员业务进修自学的教材。

前　　言

本教材是根据国家教委关于函授教育的有关规定和国家体委直属体育学院函授指导性计划的要求，总结了各体育学院函授及全日制本科教材编写经验编写而成的。

本教材使用对象为成人教育体育教育专业本科生，也可供体育成人教育各学制学生使用和体育工作者参考。

本书内容力求理论上的系统性和科学性，并突出体育心理学的应用学科特点，介绍了体育运动心理实验和研究方法，以便读者学以致用。为了便于函授生自学，在每章正文之前都有内容简介、学习的重点与难点、学习方法与要求，每章之末列有思考题和作业题。

本教材编写人员由国家体委认定。王天生副教授任主编，编写人员（以姓氏笔画为序）有：王天生副教授（编写第一、二、三、八章，第五章第三节，及全书的串编、修改）、华炳麟副教授（编写第五章第一、二节）、张家骅副教授（编写第七、九章）、柴文袖教授（编写第四、六章）、谢三才教授（编写第十、十一章）。

本教材经上海体育学院、广州体育学院、天津体育学院、北京体育大学、成都体育学院、西安体育学院、吉林体育学院、沈阳体育学院、武汉体育学院、福建体育学院（以笔画为序）10所院校成人教育协作组的专家和学者审定。

在编写过程中，本书采用了中外许多前人著作中的资料（书后附有主要参考书目），在此谨向原作者表示衷心的感谢。

由于编写时间较为仓促，本教材不足之处在所难免，敬请广大读者提出宝贵意见，以便今后修改。

《体育心理学》教材编写组

1995年12月

目　　录

第一章　体育心理学研究的对象、意义和方法

自 学 指 导

一、内容简介

本章分为三个部分，介绍了体育心理学研究的对象、研究的意义和研究方法。

第一部分着重阐述了体育心理学是研究体育运动中心理现象的特点和规律的科学。心理现象由心理过程、心理状态和个性三大部分构成，三者各不相同，但又紧密联系、相互依存、相互渗透、相互影响。从可变性和稳定性、共同性和个别性两个方面阐述了三者之间的区别。此外还阐述了体育心理学研究的内容，体育心理学与运动心理学的关系，研究体育心理学的实践意义和理论意义。

第二部分介绍了体育心理学研究的基本步骤和主要研究方法。研究的基本步骤有拟定研究课题、确定研究方法、搜集整理资料、撰写研究论文四个阶段。主要研究方法有自然观察法、自我观察法、自然实验法、实验室实验法和调查法。学员了解这部分内容有助于日后科研工作的开展。

第三部分阐述了研究设计中的变量控制问题，研究者首先应明确自己的研究属于什么性质的研究，哪些是自变量，哪些是因变量，还应在研究中排除额外变量和主试者态度对研究结果的影响。

二、重点与难点

本章教学重点有二：一是使学员从总体上了解体育心理学研究的对象是什么，研究的内容有哪些，以便为以后逐章讲述打下综合认识的基础；二是掌握体育心理学常用的研究方法，为今后的实践服务。难点是学员初接触心理学的概念，而本章第一节提到的概念又很多，这些概念与日常概念既有相同之处又不完全一样，在以后几章又将详细阐述，所以学员对本章的主要概念只要理解就行，不必过多深究。

三、学习方法与要求

函授学员应在教师面授之前认真通读本章内容并作好读书笔记。抽象的概念若理解不深则不必过于纠缠，可留待教师面授辅导时解答。有些概念在以后的学习中还要详加解释。对于科研方法应重点掌握其中的一种，能联系自己的体育运动实际，设计一项体育心理的研究则更有益处。

第一节　体育心理学研究的对象和意义

一、体育心理学研究的对象

任何一门独立的学科，都有它自己独特的研究对象。体育心理学作为心理科学的一门重要分支学科，它的研究对象是什么呢？换句话说，体育心理学是研究什么的呢？

体育心理学是研究体育运动中心理现象的特点和规律的科学。

学生、运动员、体育教师、教练员以及运动队的领队、参观比赛的观众都是体育运动的参与者，每个人随时随地都会有各种各样的心理活动，这些心理活动的表现形式我们称之为心理现象。为了便于大家具体了解什么是心理现象，请读下面一篇描述一位获奖运动员“心理”的短文，请特别留意加点的那些词：

一位经过多年刻苦训练、奋力拼搏，终于登上国际比赛领奖台的中国运动员，当她注视着鲜艳的五星红旗冉冉升起，听到雄壮的《义勇军进行曲》响彻比赛大厅，眼里充满了激动的泪水。人们都知道当上世界冠军的幸福与快乐，然而有多少人理解这冠军的泪水中还包含着多少复杂的情感。回忆走过的艰辛的路程，为了这日夜向往的世界冠军的领奖台，她付出的痛苦的代价是常人难以想象的。但她终于没有辜负祖国人民的期望，以她无比顽强的意志和高人一筹的运动能力，为祖国争得了荣誉。在她的成长道路上，人们可以看得出她那不断进取、不断追求、不达目的绝不罢休的性格……

以上加点的词表达的都是心理现象。

心理现象作为一个整体，可以分为三个大的部分。这就是心理过程、心理状态和个性。

心理过程是指人每时每刻都在发生、发展和变化的心理活动过程。传统上又把心理过程分为认识、情感和意志三种过程。我们前面引用的那段话中所说的注视、听到、回忆、理解、想象都属于认识过程；激动、幸福、快乐、痛苦属于人的情绪、情感过程；奋斗、追求、意志等则属于意志过程。这种划分方法称为知、情、意三分法。还有一种二分法，即把心理活动过程分为认知活动和意向活动两个部分，前者是认识世界的过程；后者是改造世界的过程。两种分法，各有道理。

心理状态是指人在特定时间内特定情境中心理活动的特点。人的任何活动都离不开一定的时间和场合，心理活动也是如此。上述那位女运动员在获得世界冠军时刻，登上领奖台的情境中，所有的心理活动都表现为一定的心理状态，这种心理状态与其他时间、其他场合的心理状态大不一样。心理状态按照个体的觉醒水平可以划分为意识状态、无意识状态和注意状态。也可按照心理活动的性质划分为动机状态、认识状态、情感情绪状态、意志状态等。前述运动员例子中所提到的向往、期望等，都属于动机状态。

心理现象的第三个组成部分是个性。个性是指个体具有一定倾向性的比较稳定的心理特征的总和。前述例子中提到的能力、性格以及气质等都属于个性的范畴。个性体现了人与人在心理上的差异。

心理过程、心理状态和个性，三者各不相同，但又紧密联系、相互依存、相互渗透、相互影响。

从可变性和稳定性上看，心理过程具有高度的可变性。例如视觉对光适应的感受性，几分钟内可以有成万倍的变化。心理状态则不像心理过程变化那么快，例如运动员在比赛中的激动状态，可以持续几十分钟或几小时，比赛后则代之以放松状态。而人的个性则有较强的稳定性。“江山易改，本性难移”说的就是这个意思。

再从人的心理的共同性和个别性上看，心理过程更多地体现了人类心理活动的共同性。如认识过程，其活动规律人与人大体相同。而心理状态人与人会有较大差异。如比赛中情绪状态，有的运动员可能相当紧张，有的运动员则比较放松。个性则体现了人与人心理上的差异性，即个别性。俗话说的“人心不同，各如其面”，就是指人们的个性差异。虽然心理过程、心理状态、个性三者各自有不同的含义和特点，但三者都统一在心理活动这一整体之中，紧密地联系在一起。一方面，心理过程从感知觉、记忆、思维直至运动反应，都是在一定的心理状态背景下进行的，心理状态、个性特点都影响着心理过程，如比赛中运动员的过分激动状态影响着他的感知觉过程。另一方面，经常性的心理过程和心理状态对人的个性品质的形成起着决定性的作用。例如，经常性的过度的焦虑状态，会使一个少年运动员形成烦躁不安的个性品质。

以上我们阐述了什么是心理现象，心理现象的三个组成部分及三者之间的关系。体育心理学作为心理科学体系中一门重要的分支学科，它所要研究的不是一般人的心理现象，而是在体育运动情境中，体育运动的参与者心理活动的特点和规律性。具体来说，体育心理学研究的对象应包括下列内容（图 1—1）。

体育运动心理	运动认知过程	运动感知觉 运动表象和想象 运动记忆和思维 专项运动中的认知过程	体育教学、运动训练的心理基础
	运动心理状态	运动意识和无意识 运动中的注意状态 运动员的情绪、情感状态 运动员的意志努力状态	运动竞赛的心理条件与环境
	运动参与者的个性	运动员的动机、能力、气质、性格 教练员、体育教师的个性 体育管理者、观众的心理特征	运动员心理选材管理与训练的心理依据

图 1—1　体育心理学研究的内容

从上图可以看出，体育心理学研究的内容是在体育运动的特定条件下，参与体育运动的个体或群体的心理现象，通过研究揭示体育运动认知过程、运动心理状态和体育运动参与者个性发生、发展和变化的规律，为体育运动实践服务。

那么，体育心理学和运动心理学有何关系呢？

体育心理学和运动心理学都是心理科学的重要分支学科。“体育”一词，如果作广义理解，包括身体锻炼和运动竞技，那么体育心理学也可称为体育运动心理学；如果作狭义理解，体育侧重于身体锻炼，与德育、智育并列，构成人的全面教育，则体育心理学属于教育心理学下属的分支。当将体育心理学和运动心理学并列而谈时，前者研究的重点在于体育教育、教学中的心理规律；后者研究的重点在于运动训练和运动竞赛中的心理活动规律。目前在中国，体育心理学和运动心理学研究的对象和内容并无很大差异，只是侧重点有所不同。因此，至少在目前我们不必将它们看作两门截然不同的学科。

二、体育心理学研究的意义

德国著名的心理学家艾宾浩斯曾经说过：“心理学有一个长久的过去，但只有一个短的历史”。1879年德国心理学家、科学心理学的创始人冯特在德国莱比锡创立了世界上第一个心理实验室，标志着科学心理学的诞生。从那时到现在，心理学仅仅有一百多年的历史。然而，它却是随着当时社会历史的前进应运而生、随着科学技术的进步而迅速发展的。作为心理科学体系里一支更为年轻的分支的体育运动心理学，形成的历史则更短。1913年，在现代奥运会的创始人顾拜旦的倡议下，国际奥委会在瑞士洛桑召开了运动心理学的专门会议，体育运动心理学才进入了科学的行列。1965年，为了探讨运动创伤的心理因素，在意大利运动医学联盟倡导下，在罗马召开了第一届国际运动心理学会议，并且成立了国际运动心理学会。我国于1979年成立了中国心理学会体育运动心理学专业委员会，1980年成立了中国体育科学学会运动心理学专业委员会。体育运动心理学研究机构的成立以及研究工作的开展，都是与体育运动事业的发展和对体育运动心理学的实际需要分不开的。

研究体育心理有以下实践意义：

（一）从体育教学角度看，大、中、小学的体育教学与其他学科的教学相比，有很大的不同。体育教学有其自身的特点和规律。体育教学除了使学生掌握必要的体育知识外，其主要目标在于使学生形成一定的运动技能和技巧，发展学生的身体素质和运动能力。体育心理学研究体育运动中心理活动过程和心理状态的规律性，揭示青少年学生和运动员身心发展的特征，这就为体育教学过程中采用合理的教学、训练措施提供了科学的依据，从而有效地提高体育教学的质量。例如，一位初中体育教师如果懂得体育心理学，了解了无意注意和有意注意在一定条件下相互转变的规律，同时又熟悉少年期学生运动动机和体育活动兴趣方面的心理特点，就可以将体育课组织得生动活泼，学生参加体育锻炼兴趣盎然，就会取得良好的教学效果。

（二）从运动训练角度看，运动训练可以说是对运动员全面教育的一种手段，现代运动训练除了身体训练、技术训练和战术训练以外，心理训练也是很重要的一个方面。运动训练这四个方面是相互依存、相互影响、紧密联系、有机结合的。这里包含两层意思：一层意思是说，在运动训练过程中必须注意运动员的全面发展，即在思想上、心理上、身体上、技战术上各个方面都得到全面的良好的发展；另一层意思是说，运动训练这四个方面互相之间是有连带关系的，只重视一个方面的训练而忽视其余方面是不可行的，而被重视的这一方面也很难取得显著的成效。从一定意义上说，心理训练是其他三种训练的基础，在身体训练、技术训练和战术训练中，必须重视其中所涉及的心理因素，并在训练中有意识地运用心理学的规律，才可能提高这三种训练的效果。这就要求教练员和运动员都必须掌握体育心理学的知识。例如运动技术训练中，心理因素就渗透其中。运动技能的形成就涉及到视觉表象、动觉表象、视动综合表象、空间知觉、时间知觉以及注意、思维、情绪等诸多方面的心理因素和心理活动的规律性，了解了这些，才能真正明白技能形成的过程，才能有意识有目的地改进技术训练。此外，运动员的动机、兴趣、性格、气质都影响着身体训练、技战术训练的效果，因此，学习体育心理学，有益于运动训练。

（三）从运动竞赛角度看，学习体育心理也有助于提高运动竞赛成绩。竞赛是训练的继续，竞赛的主要目的就是提高运动成绩，从而战胜对手。竞赛不仅是体力、技术、战术方面的竞争，而且是心理方面的较量。在竞赛中，技术、战术、体力、心理这些方面各对运动成绩的影响起多大作用？我们不应一概而论。一般来说，在低水平的运动竞赛中，技术、体力因素对运动成绩的影响较大，心理因素所占比例较小，而在高水平的运动竞赛中则相反，比赛各方在技术、体力方面相差无几或各有所长，比赛中心理因素则起着相当大甚至是决定性的作用。思维敏捷、情绪稳定、注意集中、运动员良好的心理状态是取得优异成绩的基本保证。同样，不良的心理状态也会造成技术动作的差错，导致比赛失败。有人对举重运动员做过研究，发现心理状态好的运动员一般可举起自己历史最高纪录的85％～

90％，而心理状态不佳的运动员只能举起70％～80％。另有人对一次世界大赛的体操运动员调查，在212次总失误中，由于过分激动、惧怕等心理因素造成的失误达到131次，占总失误次数的61％。因此，平时应注重运用体育心理学的方法对运动员进行心理训练，比赛中又要善于进行心理调节，正确处置心理压力，克服心理疲劳，避免因心理状态不佳导致的运动创伤。此外，战术思维以及心理战术的运用对于战胜对手都具有十分重要的意义。

（四）从运动选材角度看，学习和掌握体育心理学有助于科学地选拔运动员。科学选材是培养优秀运动员的先决条件。选拔运动员不仅应考查其身体形态、生理机能、遗传素质以及他已达到的运动水平，还应对其个性品质进行考查。其中包括性格、气质、能力等诸多方面。就能力而言，不仅要考查一般能力即观察力、记忆力、注意力、思维能力等，还要考查专项运动所需的特殊能力，如球类运动员的时间知觉能力、空间知觉能力、快速反应能力；中长跑运动员的速度知觉能力、距离知觉能力；体操运动员的协调能力、节奏感；射击运动员的情绪控制能力以及高度的注意集中能力等。结合专项，对运动员的心理品质考查可以在很大程度上减少选材的盲目性并有效地降低淘汰率。

由此可见，体育心理学是一门为体育运动服务的实践性很强的应用学科。体育教师、教练员、运动员都应较好地学习体育心理学并且有意识地在运动实践中运用它。在体育院校开设体育心理学课程的另一原因，是因为体育心理学是体育理论、体育教育学以及各专项技术学科教学法的理论基础之一。从这一角度看，体育心理学也是体育专业必修的一门专业基础理论课。

学习和研究体育心理学，除了具有实践意义之外，还有重要的理论意义。人的心理是从哪里来的？心理的本质是什么？围绕这个问题，从古至今思想家们已经争论了几千年。

持唯心主义观点的人把心理看成是世界上的本源。心理现象是大脑之外的独立存在的东西，古代人甚至有不少现代人认为人的思维、感觉、做梦等心理现象是灵魂或某种精神的活动。认为这种灵魂或精神似乎是人一生下来就寄住在人的身体里的，当人睡着或者死亡时就离开了。这些人将心理看成是不依赖物质而存在的虚无飘渺的东西，这种认识是错误的。

持唯物主义观点的人认为，物质世界、客观现实是第一性的，心理是物质发展到一定高级阶段的属性。人的心理是人体的一种功能，人脑是心理的最重要的器官。但这并不是说，只靠人脑便能产生心理，没有人体对客观现实的相互作用，还是不能产生心理现象。

按照辩证唯物主义的认识，人的心理乃是客观现实在人脑中的反映；就心理产生的方式来说，是客观事物作用于人所引起的大脑的反射活动，是人脑的机能。所以列宁将心理学说成是“构成认识论和辩证法的知识领域之一”，“心理学提供的一些原理已使人们不得不拒绝主观主义而接受唯物主义。”

这就是学习体育心理学的理论意义。

由于人体具有生理功能和心理功能这两种功能，生理功能是低级功能，心理功能是建立在生理功能基础上的高级功能，因此，在研究心理现象时，不可避免地涉及到心理现象的生理机制，特别是高级神经系统活动的生理心理过程的机制。所以要学好体育心理学，不但应该具备一定的哲学、社会学、教育学等社会科学方面的基础知识，也应具备生理学、解剖学、物理学等自然科学方面的基础知识，从这一角度上看体育心理学既是一门社会科学，也是一门自然科学。也有人将体育心理学称为边缘科学或交叉科学。

第二节　体育心理学的研究方法

为了探讨体育运动中心理活动的规律，提高体育教学的效果，提高运动训练的水平，就必须重视体育心理学的科学研究工作。许多体育教师、教练员具有丰富的体育运动实践经验，很希望将这些经验升华到理论的高度，很希望开展体育运动心理的科学研究，但又往往感到心理这东西虚无飘渺，看不见摸不着，自己是“老虎吃天，无处下爪”，不知如何着手研究。在此，我们首先阐述进行体育心理学研究的基本步骤。

一、体育心理学研究的基本步骤

一般来说，研究的全过程包括拟定研究课题、确定研究方法、搜集整理资料、撰写研究论文四个阶段。

(一)拟定研究课题

这是研究工作的第一步。首先要在头脑中明确自己打算研究什么问题。研究的课题不是凭空产生的，课题一般来自于三个方面：一是体育运动的实践，二是研究者个人经验，三是前人遗留的未能很好解决的问题。

体育运动实践对体育心理学提出了许多亟待解决的问题，例如比赛中的心理压力和焦虑情绪的控制问题，在许多重大比赛中最常见的问题就出在这方面。世界公认美国 NBA 职业篮球总决赛是世界上水平最高的篮球比赛，然而在 1994

年 6 月 23 日的总决赛上，纽约尼克斯队由于一名主力队员经受不住强大的心理压力，连投 11 个三分球竟无一中的，从而导致该队败北。同日，在美国举办的第十五届世界杯足球赛小组第二轮比赛中，赛前普遍看好的哥伦比亚队与美国队比赛，哥伦比亚队一名球员在慌乱中方向不辨将球射进自己大门，使哥伦比亚队成了小组第一个被淘汰的队。再如高级运动员的运动动机问题，为什么我国培养出来的优秀运动员、教练员大量外流，造成一些项目的中国“海外兵团”对中国队的直接威胁？另外，为什么有些人热衷于参与像登山、攀岩、高山速滑、汽车大奖赛等运动项目？当这些运动员处于极端的压力、生命安全受到严重威胁时仍能保持甚至提高运动表现？体育运动实践提出的诸如此类的问题值得我们认真研究。

作为一名体育教师或者教练员，我们在日常体育教学和运动训练中经常会碰到一些体育心理学的问题需要我们去研究。例如，学生、运动员身体训练中产生的心理疲劳问题，运动员的心理选材问题、运动技能学习迁移问题等。

还有一些体育心理学的问题前人虽然已经研究过，但随着时间的推移和科技的进步，他们研究的论据是否充分，方法是否得当，结论是否正确，需要我们的新材料、新方法、新观点加以发展补充、修正或重新进行研究。例如，上世纪末，德国心理学家艾宾浩斯以自己为被试者，运用无意义音节作为学习材料进行记忆的研究，最后发现遗忘曲线被称为“艾宾浩斯遗忘曲线”。这一研究历来被视为记忆的经典研究。但是诗歌、散文、运动动作等学习材料的遗忘发展规律是什么?其后有许多学者进行了研究，都属于对前人研究成果的发展和补充。

知道了课题的来源还不够，我们必须对研究课题“敏感”，这要以一定的知识水平和实际工作经验为基础。知识越深厚，经验越丰富，越容易发现、明确应该研究的问题。我们不仅应具有体育专业知识，还应具有较为丰富的普通心理学知识、体育心理学知识以及一些教育心理学知识，同时对体育教学过程、运动训练过程、运动竞赛现场的实际情况有较为深入的了解。

研究不是人云亦云，思维必须有独创性。但独创性是逐步形成的。我们开始只是有个大致的想法，通过对运动实践的深入了解，广泛阅读他人在某方面研究的成果，考查他们的研究方法，启发我们的思维，就会逐渐明确我们所要研究的问题，这样，我们就可以初步确定研究课题，制定切实可行的研究方案了。此时，我们应尽可能读到所有能够找到的有关文献和资料，这样一是可以更广泛更深入地对研究问题缜密思考，二是避免再去研究别人已经研究透彻了的问题，白白浪费时间和精力。研究的范围起初可能比较大，到确定课题时则不可太大，研究课题范围越明确越具体越好，切忌研究范围过大、研究的问题模糊不清或者研究的课题超出自己能力范围，驾驭不了研究过程。

（二）确定研究方法

研究的课题明确之后，就需要按照课题的性质、研究的目的，慎重地选择研究的方法。采用的方法得当与否，直接影响到研究的结果。体育心理学的研究一般采用观察法、调查法、实验法等，具体运用哪种方法，首先应考虑的是课题的要求，是采取定性的研究还是定量的研究？同时还必须考虑到研究时间的限制、经费开支的多少等客观条件，因为有的研究所需周期较长，如体育教学心理的自然实验法，它至少需半个月时间，有些实验室实验需购置价钱不菲的仪器，一般就难在考虑之列。

与确定研究方法相关联的另一个重要问题是确定什么人作为研究的被试者，也就是选择研究对象的问题。在心理测量学上叫做选取样本。选取样本，要保证样本的质和量。质，主要指选取的被试者要有代表性，也就是说，选取的被试者在某些特点上能代表研究对象总体的真实情况，而不至于因为选取的被试者某一方面的特点突出或者欠缺而影响研究结果的真实性。例如，我们要调查某省初中学生练习长跑的兴趣，就不能只选重点中学的学生，不选非重点中学的学生，只选城市中学学生，不选农村中学学生。更不能只选男生不选女生，选各科学习成绩好的学生不选各科成绩差的学生。在可取的样本很多，难以取舍的情况下，可采用随机取样的办法。关于样本的量，即被试者数量的多少，要视课题的需要和现有条件而定。如果在现有条件下，获得数据资料的方法简单容易，取样范围可以大一些；如果方法复杂，费时较多，研究经费又有较大限制时，取样范围可以小些。但须注意研究范围不可过小，过小了研究没有统计学意义，研究结果的正确性就会大打折扣。

（三）实施搜集资料

这是研究者实际接触被试者、实施研究的关键步骤。由于在体育运动中，影响心理活动的因素很多，体育运动参与者心理活动变化迅速，其表现形式又是多种多样，这给实施研究带来一定的难度，要求研究者充分施展自己的专业才能，既要周密计划，研究中又要具有高度的敏感和机智；既抓住问题的核心和关键，又不能忽视重要的细节。因此，常在正式实施研究前，进行预备性实验、预备性观察或预备性调查，以便熟悉实施过程，同时也可对实施方案和过程进行一次检查，并预先加以补充或修正。

准确地运用方法，严格地取样调查，认真地记录数据，仔细地进行处理，这是研究者必须做到的基本要求。

（四）撰写研究论文

这是取得研究成果的阶段。在完成上述阶段任务的基础上，首先要将实验或调查得来的资料进行分析。材料的分析方法一般有两大类，一类叫做定性分析，即确定某种心理现象的特性、品质、类型以及效能等；另一类叫做定量分析，即确定某种心理现象的分量、程度、水平、比例等。体育心理学的研究材料，大多数都可运用体育统计和心理统计方法进行定量分析。根据统计处理的结果，检查最初阶段提出的假设是否正确，研究计划和实施过程有无问题，研究方法的信度和效度如何，然后才能慎重地得出结论。如果是实验研究，研究的结果与最初的假设不相符合，甚至被推翻，也必须以科学的实事求是的态度对待之。有时还须重新设计实验，再次进行研究。

要将研究成果完美地表述出来，以求达到学术交流的目的，这就要求论文阐述中思路清晰、立论正确、逻辑严密、词语确切、行文简练。作为实验性研究论文，一般要有研究的目的、研究的方法、结果与分析、结论或建议等主要部分。论文最后还应列出参考文献目录，以供读者查阅。

二、体育心理学的主要研究方法

（一）自然观察法

自然观察法是研究者在心理现象自然发生的情况下，对从事体育运动的人进行详细观察，以了解其心理活动的特点和规律的一种研究方法。由于这种方法是通过观察外显的行为去了解人的内隐的心理，所以国外有人将自然观察法称为行为观察法。

在应用自然观察法进行研究时，研究者必须遵循一条基本规则，就是研究者不能以任何方式去干扰被观察者的行为和活动，必须使原来的活动条件不致因为观察者的出现而有所改变。也就是说，研究者不能改变环境中的变量。例如，我们到一所中学看一堂体育课，从中研究学生的运动兴趣问题，如果一群陌生人突然出现在学生面前，这样，观察到的学生运动兴趣的指标就不能说是准确的。因此，运用自然观察法，观察者必须经过专门训练，并依照一定的计划，准备适当的观察工具，并作全面的记录(可用单相玻璃窗或暗中录音、录像等)。

自然观察法的主要优点是被观察者的行为未受干扰，比较真实，所获得的材料较为可信、符合实际，方法简便、经济、易行。但自然观察法也具有明显的缺点，在没有仪器对行为进行记录的情况下，行为出现得快，消失也快，无法全面把握观察情况，所以观察容易肤浅，不能深入；由于自然观察法是在非控制的条件下进行的，所以不能按照研究者的意图来变更行为，想要获得某些特定的行为表现，观察者只能被动地等待；观察得来的材料难以数量化，统计处理也比较困难。所以运用自然观察法难以说明刺激条件与心理变化之间精确的关系。

(二)自我观察法

体育心理学的研究，有些时候也可以采用自我观察法。这是指观察者运用思辨的方法观察自己的内部活动或内部状态，省察自己的意识、思想、情绪、经验等，并用语言文字报告出来的方法。它通常是以自我感受、自我体验的形式出现的。自我观察法又称“内省法”或“主观观察法”。

心理学在独立于哲学前后的一段时间里主要的研究方法就是内省法。这种方法迄今一直受到许多心理学家的指责与抨击，但是，内省法在心理学研究中仍为一种经常使用的独特的研究方法，这是因为心理学研究的对象即心理现象具有客观性，但主要特点还在于它的主观性，任何一种具体的心理活动只有产生这一活动的本人才能直接观察到，并且观察得清楚。因此，心理学这门科学有其特殊性，不仅不应排斥自我观察法，而且应当给它以一定的地位，并使客观观察的方法和自我观察法给合起来，才能取得有意义的研究成果。

自我观察法主要的优点是：它可以解决许多除了运用自我观察便无法获得结果的问题，例如让进行想象训练的运动员报告自己所想象的内容以及自己所获得的体验过程。自我观察可以不受时间、空间的限制与影响，实施方法简便易行。但这种方法也具有十分突出的缺点，主要有：自我观察主观成份太重，别人无法确认和证明，激烈的情感与复杂的思维过程常常无法自我观察，即使可以观察，也可能不精确甚至得出歪曲的结论。

(三)自然实验法

这是在日常的生活、教学、训练、比赛等活动情况下，对某些条件加以必要的控制和改变而进行研究的方法。

采用自然实验法应首先明确研究的课题，确定研究中主试控制的条件和被试反应的指标，选择被试和分组，制定研究的程序。实验过程中做好详尽的记录，最后对实验结果进行分析处理，明确影响结果的各种条件并反复核对结论。

自然实验法在体育教学和运动训练中运用较为广泛，因为这种方法比较符合实际，有较高的应用价值；可以有计划地控制条件，实验具有主动性；有利于获得所希望得到的比较准确的材料；可用数量表示因果关系。缺点主要是对条件的控制比较困难，实验中容易受到外界因素的影响。

（四）实验室实验法

这是在专门的实验室内，运用各种特殊的仪器并严格控制外部条件和相应的心理反应的研究方法。

实验室实验的优点是计划周密、有组织、有系统，条件控制严格，所得数据比较精确，可重复实验以供校对。缺点是实验室情境与实际情况差别较大，人为地控制条件有时与实际不相符合，实验结果的实际效用较差，某些问题不能运用实验法。因此，实验室实验对运动心理学研究仅是一种补充方法，应当结合其他方法进行研究才能得出有实际应用价值的结论。

（五）调查法

调查法与观察法不同，不是直接观察被试进行某种心理活动时的表现，而是通过搜集、整理、分析有关资料，间接了解被试心理活动的研究方法。

调查法实施的方法和途径很多，有书面问卷、访问谈话、作品分析等。

调查法的优点是方法简便，实施容易，可以同时从多种角度进行研究，研究结果容易验证。缺点主要是由于被调查者的认识和态度方面的原因，很容易造成调查结果不真实。因此，用调查法得来的材料，一般不足以成为推论的根据，须和观察法、实验法得来的材料互相印证才是可靠的。

在体育心理学的一个具体研究课题中，究竟应该采用哪种方法，应根据研究的目的和当时当地的具体条件而定。在实际研究中，有的采用单一的研究方法，但在多数情况下，采用多种方法相互配合取得的结果往往更好。

第三节　研究设计中的变量控制

我们在研究设计中确定研究方法的同时，必须明确对其中的变量如何加以控制的问题。如果变量控制问题解决得不好，研究结果的正确性就会受到很大影响。

一、明确研究中的自变量和因变量

在体育心理学以及心理学其他分支学科的研究中，一般有两种不同的类型，一类是真正的实验设计研究，称为刺激-反应型研究，简称为 S-R 型研究；另一类是相关设计研究，称为反应-反应型研究，简称为 R-R 型研究。两种类型研究设计程序不同，对其结果的解释也很不相同。

实验设计研究程序中至少要对被试者用两个不同的处理，并测量对行为的不同影响，即应同时设立对照组（又称控制组）和实验组，这两个组的被试者是随机分配进去的，这两个组应该是等价组。也就是设想通过随机选择的过程，两组之间可能存在的任何差别都可以消除掉，如果对各组用同样的课题，在同样的条件下进行测量，那么他们的成绩在统计上应该相等，没有显著性差异。换句话说，预先假设各组在实验前在与实验课题有关的特性上没有差别，正是由于在实验中对两组被试者进行了不同的处理，导致了两组实验结果出现了差别。对被试者进行的不同处理就被称为自变量，最后出现的差别、变化则被称为因变量。这种类型的实验研究就是刺激-反应型研究。

由上可知，自变量是指：1. 呈现给被试者的某种形式的刺激；2. 因果关系中作为原因的那个方面；3. 总是处在主试者完全主动操纵之下的变量。

因变量是指：1. 被试者所做出的反应；2. 因果关系中作为结果的那个方面。

例如，我们研究想象训练对篮球投球命中率的影响，将100 名从未正式学过篮球的初一学生抽签随机分成实验组和对照组，实验前检验两组学生投篮命中率没有显著差异。实验进行 10 天，每天实验组和对照组的所有学生都实际练习投篮10 次，其他时间都不得练习投篮。实验组与对照组所不同的是实验组每个学生都由老师教会想象投篮的方法，并且每天在实际投篮前想象投篮 8 次。10 天实验结束后检查两组学生投篮命中率，实验组平均投篮命中率为 48.9%，而对照组平均投篮命中率为 39.7%。在这个研究中自变量是想象练习的次数，因变量是投篮命中率提高的百分数。

一般来说，在刺激-反应型研究中，自变量和因变量是比较清楚的，而在反应-反应型研究中自变量并不明确，因为研究者并不控制某种刺激，而只是对一组被试者根据一种变量加以测定，得出 A 值后再与按第二种变量测定的 B 值进行比较，如果 A 值与 B 值高度相关，那么知道 A 值就可以预料 B 值。但相关本身并不表明因果方向。例如，有人运用效度和信度都很高的一种性格调查表对一些被试者进行测量，鉴别出了外向性格和内向性格的人，再让这些人做一些肌肉用力活动，发现做大肌肉用力的活动，外向性格的人比内向性格的人做得好。这是一种相关研究，发现外向性格与大肌肉用力活动有较高的正相关，但并不表明二者中哪个是原因，哪个是结果，哪个是自变量，哪个是因变量。这一类研究在体育心理学研究中为数相当多，对这类研究成果的解释必须持慎重态度。

二、排除其他额外变量的影响

在实验中除了主试者操纵的自变量以外，其他足以影响实验结果的额外变量都应加以控制和排除，否则实验就可能失败。美国西部电器公司的霍桑工厂曾做过一项研究，想要确定增加照明强度是否会提高工人的生产率。研究中发现了奇怪的现象，实验组无论增加照明或降低照明都提高了生产率。而且，没有加入自变量的对照组的生产率也提高了。后来研究者发现，提高生产率是因为加强了劳动纪律，并且工人参加实验，觉得厂方关心他们的生产条件，生产积极性有了提高。心理学中把这种现象叫做“霍桑效应”(Hawthoren effect)。霍桑效应说明，在实验研究中影响实验结果的变量，不一定是实验者认为的自变量。避免霍桑效应的办法是研究中尽可能排除其他额外变量的影响，对引起行为变化的原因的解释不可草率。有些实验可采用“单盲程序”，即不让被试者知道他们是实验研究的对象，这在一定程度上可以排除一些额外变量的影响。此外，还可以根据实验的具体情况，在实验程序的编排方面、恒定实验条件方面采取一些措施，抵消或排除额外变量的影响。

三、避免主试者态度的影响

体育心理学研究中应当避免所谓“晕轮效应”(halo effect，又称成见效应)，这是主试者对被试者评价时思想上带有偏见，仅仅依据一些表面的非本质的印象，对被试者作出以偏概全、与实际未必相符合的评价。如主试者看到某运动员长个“聪明的样子”，而另一个运动员长个“笨样子”，评定两人分数时有意识地、也可能是无意识地给前者加分、给后者扣分。与此相类似的还有所谓“皮格马利翁效应”(Pygmalion effect)，是指主试者“期望”在被试者那里看到某些行为变化，这种期望也能起到它的实际作用。这些变量虽然是由主试者“操纵”的，但并不是实验中规定的自变量，必须排除掉。措施之一是实验中评分标准尽可能客观、明确。必要时实验可以采用“双盲程序”，这种程序类似于学生考试、教师阅卷时的“双密封卷”。

总之，体育心理学的研究涉及的因素很多，又很复杂，在研究设计和研究实施过程中，必须明确研究中的自变量是什么，因变量是什么，哪些额外变量可能影响研究结果，如何有效地控制或消除这些额外变量，对研究结果的解释也必须持十分慎重的态度。这样才能保证研究的科学性。

本 章 小 结

体育心理学是研究体育运动中心理现象的特点和规律的科学。心理现象可分为三大部分：心理过程、心理状态和个性。心理过程是指人每时每刻都在发生、发展和变化的心理活动过程。心理状态是指人在特定时间内特定情境中心理活动的特点。个性是指个体具有一定倾向性的比较稳定的心理特征的总和。

体育心理学研究在体育运动特定条件下参与体育运动的

个体或群体的心理现象，通过研究揭示体育运动认知过程、运动心理状态、体育运动参与者个性发生、发展和变化的规律，为体育运动实践服务。学习和研究体育心理学有助于提高体育教学、运动训练的效果，有利于提高运动竞赛的成绩，也为运动员的选材提供心理科学的依据。学习和研究体育心理学既有实践意义也有重要的理论意义。

辩证唯物主义认为，人的心理是客观现实在人脑中的反映；就心理产生的方式来说，是客观事物作用于人所引起的大脑的反射活动，是人脑的机能。

体育心理学研究的基本步骤有：拟定研究课题、确定研究方法、搜集整理资料、撰写研究论文四个阶段。

体育心理学的主要研究方法有自然观察法、自我观察法、自然实验法、实验室实验法、调查法。其中自我观察法是心理学研究最为独特的方法，虽然这种方法带有很大的主观性。

在体育心理学的研究设计中，一般有 S-R 型研究和 R-R 型研究两种，前者自变量和因变量都很明确，后者不明确。因此对研究结果的解释也很不相同，前者可得出因果性结论，后者不能。研究中必须排除额外变量和主试者态度的影响，实验可采用单盲程序或双盲程序，以保证研究的科学性。

思考题

1. 体育心理学研究的对象是什么？为什么要研究体育心理学？

2. 体育心理学有哪些主要研究方法？各有哪些优缺点？

3. 结合实际用本章介绍的一种研究方法设计一项体育

心理的研究课题。

作业题

1. 解释下列概念：心理过程、心理状态、个性、霍桑效应、晕轮效应。

2. 辩证唯物主义的心理观是什么？

3. 体育心理学的研究课题主要来自于哪些方面？结合自己的体会简要说明（此题也可留待以后做）。

第二章　体育运动中的认知过程

自 学 指 导

一、内容简介

体育运动虽然表现为以肌肉、骨骼为主的身体运动，但它并非是一种简单的行为，其中包含着复杂的认知过程。认知过程即传统心理学所称的认识过程，是人脑通过感知觉、记忆、思维等形式反映客观事物的特性、联系或关系的心理过程。以信息加工的观点来看，认知过程就是信息的接收、编码、贮存、提取和使用的过程。一般把这一过程概括为由四种成分组成的模式：以感知觉为主的感知系统，以记忆为主的记忆系统，以思维为主的控制系统和反应系统。体育运动中的认知过程与人类其他活动中的认知过程相比既有其共同之处，又有其不同的特点。本章分为三个部分阐述体育运动中的认知过程。

第一部分为体育运动中的感知觉。阐述了感觉和知觉的概念、种类，感受性及其变化，知觉的基本特性。重点介绍了三个方面的内容：一是形状知觉、大小知觉、距离知觉、方位知觉等空间知觉，二是时间知觉，三是运动知觉以及运动员的专门化知觉。

第二部分为体育运动中的表象和想象，阐述了表象和想象的概念、种类以及表象和想象之间的关系。重点也有两个方面：一是运动表象，除了介绍运动表象的形成之外，还介绍国外关于表象“心理旋转”的实验；二是表象和想象在体育运动中的作用，学员应重点掌握。

第三部分为体育运动中的记忆和思维。除了介绍记忆和思维的概念、种类、构成等基本内容外，着重阐述了运动短时记忆、运动长时记忆、运动战术思维的内容和特点。这部分内容较多地引用了国外研究材料。

二、重点与难点

由于本章和其后两章的内容几乎涉及了普通心理学和体育心理学绝大部分的基本概念，函授学员学习起来可能感到比较费力。因此，本章学习的重点是理解和掌握最低限度的基本概念，在此基础上才可能进一步了解体育运动心理学的基本原理。本章中介绍了一些国外实验研究的内容，这些都属于学习中的难点，教师可参阅本书后所附的参考书目，对学员作较详细的辅导。

三、学习方法与要求

函授学员应将本章所讲述的基本概念联系起来理解和记忆，关键是要掌握各个概念之间的内在联系和相互关系。学员在自学本章内容之后，尽可能做完本章后面所附的思考题和作业题，因为这些题都很重要，属于普通心理学和运动心理学最基本的问题。

第一节　体育运动中的感知觉

一、体育运动中的感觉

（一）感觉的概念

什么是感觉?感觉是个体对事物个别属性的直接反映。客观事物直接作用于人的感觉器官，产生神经冲动，经传入神经传送到中枢神经系统引起感觉。例如看到的颜色、听到的声音、闻到的气味、感受到的冷热、觉察到的运动等都是各种各样的感觉。

感觉是最简单的认知过程，它反映的只是事物的某一个别属性。例如一只桔子，它有颜色、气味、滋味、软硬等多种属性。作为人的感觉，视觉只看到它的颜色，嗅觉只闻到它的香味，味觉只尝到它的甜味，触觉只感到它的软硬、光滑度。

感觉是客观刺激物直接作用于感觉器官时头脑中产生的反映过程，这个过程中包含着一系列生理的、物理的、化学的和心理的变化。首先，刺激物作用于感觉器官是引起感觉的开始。刺激物的物理特性决定着感觉的内容。例如，一只排球自空中飞来，球面反射的光作用于眼，眼获得光信息，才能产生"白色"的感觉。其次，感觉的产生有一定的生理机制。产生感觉所必需的完整的生理系统通常称为分析器。分析器由三部分组成：感受器、传导神经、相应的神经中枢。感受器是位于感觉器官里专门感受刺激的生理结构。例如视觉感受器是位于眼底的视网膜，运动觉感受器是位于肌肉、肌腱和关节中的肌梭、腱梭和关节小体。感受器实际上是一种能量转换器，它的作用是把外部或内部刺激物的能（物理能、化学能）转化为神经电活动（即神经冲动）。传导神经有传入神经和传出神经之分，其主要功能是传递神经冲动，沟通感受器和相应神经中枢之间的联系。神经中枢在这里主要指大脑皮层上相应的感觉代表区，它控制着分析器对刺激特征的精细分化，产生感觉。

感觉虽然是简单的心理现象，但它却是人认识事物的开端，是信息输入人脑的唯一通道。一切较高级、较复杂的心理活动都是建立在感觉的基础上的。

（二）感觉的分类

依据刺激的不同来源和产生感觉的不同分析器，一般可以把感觉分为三大类：

1. 外部感觉

外部感觉是由外部刺激引起的、反映外界事物属性的感觉。属于外部感觉的有视觉、听觉、嗅觉、味觉、肤觉（包括温度觉、触压觉、痛觉）。

2. 内部感觉

内部感觉是由机体内部刺激引起的、反映内脏器官状态的感觉。如饥、渴、恶心等。

3. 本体感觉

本体感觉是反映身体各部分的运动和位置的感觉。如运动觉、平衡觉等。

（三）感受性及其变化

1. 感受性和感觉阈限

感觉是在刺激物直接作用下产生的，但并非所有的刺激都能引起感觉。例如人眼看不见紫外线和红外线，低于 16 次/秒频率的低声波和高于 20000 次/秒以上频率的超声波人耳也听不到，落到皮肤上的灰尘因其重量太轻人也觉察不出来。人对刺激物变化的感觉能力是有一定限度的，这里涉及两个基本概念是感受性和感觉阈限。

感受性是指感觉器官对适宜刺激的感觉能力。感受性的大小用感觉阈限的大小来度量。感觉阈限是指刚刚能够引起感觉的持续一定时间的刺激量。感受性的大小与感觉阈限成反比。感受性越高，引起感觉所需的刺激量越小，即感觉阈限越低。感受性可分为两种：绝对感受性和差别感受性。感觉阈限也相应地分为两种:绝对感觉阈限和差别感觉阈限。

刚刚能引起感觉的最小刺激量,称为绝对感觉阈限。小于这一度量的刺激不能引起感觉。绝对感受性是指能够觉察出最小刺激量的能力。绝对感觉阈限越小,绝对感受性就越大,二者成反比关系。

绝对感觉阈限仅仅反映了当刺激作用于一个人的感受器时,在这个人的头脑中有没有引起感觉。而引起感觉的刺激在量的方面往往是会发生变化的。但是,并非所有刺激量的变化个体都能觉察出来。只有当刺激量增加或减少到一定限度时,才能引起差别的感觉。这种刚刚能引起差别感觉的刺激的最小变异量叫差别感觉阈限。与此相应,刚刚能觉察出刺激最小变异量的能力叫差别感受性。差别感受性与差别感觉阈限在量上也成反比关系。例如,在200克重的乒乓球拍贴的胶皮重量上增加或减少10克,甲运动员刚刚能够觉察出差异,而乙运动员只要增加或减少6克,就能觉察出重量上的差异,因此我们说甲运动员的差别感觉阈限(5%)比乙的差别感觉阈限(3%)高,甲运动员的差别感受性比乙运动员低,甲运动员在重量的微小差别方面不善于作出区别反应。

在运动训练和竞赛中,运动员、教练员、裁判员及体育教师的绝对感受性和差别感受性都起着十分重要的作用。运动员具有视觉、运动觉、平衡觉、触压觉及听觉等方面敏锐的感受性是提高技术动作准确性的关键。例如,射击运动员听觉感受性低,则难以准确区分击发节奏;那些对自身肌肉动觉感觉阈限太高的人,不利于区别和调节自己的步幅节奏,不宜从事跑跳项目。在运动竞赛中,听觉和视觉绝对感受性高的运动员往往能较早发现对手和队友的活动状况,从而迅速采取对应措施。教练员和裁判员也应具有觉察微小技术动作的感受能力。在此还应说明，在体育运动中并非所有感觉的绝对感受性都是越高越好，对于某些运动项目的运动员来说，平衡觉、机体觉或嗅觉绝对感受性高，在训练或比赛中容易引起晕眩和呕吐。

感受性和感觉阈限可运用多种方法测量。全面掌握运动员两种感受性和两种感觉阈限的变化状况，既可为运动员科学训练提供重要依据，也是进行心理选材的一个重要方面。

2. 感受性的变化

人的各种感受性都不是恒定不变的。当人与客观环境相互作用时，各种各样的刺激物作用于人的感官，刺激量不断发生变化，人的各种感官也相互影响。因此，人的感受性也会有很大变化。常见的感受性变化现象有以下三种：

(1)感觉适应

在同一刺激物的持续作用下、引起相应感受器的感受性降低或提高的现象叫感觉适应。一般情况下，强刺激的持续作用可以降低感受性，弱刺激的持续作用可以提高感受性。如运动员初下游泳池，开始觉得水冷，过一会儿就不觉得冷了，这是感受性降低、肤觉适应的结果。运动员从灯火辉煌的比赛大厅走到黑暗中，开始什么也看不清楚，过一段时间，视觉感受性提高，就能看清楚周围的事物了。各种感觉的适应性并不完全一样，视觉、肤觉、嗅觉能较快适应，而听觉、痛觉较难适应。感觉适应对运动员和从事体育运动的学生来说具有特殊意义，各专项运动中的专门化感知觉都与运动员很强的感觉适应能力相联系。

(2)感觉对比

某一特定感受器因同时或先后受到性质不同或相反的刺激物的作用，引起感受性变化的现象叫感觉对比。感觉对比现象的产生是由于刺激的时间、空间特征的累积以及感受器的结构特征造成的。感觉对比可分为同时对比和继时对比两种。比赛场上两队运动员球衣的颜色差别越大，观众对其区分的感受性越强，这是同时对比。打过排球立即再打篮球，感到篮球更重，这是继时对比。

(3)不同感觉的相互作用

这是指某一感觉器官对某种刺激的感受性因其他感觉器官受到刺激而发生变化的现象。某一般规律是：一种感觉的弱刺激可以提高另一种感觉的感受性，而强刺激则会使另一种感觉的感受性降低。如轻松的音乐可以提高艺术体操运动员肌肉动觉的感受性，赛场观众的强烈噪音会使运动员视觉差别感受性降低。

不同感觉的相互作用中还有一种叫做联觉的心理现象。这是指刺激作用于一种感觉器官会引起另一种感觉产生。例如登高下视，会引起平衡觉和机体觉的兴奋；有时颜色视觉也会伴随有味觉、触觉、痛觉或温度觉。如果我们在体育运动中能注意利用联觉的积极作用，防止不良刺激的影响，对于维持和提高运动员的最佳心理状态是有积极意义的。

上述感受性的变化，一般是相对的临时变化，即在不改变感觉阈限情况下的变化。一旦引起变化的条件消失，感受性仍会恢复原有状况。然而实践也证明，运动员的各种感觉的感受性可以通过长期的训练得到改善。因此，我们应当依据不同运动项目对各种感觉阈限的不同要求，不同运动员各种感觉的感受性发展水平，有目的有计划地进行改善感受性训练。

二、体育运动中的知觉

(一)知觉的概念和特性

1. 知觉的概念

什么是知觉？知觉是个体对事物整体的直接反映。客观事物的各种属性并不是各自孤立地对人起作用的，而是作为整体同时或相继作用于人的感官，人对于感官输入的信息也要进行选择、组织，并依据已有的知识经验加以解释，这样，在脑中便产生了事物的整体的映象。例如，我们走进正在进行篮球比赛的体育馆，我们不仅仅看到各种颜色，听到各种声音，闻到各种气味，而且感受到运动员、观众、篮球、篮球架等等体育馆内的整体情况，这就是知觉。

感觉与知觉既有密切联系又有区别。感觉与知觉都是人对作用于感觉器官的客观事物的直接反映，同属于感性认识阶段。客观事物总是具有许多个别属性，没有反映个别属性的感觉，则不可能有反映事物整体的知觉，因此，感觉是知觉的基础。同时，事物的个别属性不能离开事物的整体而存在，所以在实际生活中，感觉和知觉几乎是同时发生的，并且人往往都是以知觉的形式反映事物，很少有孤立的单一的感觉存在。所以我们往往将感觉和知觉合称为感知觉。

然而，我们并不能就此认为知觉就是感觉信息简单地相加而成。知觉是比感觉高级一些的认识阶段。感觉所反映的是客观事物的颜色、声音、气味等个别属性，而知觉反映的是事物的意义，知觉的目的就在于解释作用于感官的事物是什么，即知道刺激物的名称。如通过感觉我们知道眼前的东西是黑色的、圆形的、有铁锈气味，而通过知觉我们知道这是铅球，不是垒球。

知觉和感觉的发生过程有区别。感觉是通过感官的特殊传导通路将信息输入到大脑皮层的相应区，经过简单的信息加工就获得了事物属性的知识，而知觉是依赖于大脑皮层联合区的机能而实现的。而且，知觉是大脑对不同感觉通道的信息进行综合加工的结果。例如，从眼睛传来的信息投射到大脑视枕叶 17 区，就可以形成视觉映象，产生色彩、明暗等感觉，因为枕叶 17 区是视觉投射区。而枕叶 18、19 区为视觉的联合区，视觉信息在这里经过复杂加工而形成知觉映象，这种知觉映象不仅有色彩、明暗、斑块等，而且是客体的完整形象，例如一朵有颜色、形状、大小的艳丽的玫瑰花。如果这一区域受到损伤，病人虽然保留了对事物个别属性的识别能力，却丧失了对事物整体的认知能力。1969 年三位美国学者发现，煤气中毒的士兵，不能分辨圆形和正方形，不认识人和字词，说不出物体运动的方向，虽然他们确实看见了，没有丧失感觉能力，他们的头脑可以登记视觉信息，但他们却丧失了认知能力，不能把感觉信息整合为知觉经验。这也说明知觉活动多于单纯的感觉信息的登记。感觉的产生更多的是由刺激物的性质决定的，而知觉在很大程度上依赖于主体的知识经验和态度系统。我们从知觉的基本特性中可以清楚地体会到这一点。

2. 知觉的特性

知觉具有选择性、整体性、理解性和恒常性等基本特性。

(1)知觉的选择性

作用于人的客观事物是纷繁多样的，人不可能在瞬间全部清楚地感知到，人总是有意或无意地选择少数事物作为知觉的对象，对它产生鲜明、清晰的知觉映象，而把周围其余的事物作为知觉的背景，只产生比较模糊的映象。例如，观看一场比赛，如果你注意观看其中一位队员的精彩表演，则对这位运动员的知觉映象十分清晰，而作为背景的其余运动员的技术动作，则知觉得比较模糊。

(2)知觉的整体性

知觉的对象具有多种不同的属性，但人在知觉事物时并不是把事物感知为个别的、孤立的部分，而是在以往经验的基础上，把事物知觉为一个统一整体。例如，只要看见一只球是黑白相间的颜色，便知它为足球，并且知道它比排球大、比篮球小等。

(3)知觉的理解性

人在感知当前的事物时，总要借助于以往的知识经验对所获得的感觉信息做出判断和解释，这便是知觉的理解性。例如，观看艺术体操比赛，裁判员和普通观众就不同，裁判员可以从技术动作完成的质量、编排、难度等许多方面加以评判，而经验缺乏的普通观众仅看出动作优美、眼花缭乱而已。

(4)知觉的恒常性

知觉的条件在一定范围内改变时，人对事物的知觉映象仍相对保持不变。例如我们无论从哪个角度去观看篮球筐，都把它知觉为圆形的。

由于知觉具有这些基本特性，人们才能在千变万化、纷繁复杂的大千世界中，按照事物本来面目去认识事物，根据事物的实际情况适应环境。

(二)知觉的分类

知觉分类有两种方法。

第一种是根据知觉过程中起主导作用的感官的功能分类，可以分为视知觉、听知觉、味知觉、嗅知觉、触知觉等。

第二种是根据物质固有的属性和物质存在的基本形式划分。世界上的任何事物都处在运动、变化和发展之中，运动是物质固有的属性，而运动着的物质总是占据一定的空间和时间，空间和时间是物质存在的基本形式。我们对客观世界的知觉，就是从它的空间特性、时间特性和运动特性上去知觉它。这样，我们可以把知觉分为空间知觉、时间知觉和运动知觉。在此我们着重介绍这种分类。

1. 空间知觉

空间知觉是个体对物体的形状、大小、距离、方位等空间特性的反映。空间知觉包括形状知觉、大小知觉、距离知觉和方位知觉等。

物体的空间特性是相互联系、密不可分的，空间知觉是一种复杂知觉，它不是由某一种分析器的单独活动实现的，而是多种分析器协同活动的结果，其中视动系统起着十分重要的作用。因此，运动员的形状知觉、大小知觉、距离知觉、方位知觉都与运动员的视觉、动觉密切地联系在一起。例如，一位正在运球投篮的运动员，他的视觉和动觉在其中起着决定性的作用，由于他在运球跑动时所处的位置、角度不同，他与篮圈的距离知觉、篮圈的形状、大小知觉以及篮圈与他所处方位的知觉都与他投篮命中与否关系极大。由此可见，运动员精细、准确的空间知觉能力是他运动水平的一个重要组成部分。大量事实和实验证明，空间知觉是在人的后天生活实践中形成、发展和完善起来的。

(1)形状知觉

人对物体形状的知觉是靠视觉、触摸觉和动觉来实现的。物体的形状不同，它在视网膜上的象也不同。因此，视网膜上物体的形状，对于非盲人的正常人来说，是形状知觉的重要信息。此外，眼睛观察物体时沿着对象的轮廓进行运动时眼球和眼肌的动觉、用手触摸物体形状时的运动觉都为大脑提供了物体形状的信息。大脑皮层对这些信息的综合处理就获得了物体的形状知觉。

在观察同一物体时，由于人观察的角度不同，或者物体的位置有所改变，物体形状在视网膜上的投影也就很不相同，但人仍然能够按照物体原来的形状知觉它。例如，铁饼的形状只有当它的平面与人的视线垂直时，它在视网膜上的象才与实际形状一样。如果偏离了这个角度，视网膜上的象或多或少与铁饼的实际形状有所不同。尽管观察的角度不同，但人对铁饼的形状知觉仍保持相对的稳定性，依然可以知觉它是铁饼。这种现象叫做形状知觉恒常性。

(2)大小知觉

大小知觉是人对物体的大小或者运动动作幅度大小的知觉。大小知觉也是依靠视觉、触觉和动觉联合作用实现的，其中视觉起着很重要的作用，人的视觉辨别大小的能力很强，例如，两个圆盘的面积只要相差五十分之一至六十分之一，人就能辨别其大小。

物体大小的视知觉，由两个因素决定：一是物体的大小，在人离物体相等距离条件下，视网膜上的象与物体的大小成正比，大物体，视象大；小物体，视象小。二是物体的距离，同一物体，处在远处，视象小；处在近处，视象大。因此，物体的大小知觉总是与距离知觉紧密联系在一起。只有二者互相配合，才能保证视知觉的正确性。

在一般情况下，物体或动作是在比较熟悉的环境中被知觉的，环境中各种熟悉的物体也提供了实际距离和大小的各种线索，这些线索与视觉、触觉、动觉相结合，就形成了大小知觉。由于经验的作用，人的大小知觉也具有恒常性。实验证明训练有素的运动员比常人对运动物体或人体的大小知觉恒常性要强得多。

(3)距离知觉

距离知觉也称为深度知觉或立体知觉。它主要是通过双眼视觉来实现的。当然，用手臂、脚步丈量，用手触摸，用听觉感知回声的强弱都可辨别距离的远近，但这都不如视知觉的范围广阔，也没有视知觉得来的信息迅速、精确。双眼视差使人获得深度的信息；双眼视轴的辐合，使人获得远近的信息。此外，物体各部分明暗和阴影的分布，物体的相互重叠或遮挡，空气透视，运动视差，结构级差等都为立体知觉提供了信息。

(4)方位知觉

方位知觉是个体对自身或物体所处的位置和方向的知觉。方位知觉有上下、左右、前后三个维度。人对外界事物的方位知觉是以自己为中心来定位的。前、后、左、右的方向是以外界事物与观察者所处的关系来确定的。上、下两个方向，既以自身为标准，又以天地的位置为参考。在一般情况下，人主要靠视觉来定向，即根据物体在视网膜上投象的位置来感知它在上、下、左、右的方向。在听觉空间定位时，依靠双耳听觉辨别声源的方位，判断发声体的位置。而在运动的时候，人对运动着的物体或身体方位的辨认，就必须以身体的动觉、平衡觉以及触摸觉来补充视觉定向。因此，方位知觉也是人将各种感觉信息综合起来形成的。

体操、跳水和花样滑冰等运动项目要求运动员具有较强的方位知觉能力。和其他空间知觉能力一样，这种能力可以在长期的运动训练中得到提高。对此，我们将在运动训练心理一章中详述。

运动员空间知觉能力的测量与评定，目前在我国一般采用笔纸测验和实验仪器测量的方法。在此我们简介三种方法。

①空间判断能力测验

在测验纸上画着由相同的小立方块堆积而成的不规则几何体，要求被试者判断该几何体是由多少个小立方块构成的。这一组测验题共 15 个，判断对一题得 1 分，满分 15 分。

②空间组合能力测验

这项测验要求被试者从预先提供的各种形状的 18 种备选图形中选用适当的图形，填补在测验图形中有空白的地方，不留下任何空白。此测验共有 18 个空白，难度不一，计分时给难度较大的题适当加权，满分为 25 分。

以上两项测验皆为笔纸测验，虽然主要测量被试者的二维空间和三维空间想象、判断能力，与运动场上实际的空间知觉能力有一定的差距，但对了解被试者的空间能力有一定的参考意义。

③深度知觉的测定

此项测验是运用深度知觉测量仪（霍瓦一多尔曼深度仪）测定被试者双眼辨别远近距离的能力。被试者坐在仪器前半米处，通过仪器的观察孔观察仪器内的两根立柱。一根立柱为标准刺激，位置固定；另一根立柱为变异刺激，先由主试者通过旋钮调到某一位置，然后由被试者根据观察用手转动旋钮，调节到他认为两根立柱都与被试者的距离相等为止。主试者记录两根立柱之间的误差。在双眼视觉的情况下，进行四次测试。用相对平均误差来表示辨别远近距离即深度知觉能力，误差越小，辨别远近能力越强。

2. 时间知觉

(1)时间知觉的概念

时间知觉是个体对事物运动和变化的延续性和顺序性的反映。

时间是客观的，时间可以标志事物运动和变化的延续性和顺序性。例如，百米跑的运动员从起跑到终点冲刺，跑动过程的延续性，就可以用 11 秒这一时间计量加以标志。甲运动员 11 秒，乙运动员 11 秒 2，丙运动员 11 秒 5，三个时间计量反映了三个运动员跑完百米的先后顺序。然而，人对时间的判断和估计却是主观的，人与人之间存在着差异。因此，我们说时间知觉是主客观的统一。就运动员来说，主观的时间知觉与客观的时间之间差距越小越好，也就是说运动员的时间知觉能力越强越好。

时间是什么？它是物质的一种存在形式。时间既无源头也无终了，它是无限的，从无穷的过去到无穷的未来。人要知觉单位时间，必须以多种分析器协同活动，以某种客观现象作为参考的依据方能实现。例如，自然界的周期现象，太阳的晨升暮落，月亮的盈亏圆缺，四季的循环，昼夜的交替；社会的周期现象，日出而作，日落而息；人体的生理节律，人的脉搏、心跳、呼吸、月经等节奏性运动以及生物钟等都可作为估量时间的依据。尤其重要的是人们从很早就开始设计出了各种各样的计时工具，如古代的漏、近代的钟、现代的表，通过这些日趋精密的计时工具，人们就能更好地发展自己的时间知觉。

几乎所有的运动项目都涉及到反应速度、把握时机、时间节奏等属于时间知觉的问题。因此，培养运动员精确的运动时间知觉能力也是运动训练心理的重要课题。

(2)时间知觉的测定

可以运用一只手动秒表来评判运动员对短暂时间的估计能力。主试者对被试运动员发出指示语是："请你注意我按动秒表和按停秒表之间所用的时间(即秒表从零开始走动到停止所显示的时间)，并请你用秒表复制这一时间。"要求被试运动员不要看秒表显示的时间，主试者记录两次时间之间的误差的绝对值。这样做6次之后，求出每次测试的平均值。误差越小，时间知觉的准确性越强。对这种方法稍做改动也可以评判运动员运动时间知觉能力。主试者的指示语是："当我按动秒表时，请你用铅笔尽快地在纸上打点子，当我按停秒表并同时喊'停'时，就请停止动作。请你估计你打点子用了多少时间。"计算方法同上所述。

3. 运动知觉

运动知觉是指个体对物体空间位移的反映。运动知觉包括两个方面，一是客体运动知觉，这是对客观外界物体运动的知觉；另一是主体运动知觉，这是指运动员对自身运动动作的知觉。在运动场上，这二者紧密联系在一起。

运动知觉通常是通过多种分析器协同活动实现的。按照某一种分析器在运动知觉中起主要作用，可将运动知觉分为视觉性运动知觉(如看到武术运动员表演)、听觉性运动知觉(如从火车的声音由弱变强便知道火车由远到近)。以及触觉性运动知觉(如皮肤上的连续刺激，使人感到有某个东西在身上爬动)。主体运动知觉则主要是依据运动觉、平衡觉、机体觉配合视觉、听觉、触觉等综合信息形成的。

运动知觉与时间知觉和空间知觉有着不可分割的关系，因为任何物体的运动总是要占据一定的时间和空间。因此，就产生了运动时间知觉（包括运动节奏知觉、运动速度知觉、运动时间间隔知觉）、运动空间知觉（包括运动距离知觉、运动方位知觉、运动大小知觉）等一系列概念。

运动知觉十分复杂，实际运动的物体有时被知觉为不动的，实际不动的物体却会被知觉为运动的，所以运动知觉也可以划分为真实运动知觉和非真实运动知觉两大类。这两类都与体育运动有密切的关系。

（1）真实运动知觉

顾名思义，真实运动知觉是人对物体真实运动的知觉。物体在做真实运动时，人也知觉到它在运动，这是主观与客观相统一。真实运动知觉的产生有一定的条件，它依赖于物体运动的速度，运动物体离观察者的距离，以及观察者本身所处的运动或静止状态。

但在某些时候，主观与客观并非完全统一。对本体运动知觉的研究发现，人们要辨认自己身体某一部分（如前臂）移动了多少距离，是很困难的。这种困难的原因就在于运动员自身真实运动知觉不精确。例如，当前臂运动的角速度为 10°/秒以下时，运动的距离越大，主观上的运动距离知觉越容易偏长；如果运动的角速度在 10°/秒以上时，运动的距离越大，则主观上的运动距离知觉越容易偏短。这种现象称为“劳耶夫现象”。

对于一个运动员所做的真实动作，运动员本人的主体运动知觉与他人所观察得到的客体运动知觉也往往不相一致。

例如，一个篮球运动员在场上持球走步，裁判员判他双脚移动违例，运动员不服，但他确实双脚移动了。这种情况是由于运动员主观上对自己本体运动知觉模糊，而裁判员客体运动知觉清晰造成的。“当局者迷，旁观者清”就是这个道理。因此，培养运动员清晰的、精确的运动知觉能力是非常重要的。

人的运动知觉能力是有限的。如果物体的真实运动速度过快或过慢，人就感知不到它的运动。例如，钟表时针的运动，因其太慢人们不能知觉。黑夜里打开手电筒，人们也不能知觉光的运动，而只能看到一条光带。那么，多大的运动速度人们可以感知到呢？这就涉及到运动知觉阈限和运动知觉能力的问题。

那种刚刚能辨认出来的最慢的运动速度，称为运动知觉下阈，那种刚刚能辨认出来的最快的运动速度，称为运动知觉上阈。运动知觉下阈与人的运动知觉能力成反比，一个人对于物体或动作的运动速度或幅度知觉下阈越小，他的运动知觉能力越强，而运动知觉上阈越大，运动知觉能力越强，二者成正比。运动速度或幅度知觉能力强的运动员，能够更准确地判断球、剑、移动靶、以及手的动作的真实运动速度或幅度，从而正确地采取对应动作。

(2)非真实运动知觉

在日常生活和运动训练中，我们经常会遇到这种情况，某些物体实际上处于静止状态，而人在主观上却知觉它在运动。从本质上讲非真实运动知觉属于错觉性运动知觉，它包括似动知觉、诱导运动知觉、因果性运动知觉与自主运动知觉。

①似动知觉

两个静态的物体，按一定时间依次呈现，使人觉得这是一个动态物体，即好像是同一个物体从一个位置移动到另一个位置，这种现象叫做似动知觉。例如，电影胶片的放映效果和霓虹灯的运动都属于似动现象。在团体操和艺术体操表演中，编排者利用似动知觉现象组织技术动作，将本来孤立的单个动作沿一定方向连续出现，便会使观众产生动态的节奏感和美感。

②诱导运动知觉

这是由于周围物体的运动使人对一个静态的物体产生的运动的知觉。例如，云彩在月下飘移，使人觉得月亮在云彩上移动。如果可用的信息很少，仅仅是两个知觉的对象，一般来说，那个较小的，或者被包围的、或者被注视的对象，容易被当做是运动的对象，而实际上这个对象是不动的，对它的错误的运动知觉是被另一对象诱导出来的。

③因果性运动知觉

因果性运动知觉是人把物体间运动出现的先后，知觉为运动间的因果关系，也就是把一个物体的运动知觉为另一个物体运动的原因，实际上二者的运动并无因果关系。例如，人们在观看台球时，当一个滚动的台球碰动第二个台球时，就会使人觉得好像第一个台球把运动传递给第二个台球，前者运动是后者运动的原因，这一因果关系是真实的。但是如果第一个滚动的球尚未碰到第二个球，而第二个球已滚动，人们也常常把第一个球的运动看成是第二个球运动的原因。观看长跑比赛时，常常会产生因果性运动知觉。当后面的运动员接近前面的运动员时，前面的运动员突然发力疾跑，以很快的速度拉开距离，就会使观察者觉得好像后面的运动员触发了前面运动员的运动开关，使其猛向前跑。观看接力赛也有这种现象，好像运动员之间通过接力棒把运动传递过去，或用接用棒触发了运动。足球比赛中，甲运动员铲球时，如果乙运动员突然倒地，实际上甲并没有碰到乙，裁判员有时也会由于因果性运动知觉错判为甲运动员犯规。若乙再做出痛苦状，甲就可能被罚黄牌。

④自主运动知觉

在某种条件下，人对单独静止的物体也会产生运动知觉。例如，射击运动员在空旷的射击场上凝视靶心，有些运动员会觉得靶心在放大，摇动甚至出现两个靶心，这就是一种自主运动知觉现象。自主运动知觉的发生与眼睛、头、颈部、躯干的肌肉运动有关，也与注意的起伏有关。

在运动训练、比赛中，各种非真实知觉常会发生，运动员常会因此造成动作失误，裁判员也会因此发生错判失误，这是非真实知觉的不利方面；另一方面，为了在十分激烈的对抗性比赛中战胜对手，利用各种条件给对手制造运动假象，也是重要的一种战术手段。

（三）运动员的专门化知觉

运动员的专门化知觉是运动员在运动实践中经过长期专项训练而形成的一种精细的以主体运动知觉为主的特殊知觉。它能对器械、场地、运动媒介物质（水、空气等）及专项运动中的时间、空间特性等做高度敏锐和精细感知、分化与识别，从而反映某种技能动作的各部分之间的联系，以及动作与器械或环境之间的关系。

运动员在完成动作时需要多种感知觉参与，其中肌肉运动感觉起重要作用。在运动中经过反复练习，与某一专项相关联的多种分析器得到高度发展并组合时，专门化知觉才能形成。不同运动项目的专门化知觉不同，如球类运动员的“球感”、游泳运动员的“水感”、射击运动员的“枪感”、跳高运动员的“横竿感”、“场地弹性感”、体操运动员的“场地感”、“器械感”等等。以“球感”为例，它不仅指运动员对球的形状、重量、弹性、硬度、击球的力度、球在空中飞行的速度、方向、高度、落点等有良好的感知，而且能在各种情况下灵活自如地控制球的运动。在篮球、足球等比赛中还能够准确无误地抢截和传球。因此，运动员专门化知觉的发展水平与技术水平成正比。它既是掌握专项技术的先决条件，又是专项训练的结果；既是发展其他专项技术的基础，也是实现技战术的前提。

运动员的专门化知觉发展水平，可通过对刺激的绝对感受性和差别感受性的测量加以评定。

第二节　体育运动中的表象和想象

一、体育运动中的表象

(一)表象概述

1. 表象的概念

表象是人对过去感知过的事物的形象反映。例如，我们过去看过某位著名运动员的精湛表演，现在这位运动员不在我们面前，但在我们的脑中仍可浮现出他的形象和他所做出的技术动作形象，这种形象就叫做表象。

表象是在感知觉的基础上形成的，是人将感知得来的信息即感性材料在脑中加工成感性形象的过程。但表象不同于知觉。知觉的产生要有事物的直接作用，但表象摆脱了事物的直接刺激，就能将事物的形象再现出来，在一定程度上不受时间、空间的制约。因此表象比感知觉更高级。

2. 表象的特性

表象具有直观性和概括性的特性。所谓直观性，是指表象所反映出的事物的形象具有一定鲜明性，近似于知觉，具有感性认识的特点。所谓概括性，是指表象所反映出的事物的形象往往只保留了原来事物的基本轮廓，而将事物的某些次要特征和部分省略了。例如，自己熟悉的一位朋友的视觉表象在我们脑中浮现出来的也仅是大体的主要面目，他的耳朵、鼻子的具体形象未必十分清晰。此外，由于表象通常都是综合了许多同一类事物，所以表象就或多或少反映了事物的一般性。例如，"公共汽车"的表象就属于一般表象，代表着一类事物，从这个意义上看，表象又接近于思维，具有一定的理性认识的特点，所以可以认为表象属于感性认识到理性认识的过渡阶段。

3. 表象的种类

表象可依照信息主要来源于何种感官，分为视觉表象、听觉表象、嗅觉表象、运动表象等。

视觉表象是由视觉通道获得事物形象在脑中的保留和重现，如在我们脑中保留的某位运动员的长相身材等。因为我们日常所获得的信息大部分来源于视觉，所以视觉表象在人们生活实践中起着重要作用。

听觉表象主要是对语言和音乐映象的保留和再现。如在我们脑中"回响"起莫扎特的小夜曲，"呈现"出朋友对自己讲过的话等。听觉表象对外语学习、文艺欣赏和创作具有特殊意义。

厨师、品酒师和味觉表象和嗅觉表象特别清晰，人们在各自实践领域里逐渐形成并发展了实践活动所必需的清晰而生动的有关表象。

运动表象是人在脑中重现出来的动作形象。例如我们以前看到过体操运动员做的单臂大回环两周接京格尔空翻这一动作，现在我们的脑中就能呈现出这一动作，自己的肌肉似乎也能体验到这一动作。这就是运动表象。

上述各种表象在体育运动中都有重要作用。但体育运动是以大肌肉活动为其主要方式，所以运动表象所起的作用尤为重要。因此，我们下面对运动表象专门予以阐述。

（二）运动表象

1．运动表象的概念

运动表象又称动作表象，它是人在脑中重现出来的动作形象。运动表象反映着动作的一定时间、空间、力量上的特点，如运动者的身体位置、动作的力量、幅度、方向、速度等。

运动表象与其他类型的表象一样，也具有直观性和概括性的特征。反映的动作形象与知觉的动作形象类似，具有一定的鲜明性、生动性，但又离开了具体某个人的动作形象，反映了同一类动作形象的共同特征。例如，我们说到撑竿跳高，在我们脑中就会呈现这一技术的动作，从运动员持竿助跑、准备起跳和起跳、悬垂摆体和后仰举腿、引体转体和腾越过杆、落地等一系列复杂的动作形象，这些动作形象反映的并非一定是布勒卡这位世界著名撑竿跳高运动员的动作形象，而是许许多多运动员撑竿跳高形象的共同特征。

2．运动表象的种类

运动表象主要包括运动视觉表象和运动动觉表象等。

运动视觉表象主要反映客体的运动视觉形象。如学生或运动员观看体育教师或教练员做出的示范动作后，在脑中存留或呈现出的动作形象。运动视觉表象与运动知觉更为类似，具有较大的直观性。运动动觉表象则主要反映学生或运动员自身的动觉形象。例如，运动员虽然身体没有做撑竿跳高的实际动作，却在脑中“体会”到做撑竿跳高时双手握竿，脚部向前上方摆动时的步幅、节奏、速度，以及插穴起跳后一系列肌肉、骨骼用力的动觉形象。相比之下，主体运动动觉表象比客体运动视觉表象的概括性更大，理性认识的内容更多一些。

3. 运动表象的形成

运动表象的形成可分为建立阶段与明确阶段。建立阶段以笼统、模糊的视觉表象开始，经过模仿性练习，视觉表象与动觉表象初步结合，形成视动综合表象。运动表象的明确阶段的标志是：

(1)动觉表象成分逐步起重要作用，而视觉表象相对减弱；

(2)动作的概括表象和细节表象清晰；

(3)运用运动观念，即可引起相应的运动动作；

(4)可以从分析和判断中纠正错误动作；

(5)用科学术语陈述自己的运动表象。

4. 运动表象的测定

运动员在脑中能复现出的运动表象数量越大、结构越完整、清晰程度越高，运动员学习运动技能的能力也就越强。运动表象的清晰性和完整性，直接影响体育运动技术的掌握和发展，因此，运动表象的完整性，可以作为选拔运动员和评判运动员能力强弱的一个重要方面。

运动表象的完整性，可以由被试运动员复述与复做观看过或实际操作过的动作的准确程度来测定。

复述法是让运动员在头脑中复现动作形象的同时，用言语表述技术动作及其外部联系，以表述的正误数量作为衡量表象完整性程度的定量指标。

复做法是让运动员看过或模仿过技术动作之后，重复做出实际动作，以复做动作与标准动作之间的误差数量作为测定运动表象完整性的指标。

近年来，国际上有不少运动心理学家应用现代认知心理学的研究方法对运动员的表象进行实验研究和测量。现代认知心理学认为，表象是物体不在面前时的心理复现，是在头脑中以形象的形式对该物体进行操作和加工。研究表象就是研究在没有外部刺激直接作用的情况下，在头脑中对已获得的信息的加工过程。

1971 年，美国心理学家谢帕德等人做了一系列研究表象“心理旋转”的著名实验。他们制作了 800 对类似于图 2—1 中 A 和 B 的图形，800 对类似 C 的图形，要求被试者判断每一对图中的物体是否完全相同。判断时首先把图中的一个图形在心理上旋转到与另一物体图形相同的方位，然后再加以比较，确定其异同。实验结果表明，无论在平面上旋转还是三维深度中旋转，图形旋转的度数越多，作出辨认的反应时间越长（见图 2—1）。

1973 年谢帕德等人用另外的材料做实验，进一步研究心理旋转。他们让被试者辨别字母 R 和它的镜象，如图 2—2 所示。字母随机地一个个呈现，要求被试者判断是正常的还是反向的。被试者报告说，他们先在头脑中把字母旋转到正常的直立位置，才能做出判断。主试者记录他们做出每一判断所用的时间。实验结果表明，字母旋转的角度越大，做出判断所用的时间越长。这一实验证明，在没有刺激呈现的情况下，也可以在头脑中对视觉信息和空间信息进行加工。大脑对表象的加工操作类似于对真实物体进行实际旋转操作，所用的时间具有一致性。由此可见，表象也具有可操作性。心理旋转也可用来测定运动员的表象发展水平。

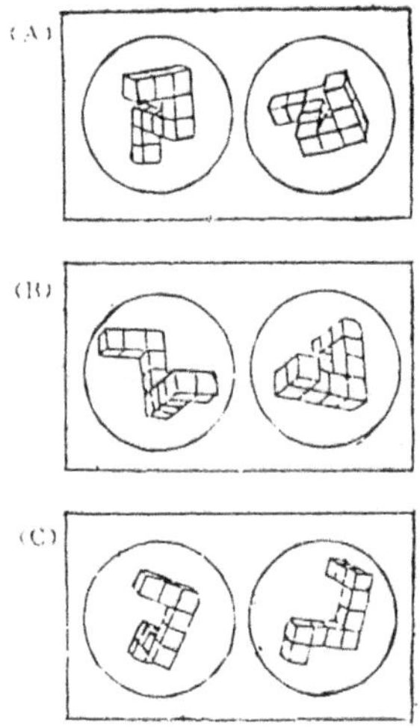

(A)两物体在画面平面上相差 80°

(B)两物体在深度上相差 80°

(C)两物体结构不相同

图 2—1　谢帕德用于研究心理旋转的刺激材料

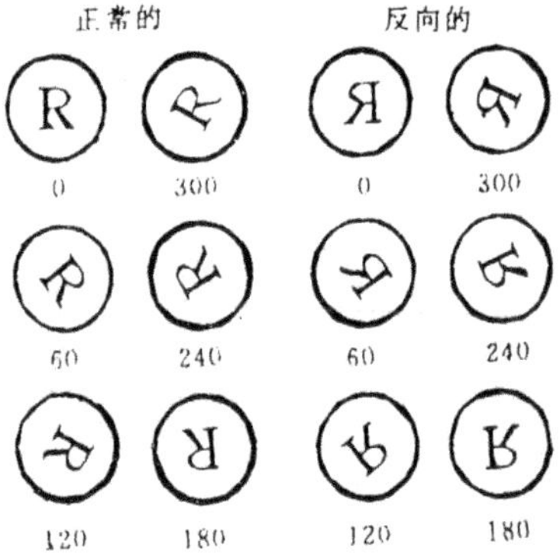

图 2—2　库帕和谢帕德在心理旋转研究中的刺激材料

二、体育运动中的想象

(一)想象的概念

想象是人在头脑中对已有表象进行加工、改造、重新组合形成新形象的过程。例如,艺术体操教练员在已有的技术动作表象的基础上,在脑中再加工,重新编排出一套新颖的技术动作形象,这套动作形象是过去从来没有人做过的。这一心理过程就是想象。

由此可见,表象与想象的关系极为密切。二者相比,表象与现实事物更为贴近,是现实事物在脑中的形象,是“素材”,具有名词的性质;想象则是对这些“素材”的再加工过程,具有动词的性质。虽然想象的内容来源于现实,但想象的结果却超越了现实,因为它是新的形象,是目前尚未出现的,在这一意义上,想象比表象高级。以上是我们对表象和想象之间关系从理论上的分析,但从运动心理训练的角度上讲,二者并无十分严格的分野,我们所称的“表象重现训练”、“念动训练”和“想象训练”在心理过程上并无严格区别。

(二)想象的种类

根据想象时有无预定目的,可以把想象分成无意想象和有意想象。

1. 无意想象

无意想象又称为不随意想象,它是没有预定目的,在一定条件影响下,人不由自主地产生的想象。如人睡眠时做梦就是典型的无意想象。某些疾病也会使人引起无意想象,例如,患有妄想型精神分裂症的病人,在环境没有任何危险的情况下,想象有人追踪他,谋害他。人们由于服用某些药物,也会引起无意想象,例如吸食大麻烟或迷幻药会使人产生各种奇特的幻觉。一般正常人在许多情况下也往往会有无意想象，例如儿童躺在草地上望着白云变幻，想象自己长了翅膀在天上飞行。

2. 有意想象

有意想象又称随意想象，是有预定目的、自觉产生的想象。在有意想象中，由于想象的新颖程度、创造水平和形成方式不同，又可分成再造想象、创造想象和幻想等几种形式。

再造想象是依照语言文字的描述或根据图样、模型、符号等的描绘，在脑中构造出事物新形象的过程。例如，学生根据武术教材上的图解，在脑中构造出连续的武术套路。球类运动员依据教练员的讲解，想象赛场上战术阵势的变化等。

创造想象是不依据现成的描述，在头脑中独立创造出新形象的过程。因此，它比再造想象更高级，具有首创性、独立性和新颖性等特点。新的体操动作、武术套路、艺术造型、革新发明等都离不开创造想象过程。

幻想是针对未来的，与人的愿望相联系但又与当前的实际情况不相一致的想象。幻想有积极的幻想和消极的幻想之分。例如一个少年运动员幻想当上奥运会冠军，眼前虽无可能，但通过各种努力，将来则有可能实现；消极的幻想又叫空想，它完全脱离现实客观事物发展的规律，甚至违背事物发展的客观进程，因而没有实现的可能。例如一个人躺在地上"守株待兔"，幻想天下掉下一块奥运会金牌，成为奥运会冠军，这种想象不可能实现，消极的幻想只能起瓦解和消蚀人的精神的作用。

三、表象和想象在体育运动中的作用

表象和想象在体育教学、运动训练和运动竞赛中起着极其重要的作用。

（一）运动表象和再造想象是学生和运动员形成运动动作、掌握运动技能的基础。在体育教学和运动训练过程中，运动知识是以运动表象和动作概念的形式传授给学生和运动员的，学生和运动员通过教师、教练员的示范、讲解或观看电影、录像等，经过自己的模仿性练习，形成正确而清晰的运动表象；通过再造想象过程，使动作得以巩固、熟练而达到自动化。因此，学生和运动员头脑中表象的储备越丰富，再造想象能力越强，运动动作掌握得也就越迅速、越准确。

（二）通过表象重现训练和想象训练可以达到巩固成套动作的记忆和改进动作的目的。国外有人将 93 名学生分为五组进行篮球投篮训练。第一组只进行实际投篮练习；第二组观看别人实际投篮，自己想象做投篮动作；第三组先进行 10 次实际投篮练习，然后进行 8 次想象投篮练习；第四组先想象投篮 10 次，再进行 8 次实际投篮练习；第五组为对照组，不进行任何练习。训练 18 天之后，检查他们投篮命中率的平均值，结果表明第四组成绩最好，第三组次之，其余几组的效果较差。

运动表象的复演和想象动作过程并非是虚无飘渺的，它们都有其生理基础。许多生理心理学的实验证实，当运动员作赛跑的想象或让提琴家作演奏的想象时，可以记录到运动员脚上或提琴家臂上的肌肉电流明显增强，与实际动作时相同。所以，表象和想象训练有着与实际训练相似的效果，如果二者结合起来，就能取得更好的效果。

（三）创造想象是运动技术、战术创造和运用中必不可少的重要因素。任何创造发明都离不开创造革新者头脑中进行的想象过程，体育运动中尖端、高难技术动作的创新、独特新颖的战术运用、大型团体操的编排以及新的体育运动项目的产生，都离不开创造想象活动。在激烈的对抗性的比赛中，场上情境瞬息万变，没有一个固定的模式，如果运动员、教练员缺乏想象力，缺乏预见性，一味因循守旧，就很难在技术、能力和战术水平上得到突破性的进展。

（四）通过想象训练，可以降低运动员赛前的焦虑水平，培养运动员的情绪稳定性，有助于树立必胜的信心，从而提高运动成绩。例如前苏联一位著名的短跑运动员，在比赛前十几分钟里，独坐于喧闹的赛场一隅，想象自己在杨柳依依安静的湖边垂钓，从而使自己的情绪得到放松。而当他站在起跑线上，听到枪声之前，又想象自己如一头雄狮迅猛地追赶猎物，这种心理上的“超前跑”使得他在心理上已经超过了对手。这是因为他在进入场地而离比赛尚有一段时间的时候，通过想象作用，将自己的注意力从诱发激动情绪的刺激环境中引开，以免过早兴奋，造成其后的抑制；而在投入比赛的前几秒钟通过想象使自己的情绪迅速激活，因而取得好成绩。由上可知，表象和想象在体育运动中具有重要的意义，培养学生和运动员清晰准确的表象和丰富的想象力，是体育教学和运动训练十分重要的一个方面。

第三节　体育运动中的记忆和思维

一、体育运动中的记忆

（一）记忆概述

1．记忆的概念和种类

记忆是人脑对过去经历过的事物的反映。人在自己的生活中经历过的事物不计其数，这些事物在人的头脑中都留下不同程度的印象，并能在以后的生活实践中被回想起来，或当它重新出现时被再认出来，这就是记忆。

按照记忆的内容，可将记忆划分为四种：

(1)形象记忆。以过去感知过的事物形象即表象为内容的记忆。形象可以是视觉的、听觉的、触觉的或味觉的等等。

(2)逻辑记忆。以概念、判断、推理等逻辑思维为内容的记忆。如我们以前学过的数学公式、读过的诗词等的记忆。

(3)情绪记忆。以体验过的某种情绪或情感为内容的记忆。如我们获得某次比赛冠军时高兴的心情的记忆。

(4)运动记忆。以过去做过的动作、学得的运动技术为内容的记忆。运动记忆一旦形成，保持的时间也很长。

2. 记忆的构成

记忆是一个极其复杂的心理过程，它由识记、保持、再认和回忆三个基本环节构成。从信息加工的观点看，记忆就是对输入信息的编码、储存和提取的过程。

识记环节即编码过程，即将输入的信息改变成头脑可接受的形式，并对信息进行初步加工、组织。现代认知心理学认为，只有经过编码的信息，才能记得住。

保持环节即储存过程，指对信息的再加工组织并予以储存过程。

再认和回忆环节都与信息的提取有关，而信息的提取又与编码的程度、内部储存信息的组织结构关系很大。信息组织得好，编码较完善，提取也比较容易。

3. 记忆的生理机制

巴甫洛夫学派认为记忆的生理机制是暂时神经联系的形成、巩固和重新活跃。其中识记和保持是大脑皮层上形成暂时联系并留下痕迹的过程，再认和回忆则是暂时联系在有关刺激影响下重新活跃的过程。

关于记忆机制在大脑上是否有定位的问题，有定位说和均势说的争论。有些实验和研究指出，颞叶和海马是记忆痕迹的储存库，在脑的各个部位识记或回忆信息时起向导作用和过滤作用。还有研究表明，言语记忆信息储存在大脑左半球，形象记忆信息储存在右半球。美国心理学家拉什里以许多动物实验为根据提出均势说，认为记忆在大脑皮层上并无定位，而是分布在整个大脑中，任何一个记忆痕迹都与脑的广泛区域相联系，保存的脑区越大，记忆就越清楚。近年来也有人提出记忆的全息理论，认为记忆通过某种途径像全息图广泛分布于大脑的各部分。一般认为，大脑皮层没有一个专门的记忆中枢，记忆是大脑皮层、边缘系统、网状结构、丘脑等整个中枢神经系统的功能，是不同神经部位的联合活动，但不同部位所起的作用不同。

此外关于记忆的痕迹究竟在什么部位、以什么方式实现，一些神经生理学的研究认为，记忆是以神经元返响回路和突触结构上的变化为机制，还有一些研究认为，记忆主要表现在神经递质和神经元内部的生物化学变化上。

（二）运动记忆

运动记忆即动作记忆，是以自己做过的运动动作及其系统为内容的记忆。例如，我们不久前学过的太极拳四十二式，现在我们不仅能在脑中再现出各式的运动记忆表象，而且能通过自己外显的动作，把记忆的内容做出来，这就是运动记忆。当然，过去我们学过的很多动作因长久不曾练习，就会产生动作的遗忘，例如，我们在小学阶段几乎每天都做的少年广播体操，现在未必能系统地做出来。这种动作的遗忘即不能保持，同样涉及到运动记忆问题。

运动记忆不同于语言概念的记忆，它是以能否重做或再认外显的动作为其标志的。例如，研究表明有些脑损伤病人很难回忆他们刚刚看过的文字，但是可以毫不困难地运用动作将一些拆开的物体装合在一起。我们即使能很熟练地跳"探戈"舞，但要求我们不做动作，用语言将舞步叙述出来，并使对方理解，却有较大困难。如果边做边叙述则容易得多。

关于运动动作的形成、熟练问题，国内外运动心理学家以往多从运动技能的掌握这一角度去研究，而较少从运动记忆的角度来探讨。近年来，运动记忆的研究逐渐多了起来，也取得了一些引人注目的成果。

1968年，心理学家阿特金森和希夫林将记忆与计算机做类比，认为记忆的结构相当于计算机的硬件，由人控制的信息储存、提取等处理过程相当于计算机的软件，记忆的结构包括感觉登记、短时记忆和长时记忆。

感觉登记又称瞬时记忆，外界信息进入感觉通道，以感觉映象的形式短暂停留，为时不超过2秒。例如视觉后象就是感觉登记，注视电灯片刻，电灯熄灭后的瞬间，电灯的映象仍然存留在眼睛里，但很快视觉后象便会消失。

短时记忆保持的时间不超过1分钟。储存在感觉通道的信息大部分迅速消失，只有得到注意的小部分信息才转入到短时记忆中。短时记忆的容量有限，仅为7±2个，例如电话号码，只看一眼能记住5到9个数字。在短时记忆中，动作和空间形象的信息基本上以视觉形式编码，言语材料信息基本上以听觉形式编码。

长时记忆的时间为1分钟以上乃至终生，容量极大，包括人所记住的一切经验。长时记忆里的材料是人对短时记忆里的信息反复编码加工的结果。

1986年，心理学家巴德莱认为，记忆从其功能和作用来看，它的结构包括两种成分，一为工作记忆，一为长时记忆。长时记忆与上述长时记忆大致相同，而工作记忆则有其独特的含义。巴德莱认为工作记忆是一种功能记忆系统。它起着暂时储存刚刚从感觉通道得来的信息，并有对这些信息加以运用的作用。它提供一个暂时的工作空间，将刚刚得来的信息与长时记忆里提取出来的信息加以整合，用这些信息来解决当前的问题，做出决定，并进行反应。同时，它也将感觉通道得来的信息进行加工，转入长时记忆之中。例如，你是一位棒球投手，在比赛场上你就得决定如何投出每一个球，这就要求你将当前的情境与过去的经验加以整合，你需要思考击球手是谁，当前得分情况如何，垒上的跑垒员，出局的数目等等情况，并将感知觉得来的这些信息，与从你长时记忆中提取出来的关于这位击球手过去在比赛中的特点，获胜情况等信息加以整合，这样你才可以做出投球的决策。工作记忆就是将所有信息进行加工的临时工作场合。工作记忆这一概念确实有助于我们理解通常所说的短时记忆的作用，但由于目前这一概念的运用尚不广泛，所以我们仍沿用通常所说的短时记忆这一概念。

1. 运动短时记忆

运动短时记忆的研究，首推亚当斯等人1966年所做的实验。实验仪器很简单，在一根两端固定在仪器上的长长的光滑金属棒上，安装着一个可以用手左右滑动的手柄，被试者蒙目坐在仪器前，握住手柄，仅凭本体感觉将手柄从金属棒的起始位置滑动到某一固定位置，要求被试者记住滑动了多长距离。然后主试者将手柄滑动到起始位置。经过一定的时间间隔后（即记忆保持的时间），要求被试者凭回忆将手柄再次滑动到上次所滑动的位置（长度）上，主试者记录被试者经过不同时间间隔后动作记忆的误差。结果发现，经过 20 秒到 30 秒，运动记忆的误差迅速增加，运动短时记忆保持的时间与视觉信息在短时记忆里保持的时间相似。此后许多人的实验研究支持亚当斯的结论。运动短时记忆的信息如果不及时予以加工或再现，信息很快就会消退。这一研究对我们体育教学和运动训练都有实际意义。

某一时刻运动短时记忆里保持的信息，对以后的运动操作任务应该是没有多少影响的，但是实际情况怎么样呢？像在体操、花样滑冰、跳水、体育舞蹈等比赛中，裁判员评分时会不会受过去短时运动记忆信息的影响？1991 年斯特马瑞等人的研究表明，在体操表演的裁判工作中，无论裁判员是新手还是有丰富经验的裁判，如果他们在以前看过某一运动员的表演，他们在给这位运动员现在表演的类似动作打分时，就会带有偏向，既使裁判员自己并没有意识到以前看过这位运动员的表演。这一研究说明，运动短时记忆（工作记忆）中的信息保持的时限超出了 1 分钟，这些信息还会在以后施加影响。

关于运动短时记忆的容量问题，1973 年魏伯格等人做了实验研究，要求被试者按照一定的动作顺序操作飞机的操纵杆，紧接着要求被试者依照刚才的动作顺序再做一次。结果表明，运动短时记忆的容易最大上限是 8 个动作。这与视觉短时记忆的容量相似。1987 年还有人以芭蕾舞演员为被试对运动短时记忆容量进行研究，结果表明，如果芭蕾舞动作排列为典型的有结构的序列来记忆，那么，老练的演员运动短时记忆的容量就大得多。这一研究也涉及到如何将运动短时记忆的信息加工储存到运动长时记忆之中去的问题。

2. 运动长时记忆

如果把运动技能的形成纳入运动长时记忆的范畴，那么自身运动动作的记忆一般来说要比词语概念的记忆保持的时间更为长久。例如，学会骑自行车或弹琴，即使多年不骑不弹，再骑再弹也不会有多大困难。

运动动作是否能在记忆中清晰地长久保持而不遗忘，是运动记忆研究的一个重要方面。运动动作保持的数量和质量有两种测验方法，一是动作回忆测验，二是动作再认测验。

所谓动作回忆测验，并非让被试者仅在脑中将动作回想出来，而是主试者仅仅给被试者少许动作的线索或提示，要求被试者将整套动作或技能做出来。当然，这些动作或技能是以前这位被试者做过的，然后对动作和技能加以评定。

动作再认测验如同词语测验里的多重选择试题，给学生一道试题，同时呈现四个答案，答案比较相似，但只有一个最正确，测验被试者能否选择出这个答案。动作、技能的再认测验与此类似，让一个人表演几个不同的动作，让被试者判断哪一个动作是以前某一特定时间看过或做过的，或者这个动作最适合于某一特定的情境中运用。

动作回忆和动作测验可以有效地评定动作遗忘的程度，然而动作遗忘是由什么引起的却是问题的关键。一般认为，引起动作遗忘的因素主要有两个，一个是时间因素，另一个是其他运动活动的干扰。由于这两个因素使得原来保留在长时记忆中的动作痕迹消退或者动作信息丢失。

遗忘与时间因素的经典性研究的创始人是德国心理学家艾宾浩斯，他于 1880 年前后用无意义音节作为学习、记忆的材料，用自己做被试者，用“重学法”测量遗忘的过程，发现了遗忘发展的一条规律：在识记后的最初时间（几十分钟到 1 天或 2 天）遗忘得很快，后来（2 天以后）逐渐缓慢，到了相当时间（6 天到 1 个月以后），几乎不再遗忘了。概括来说，就是遗忘发展规律是“先快后慢”。表明这条规律的曲线，就是著名的艾宾浩斯遗忘曲线。

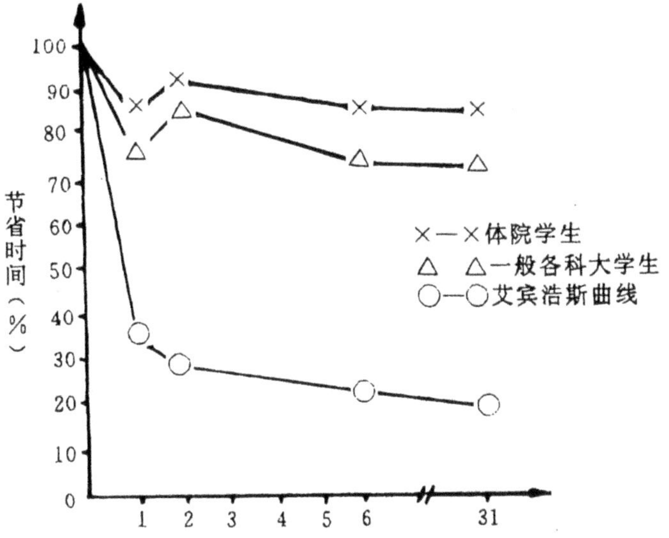

图 2—3　运动记忆的遗忘曲线

艾宾浩斯的研究材料是无意义音节（以避免受日常语言文字的干扰），那末运动动作遗忘规律是什么呢？我国心理学工作者许尚侠于 1986 年以体育专业和非体育专业的大学生为被试者，用一套连贯性动作为学习材料，研究运动记忆的遗忘规律，结果表明，运动记忆的遗忘曲线与艾宾浩斯遗忘曲线有明显差异(见图 2—3)。艾宾浩斯遗忘曲线呈“L”形，运动记忆的遗忘曲线呈“V”形，遗忘的进程经过一个起伏之后，才随着时间的推移而愈来愈缓慢。因此，体育教学与运动训练的当天应有重复学习的机会，才不致运动动作遗忘过多。

干扰因素对短时记忆和长时记忆都有影响，先学习的材料对回忆后学习的材料的干扰作用称为前摄抑制，例如，先学过俄语再学英语，英语字母的记忆常被俄语影响。后学习的材料对保持或回忆先学习的材料的干扰作用称为倒摄抑制，例如学过几年英语后，再回忆早先学过的俄语，俄语的发音也会受到英语读音的影响。语言材料学习是这样，运动动作的学习也有前摄抑制和倒摄抑制。1969 年斯泰尔马奇所做的曲线动作位置回忆实验证实前摄抑制的存在，1972 年罗伊等人所做的类似实验证实了运动动作倒摄抑制的存在。前后两种运动动作的数量和相似程度都影响着干扰的产生。

对于学生和运动员来说，如何克服运动动作的遗忘是个十分重要的问题。概括来说，应尽可能做到以下几点：

第一，运动动作学习过程，练习非常重要，不可满足于百分之百地记住动作，研究表明，只有当过度学习达到 200% 时，保持才能长久。

第二，动作学习的当天，必须进行复习，因为学习的当天，动作遗忘发展得最快，以后也应多次复习，达到熟练和自动化程度，遗忘则不易发生。

第三，科学地分配动作的练习时间。研究表明，动作的分散练习的记忆效果优于集中练习，因为运动学习中持续集中练习，开始时成绩上升，但很快成绩停滞并下降，前摄抑制和倒摄抑制都会产生并且伴随着疲劳和厌倦等不良反应。

第四，运动动作的学习应与运动知识的学习结合起来，加强对动作概念和运动技能结构的理解，即加强运动信息的加工编码，使之形成运动信息的组块，这样既便于在长时记忆中储存，又便于从长时记忆中提取。亚当斯的研究证明，孤立性动作遗忘较快，而连续性动作遗忘较慢。还有人认为，与其说动作信息在长时记忆中丢失，不如说是因为孤立的动作信息在长时记忆中储存的方式不适当，难以提取出来，因而无法做出适当的运动反应。

二、体育运动中的思维

（一）思维概述

1. 思维的概念

思维是人脑对客观现实的间接的概括的反映。人在现实生活中，在感知觉得来的信息基础上，借助于语言和已有的知识经验，在头脑中对事物进行分析与综合，抽象与概括，形成概念，并应用概念进行判断和推理，认识事物一般的和本质的特征及其规律性联系的心理过程。它是认识的高级阶段，即理性认识阶段。

教练员带队参加比赛，昨晚嘱咐队员好好休息，今晨起床，见队员眼圈发红，直打哈欠，便知昨夜运动员必定过分兴奋、焦虑，没睡好觉，由此预计今天运动员在比赛中难以超水平发挥，这就是思维过程，也就是我们日常所说的思考过程。

思维的基本特性是间接性和概括性。

间接性是指思维不像感知觉那样直接作用于人，而是通过其他事物作为媒介来认识那些没有直接作用于人的事物或事物的属性，并预见事物的发展变化和进程。教练员并没有直接看见昨夜运动员在床上辗转反侧难以入眠，而是通过现在运动员眼圈发红这一媒介，认识到运动员没有睡好觉，根据以往的经验，预见运动员可能打不好比赛。这样，教练员运用思维，就将过去、现在、和将来事物发展的历程联系在一起了，这也就是为什么把思维称为认识的高级阶段的原因。

思维的概括性是指从大量个别现象中得出一般的东西，从许多外部联系中得出内部规律，从众多的本质和非本质特性中抽取出本质特性。运动员眼圈发红是外部现象，从这种外部现象推理出运动员夜不能寐，夜不能寐则是因为过度兴奋，提前过度兴奋则打不好比赛，这是一般的规律。这种规律也是教练员从过去的经历中概括出来的事物之间的本质联系。

从信息加工的过程看，思维是对于信息的控制系统，是对输入的信息加以运作，以适当的方式转换这个信息，并将它和以前所储存的信息进行比较和综合，在此基础上作出决策，并作出反应(输出)。从本质上讲，思维就是解决问题的过程。

2. 思维的过程

思维包括分析与综合、比较、抽象与概括，以及具体化等基本过程。

分析是在思想上把事物的整体分解为各部分，或者从整体中把个别特性、个别方面区分出来。例如将跳高动作分析为助跑、起跳、空中转体、过杆、落地等各个动作。综合则与分析相反，是在思想上把事物的各部分、各特性结合起来，了解它们的联系和关系。例如，我们要了解一位运动员的全面情况，就要从他的思想作风、身体状况、技术水平、心理品质、以及比赛成绩、临场经验等许多方面联系在一起全面地进行了解，这便是综合。分析和综合是紧密联系在一起的，综合依赖于分析，分析也不能离开综合。

比较是把事物的各个部分或某些方面加以对比，确定它们的相同点、不同点及其关系。有比较才有鉴别，只有进行比较，才能达到对多种事物的较为深入地认识。比较有横向比较和纵向比较两种。例如，我们将中国女排与日本女排从各个方面作比较是属于横向比较，将今日的中国女排与10年前的中国女排比较属于纵向比较。

抽象是在头脑中将一类事物的共同的本质特征抽取出来，舍弃非本质特征的过程，概括是在头脑中抽取出来的本质特征联合起来并推广到同类事物中去的过程。例如我们将篮球、排球、足球、羽毛球、冰球等进行比较，抽取出“球类是对抗性运动项目中的器材”这一本质属性，而将球的大小、形状、弹性等非本质属性舍弃，这就是抽象过程，用球类的本质属性去指一切球类运动则是概括过程。抽象和概括也是紧密联系在一起的。

具体化是将抽象概括得来的概念、原理、理论推广应用到具体实际中去，以加深拓宽对各种事物的认识过程。例如我们将球类竞赛的规律应用于藤球、马球等运动项目中去就是具体化过程。

上述各种思维过程都是相互密切联系在一起的，人们在思维过程中运用概念、判断、推理等思维形式，达到对客观事物及其发展规律的理性认识，并使面临的问题得到解决。

3. 思维的种类

思维按照任务的性质与解决任务的方式，可以分成动作思维、形象思维和抽象思维。

动作思维又叫操作思维，它是以实际的动作来解决直观的具体问题的思维。体育运动中技术的运用、战术的安排都离不开动作思维。例如，我国一位著名体操运动员在1994年4月世界体操锦标赛上因“空翻抓杠”动作不稳定而失去决赛权，这给运动员造成过重的心理压力。因此，他的教练员赶紧在全套动作的编排上下功夫，将动作改换为“大回环跳转360°接单臂特卡切夫腾跃”的新连接，改后不但增加了连接加分而且成功的把握性更大，能使运动员发挥出最强的优势。果然在同年10月广岛亚运会上，这位教练员的两名运动员都在单杠比赛中发挥得淋漓尽致，获得了高分。因此，许多专家评论说：“一个教练员一个精心的改编，改变了运动员的命运”。这种“精心的改编”过程，不是纯理论的思维过程，而是依靠实际具体的动作来实现的，是动作思维过程。

形象思维是运用头脑中的表象来解决问题的思维过程。例如作家创造文艺作品中的人物形象，建筑师设计房屋和桥梁等都离不开形象思维，体育运动中的动作设计，大型团体操的编排等也都与形象思维密切联系着。

抽象思维是用抽象概念和理论知识解决问题的思维过程。例如数学家根据几何公理来证明各种定理，地质学家根据岩石的构造推断地球的演化史等，都属于抽象思维过程。

体育运动中的思维过程虽以动作思维为主要形式，但形象思维、抽象思维也非常重要，尤其不可忽视抽象思维的作用。因为抽象思维是人类思维的高级形态，运动技术的分析、运动规律的发现、运动技术原理的学习和掌握都必须运用抽象逻辑思维才能实现。

（二）运动战术思维

1．运动战术思维的概念

运动战术思维是在运动竞赛前和在运动竞赛过程中预见比赛进程，确立战术意图、制定战术方案、规划和运用各种战术手段的思维过程。

有人将现代体育运动竞赛比喻为“和平时期的战争”，足见其竞争的激烈程度。既然是一场战争，那就务必使对手失败而我方获胜，除身体条件、技术水平之外，战术的运用至关重要。在体育运动中解决战术任务的思维就是战术思维。体育运动参与者思维能力的高低，往往决定着运动竞赛的胜负。例如《孙子本传》中记载战国时期孙膑赛马中战术思维的事迹：“孙膑以刑徒阴见说齐使，齐使以为奇，窃载与之齐。齐将田忌善而客待之，忌数与齐公子驰逐重射。孙子见其马足不甚相远。马有上、中、下辈，于是孙子谓田忌曰，君等重射，臣能令君胜。田忌信然之，与王及诸公子逐射千金，及临质，孙子曰，今以君之下驷与彼上驷，取君上驷与彼中驷，取君之中驷与彼下驷，既驰三辈毕，而田忌一不胜，而再胜，卒得王千金，于是忌进孙子于威王。”在现代运动竞赛中，在运动员身体素质、技术水平相近的情况下，双方队员比赛次序有时也是决定胜负的因素，而次序的编排则体现出战术思维。

2．运动战术思维的内容

（1）深入全面地了解对方的实力，包括身体能力、技术水平、战术特点和个性特征，并与我方情况进行认真比较和客观评价。

（2）准确估计临场的各种客观环境和条件，并预先做出充分的准备。

（3）通过对各种信息的分析与综合，正确地预见战局的发展方向，对方的行动趋势，并准备数套我方的战术方案。

(4)在比赛中能对各种情况迅速做出准确判断，识破对方的战术意图，并采取相应的战术措施且不使对方识破。

(5)根据场上情况的突然变化，迅速而有效地改变战术或调整修正自己的行动方案。

3. 运动战术思维的特点

(1)思维的敏捷性

除了赛前战术方案的制定和赛后战术运用的总结，可以有较充裕的时间进行战术思考之外，在赛中战术任务执行中，客观形势不会容许有较多时间进行思考，往往只能在几秒或更短的瞬间做出推理、判断和决策。这就要求运动员战术思维过程既敏锐又快捷，特别是在危急的情势下，能够当机立断，抓住战机、创造战机，从而扭转局势。如果稍有迟疑或犹豫，则会贻误战机，导致失败。

(2)思维的灵活性

在制定战术计划时应深思熟虑，将各种可能发生的情况都充分地估计到，而在赛中执行战术计划时，又必须根据场上形势的变化，灵活而机动地运用战术，不能刻板地一成不变地执行赛前制定的计划，任何思维定势都可能导致在不利的形势下一错再错，最后全盘皆输。

(3)思维的预见性

一般来说，解决问题的思维过程包含发现问题、明确问题、提出假设和检验假设四个阶段。解决战术问题的思维过程也同样要经过这几个阶段，特别是后两个阶段。制定战术方案，就是提出假设。方案制定之时就要预知方案执行后可能出现的结果，而赛后实际结果，又反过来验证当初的方案是否正确、合理，也就是对假设的检验。假设的提出要以事实为依据，而战术方案的制定也必须建立在广泛搜集各种信息情报，然后对信息情报加以分析、综合的基础上，经过判断、推理而达到对战术运用结果的预见。

(4)思维的创造性

是指在战术方案的制定和战术手段的选择上有自己独特的创见，不囿于人们习以为常的方法和手段，即能够出奇制胜。出奇制胜就会使对方难以发现我方的战术意图，又可使对方在我方使用新战术时措手不及，疲于应付。这样竞赛的主动权便牢牢地掌握在我方手中。

所以平时在训练中注意培养运动员的战术思维能力对于夺取比赛胜利具有十分重要的意义。

本章小结

感觉是个体对事物个别属性的直接反映。感觉可分为外部感觉、内部感觉和本体感觉三大类。感受性是指感觉器官对适宜刺激的感觉能力，它包括绝对感受性和差别感受性。感觉阈限是指刚刚能够引起感觉的持续一定时间的刺激量，它包括绝对感觉阈限和差别感觉阈限。感受性和感觉阈限在量上成反比关系。

知觉是个体对事物整体的直接反映，与感觉既有密切联系又有区别，合称为感知觉。知觉可分为视知觉、听知觉、味知觉、嗅知觉、触知觉等，也可分为空间知觉、时间知觉和运动知觉。空间知觉是个体对物体的形状、大小、距离、方位等空间特性的反映，包括形状知觉、大小知觉、距离知觉、方位知觉等。

时间知觉是个体对事物运动和变化的延续性和顺序性的反映。运动知觉是个体对物体空间位移的反映，包括主体运动知觉和客体运动知觉。运动知觉也可以划分为真实运动知觉和非真实运动知觉，后者包括似动知觉、诱导运动知觉、因果性运动知觉、自主运动知觉等。真实运动知觉与非真实运动知觉都对体育运动有重要意义。运动员专门化知觉是运动员在运动实践中经过长期专项训练而形成的一种精细的以主体运动知觉为主的特殊知觉。

运动表象是人在脑中重现出来的动作形象，它具有直观性和概括性的特性。运动表象包括运动视觉表象和运动动觉表象等。运动表象的完整性可以用复述法和复做法来测定。

想象是人在头脑中对已有表象进行加工、改造、重新组合形成新形象的过程。想象可以分为无意想象和有意想象，有意想象又可分为再造想象、创造想象和幻想。表象和想象在体育运动中有重要作用。

记忆是人脑对过去经历过的事物的反映。它由识记、保持、再认和回忆这三个基本环节构成。记忆的结构包括感觉登记、短时记忆和长时记忆。记忆可以划分为形象记忆、逻辑记忆、情绪记忆和运动记忆。运动记忆即动作记忆，是以自己做过的运动动作及其系统为内容的记忆。干扰因素对运动短时记忆和运动长时记忆都有影响。先学习的材料对回忆后学习的材料的干扰作用称为前摄抑制，后学习的材料对保持先学习的材料的干扰作用称为倒摄抑制。

思维是人脑对客观现实的间接概括的反映。思维包括分析与综合、比较、抽象与概括、以及具体化等基本过程。思维可以分为动作思维、形象思维和抽象思维。动作思维又叫操作思维，它是以实际的动作来解决直观的具体问题的思维。

运动战术思维是在运动竞赛前和在运动竞赛中预见比赛进程、确立战术意图、制定战术方案、规划和运用各种战术手段的思维过程。战术思维具有敏捷性、灵活性、预见性和创造性的特点。

思考题

1. 什么是感觉和知觉？感觉和知觉有什么关系？

2. 什么是空间知觉？形状知觉、大小知觉、距离知觉和方位知觉各是在哪些感觉通道得来的信息基础上形成的？

3. 什么是时间知觉？如何评定运动员对短暂时间的估计能力？请与你的一位同学相互演示一下。

4. 什么是运动知觉？谈谈真实运动知觉和非真实运动知觉在体育运动中的意义。

5. 什么是运动员的专门化知觉？结合自己的运动专项，谈谈运动专门化知觉是如何形成的。

6. 什么是表象和想象？表象和想象在体育运动中有什么作用？

7. 什么是思维？思维有哪些基本过程？

作业题

1. 简述感受性在体育运动中的作用。

2. 举例说明知觉的基本特性。

3. 什么是运动表象？运动表象明确阶段的标志是什么？

4. 如何根据运动记忆的规律合理地安排运动训练？

5. 什么是运动战术思维？运动战术思维有哪些内容和特点？

第三章　体育运动中的心理状态

自　学　指　导

一、内容简介

本章讲述了体育运动中的心理状态，主要内容为情绪状态、意识状态和注意状态。情绪状态中介绍了情绪与情感的概念；情绪、情感和需要的关系；马斯洛的需要层次理论；情绪的生理机制；情绪和情感的作用。在情绪状态与运动成绩关系中，介绍了著名的倒U假说和灾难假说。关于运动焦虑的问题，阐述了运动焦虑的概念和分类以及运动焦虑的测量。

体育运动中的意识状态中讲述了意识的概念、意识与无意识，运动意识及其定向、选择、创造、调控等四种功能。此外，还重点阐述了体育运动中的意志行动过程，运动员五种良好的意志品质。

本章第三部分内容为体育运动中的注意状态，着重阐述了注意的概念、注意的种类和运动员的注意品质以及注意品质的简易测量方法。

二、重点与难点

通过本章学习，使学员较好地、准确地掌握情绪、意识、无意识、注意等基本概念和基本理论。在理解基本概念的基础上，重点了解心理状态在体育运动中的作用。

由于意识这一问题很抽象、也很复杂，历来是心理学界争议最多的问题之一，体育界通用的意识这一概念，与心理学界所讲的意识的概念并不完全相同，我们力图从中找出共识，因此，意识的概念的理解应是本章的难点。

三、学习方法要求

学员自学本章时应着重掌握本章的基本概念和基本理论，理解概念之间的本质联系，尽可能做到理论联系体育运动实际，用学到的知识对过去自己教学和训练工作进行分析和总结，并提出改进的措施。

第一节 体育运动中的情绪状态

一、情绪概述

（一）情绪与情感的概念

情绪的概念有广义与狭义之分，广义的情绪包括情绪和情感，是指人对现实事物的态度的体验，狭义的情绪是指人受到生活环境中的刺激时，需要是否得到满足时产生的暂时性的较强烈的态度及其体验。

情绪和情感是由现实事物引起的，例如运动员在比赛中获得金牌而非常高兴，学生因考试不及格而十分沮丧等。情绪和情感又是以态度的体验形式表现出来的，人们对事物总是先有一定的评价，而后产生不同的态度。可以是满意的态度，如获得金牌而满意；也可以是不满意的态度，如成绩不及格而不满意。与此同时，产生一种带有特殊色调的内心感受和体验，如高兴或者沮丧等，这就是情绪和情感。

（二）情绪、情感和需要

情绪、情感和人的各种需要是密切联系在一起的。人对客观事物产生什么样的态度，决定于该事物是否满足人的需要。

需要得到满足，就会产生积极的肯定性的情绪和情感，如兴奋、愉快、得意、自豪等；需要得不到满足，就会产生消极的否定性的情绪和情感，如痛苦，悲伤、厌烦、沮丧等。

人的需要有多种多样。美国人本主义心理学家马斯洛提出著名的需要层次理论，认为人的需要由低级到高级分为五个层次，这就是生理需要、安全需要、归属与爱的需要、尊重的需要、自我实现的需要。每种低层次的需要得到满足，才会产生高层次的需要。最高层次的需要是充分发挥自已潜在的才能，从而实现自我。需要层次理论揭示了人的需要是从低级到高级多层次、多水平的系统，肯定人的需要与动物的需要不同。对于我们的实际工作，如管理工作，有一定的参考作用。但这一理论忽视了社会实践对人的需要的制约作用，将高级需要与低级需要截然对立起来是不适当的。

一般来说，人的需要可以分为生理需要和社会需要两大类，情绪往往与人的饮食、御寒、异性、躲避危险等生理需要相联系，情感则与人际交往、社会活动、受教育等社会需要相联系，这是情绪和情感的主要区别之一。当然，由于人是自然实体和社会实体的综合体，即使是最简单的生理需要也必然渗透着社会性，所以情绪与情感的划分只有相对的意义。

情绪与情感区别之二是情绪状态带有较大的情境性，一旦情境改变，情绪就会很快消失，例如吃到一顿美味佳肴，或闻到难闻的气味时引起愉快或不愉快的情绪体验是暂时的，当这些情绪不存在时，情绪体验也就不复存在了。但情感则是对事物的稳定的态度体验，如友谊感、爱国主义情感等，一般具有深厚而稳定的性质，不易被情境左右。

情绪与情感区别之三是情绪往往是由事物的表面现象引

起，因此带有冲动性，情感的产生则与对事物的深刻认识相联系，冲动性相对较小。例如父母对孩子一时的不良行为非常恼怒，甚至可能体罚孩子，但这只是一时冲动，而对子女的爱则是稳定而持久的。

（三）情绪的生理机制

情绪既是内部体验，又是反应行为；既有生理过程，又有外部表现，因此，情绪是有机体的一种复合的心理状态，它由情绪内部体验、情绪外部表现和情绪生理反应三种因素组成。情绪的内部体验是指喜悦、愤怒、悲哀、恐惧、忧虑等状态下的内心感受；外部表现是指情绪状态下人的各种表情动作，包括面部表情、身段表情、言语表情。情绪生理反应则比较复杂。

现代生理心理学的研究表明，情绪是在大脑皮层的主导作用下，皮层和皮层下神经过程协同活动的结果，是神经系统多级水平的机能。

个体接受来自客观现实的种种刺激，先在大脑皮层进行评价、整合和调节，然后在下丘脑、边缘系统成为情绪体验，因为下丘脑、边缘系统及临近部位是“快乐”和“痛苦”情绪的直接中枢，最后再通过内分沁系统、内脏、肌肉、和骨骼的生理反应表现出来。

概括起来，情绪、情感的生理机制包括以下要点：

1. 大脑皮层对情绪起着评价、调节作用；

2. 下丘脑、边缘系统等参与情绪体验的产生；

3. 神经中枢各部位的功能既是定位的，又兼受皮层的整合；

4. 机体、内脏等的外周变化反映与生命过程相关的一般唤醒；

5. 内分泌系统与自主神经系统和中枢神经系统之间的联系直接参与情绪活动。

(四)情绪和情感的作用

情绪和情感的作用在于它的动力性。它可以引起和推动人以自己的行为去排除前进中的困难和障碍。一个运动员如果有了对体育运动由衷的热爱,有强烈的为国争光的爱国主义情感和集体荣誉感,在艰苦而单调的训练中就会有强大而持久的动力。当然,有些情绪和情感对人的行动也有阻力作用,例如,一位体院学生在跳马训练中受伤,从此对跳马产生恐惧的情绪体验,一踏上跳板,就会腿发软,这便是消极情绪的阻力作用。

情绪和情感可以协调社会交往和人际关系。情绪是人们社会交往中的一个重要环节,也是团体凝聚力的重要因素。人们通过表情的渠道可以传递信息,达到相互了解,情感是人们相互依恋的纽带。

情绪和情感对人的身心健康也有重要影响。在中国古代医学典籍《内经》中明确指出“怒伤肝”、“喜伤心”、“思伤脾”、“忧伤肾”,“百病生于气也,怒则气上、喜则气缓、悲则气消、恐则气下……惊则气乱……思则气结。”这不仅说明了情绪、情感为病皆伤人身之气,而且说明了不同的心理致病因素对人体内脏的影响也不相同。现代医学心理的研究也表明,许多疾病都与情绪有关。如心脏病、高血压、癌症、胃病、十二指肠溃疡、肺结核、支气管哮喘、月经失调、神经性皮炎、精神病等的发病,都受到心理因素的影响。为了减少疾病,善于调节情绪,使自己保持心理健康非常重要。

二、情绪状态与运动成绩

运动竞赛中运动员的情绪状态与运动成绩的关系极为密切。竞赛中哪些因素和条件影响运动员情绪状态，以及运动员如何控制和调节自己的情绪以取得优异成绩等问题，我们将在第十一章运动竞赛心理中详细的探讨，在此我们仅介绍两种著名的有关情绪状态与运动成绩关系的假说。

(一)倒 U 假说

倒 U 假说又称耶克斯一多德森定律(Yerkes—Dordson Law)，这一假说认为，运动成绩与运动员的情绪激活水平呈倒 U 形曲线关系。当运动员的情绪激活水平最低时，运动成绩也最低；随着情绪激活水平提高，运动成绩也提高，当情绪激活水平达到一定高度时，运动成绩最高；但激活水平继续升高，运动成绩则随之下降，当情绪激活水平最高时，运动成绩最低。

不同的运动项目，具有不同个性特点的运动员，技能熟练程度不同，取得最好运动成绩的最佳激活水平也不相同。

以上是倒 U 假说的基本内容(见图 3—1)。

据此我们可知，运动员为取得最好的运动成绩，情绪应保持在一定高度水平上，情绪激活水平过低或过高，都难以取得优异成绩。对情绪激活水平过低的运动员，应施加心理压力，动员和激发其情绪激活水平；对那些情绪紧张、激活水平过高的运动员则应实施放松训练，降低其激活水平；对情绪激活水平适宜的运动员，则应使其激活水平稳定下来，以取得最好的运动成绩。

(二)灾难假说

这一假说是由英国运动心理学家哈代和菲兹于1987年

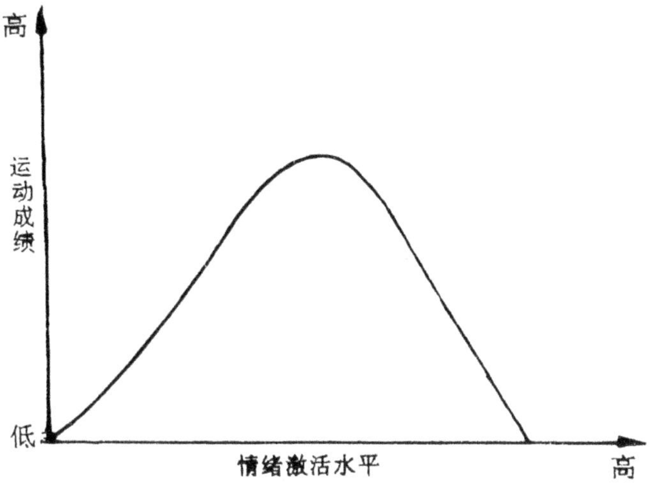

图 3—1　倒 U 假说示意图

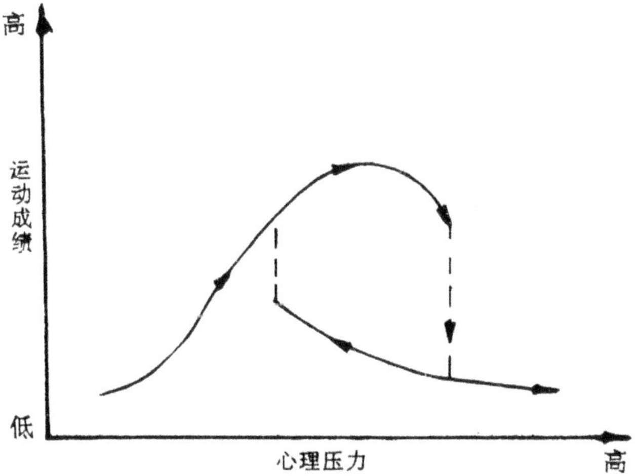

图 3—2　灾难假说示意图

提出来的。他们认为：在低水平的心理压力下，随着压力的增加，运动成绩会提高，而压力增高到某一关键的阈限值时，运动员便感受到环境对他的要求和他的能力不相符合，于是便产生运动焦虑，运动成绩便突然下降，对运动员来说这便是一种“灾难”。这次失败之后，成绩只能恢复到最初水平。如果压力持续降低到一定程度上，运动成绩可能跳回到较高的水平上。在体育运动中，这一现象比较普遍，一旦运动员的心理压力过大，便会带来“灾难”，运动成绩大幅度下降，很难使其恢复到过去最高运动成绩上。这一假说与倒 U 假说明显不同，倒 U 假说认为只要压力减小，情绪激活水平降低，运动员则可重新获得最佳成绩(见图 3—2)。

我们认为，以上两种假说都有可供参考之处。倒 U 假说比较符合一般运动技能学习和操作过程，而灾难假说更符合优秀运动员在运动竞赛中的情况。

三、运动焦虑及其测量

(一)运动焦虑的概念与分类

运动焦虑是指运动员在训练和比赛中，对当前的或预计的自尊心有潜在威胁的情境所具有的担忧的情绪重负倾向。

按照焦虑程度的高低，运动焦虑可划分为正常焦虑和神经过敏性焦虑两种。正常焦虑是由客观情境引起的，例如比赛环境、对手情况、比赛激烈程度、比赛的社会意义等都会引起运动员一定程度的紧张不安。一般来说，正常焦虑可激发运动员改变自身现状的紧迫感，进一步谋求达到预定的运动目标。神经过敏性焦虑是指自尊心受到过伤害的运动员，对预计到的威胁所作出的一种过度担扰和过分恐慌的反应，往往夸大比赛困难因素，缩小自身的实际水平和能力，对运动效能的发挥有不利影响，尤其对于较生疏或需依靠随机应变来表现的技能，具有较大的抑制作用。

按照焦虑的性质，还可把运动焦虑划分为原始焦虑和社会性焦虑。原始焦虑与个人利害相关，如担心身体受伤，运动成绩不佳，保不住已有荣誉，丢面子等，焦虑程度越高越不利于创造优异成绩。社会性焦虑是在良好的教育条件下所形成的关心国家和集体荣誉、关心运动水平发展的不安倾向。它是推动运动员为国家、为集体荣誉而拼搏的积极力量。当它与合理的心理诱导手段相结合，就能促进运动员取得优异的运动成绩。

（二）运动焦虑的测量

关于运动员焦虑水平的测量，一般有两种途径，一是生理心理学的方法，以运动员的心率、血压、皮肤电、肌电等生理反应作为评定运动员焦虑程度的指标，这种方法虽然容易做定量分析，但在运动现场实施则比较困难，此外对结果的解释应更为慎重，因为测得的结果毕竟是生理反应而不是内心体验。另一种经常采用的方法是心理问卷法，即用主试者经过标准化修订的问卷表，要求被试者将符合自己情况的每一个问题的答案用笔勾画出来，主试者评分统计之后，根据分数对运动员的焦虑程度加以评定。

焦虑评定的量表有许多种，美国心理学家斯皮尔伯格等人于 1970 年制定的《状态一特质焦虑量表》(STAI)是应用比较广泛的焦虑调查表。此量表除了具有一般心理量表所具有的高效度、高信度和客观性等条件外，还具有自己的特点。主要表现在以下方面：

首先，它既可测情绪方面的个性特征，又可测情绪状态。

STAI 由两张问卷表构成，分别用来测量两种不同概念的焦虑。表 1 用来测量状态焦虑，状态焦虑是指个体在某一特定情境中、某一特定时刻所体验到的焦虑程度，如运动员在比赛中体验到的紧张、不安等。表 2 用来测量特质焦虑，这是指个体在焦虑倾向性方面较为稳定、较为经常的心理特征，或者说是个性品质，属于人格的一个维度。

其次，STAI 具有广泛的用途，既可用作研究工具，又可用于临床测量。既可用于运动员、大中学生等正常人，也可测试一般病人、精神病人等。为心理训练、心理调节、心理咨询和行为治疗提供依据。

再次，实施方法简便易行。两张问卷表中各包含着 20 个陈述句，指导语印在卷首。要求被试者读完陈述句之后，在句末的"从不"、"有时"、"经常"、"总是"之中选择一项涂黑。既可个别测试，也可团体测试。由于填表时间不长，不会对被试者实际任务的操作有太大干扰，被试者较易配合完成。

最后，计分方法简单方便。STAI 两个量表计分分值最低为 20 分，最高为 80 分。由于分值全距不大，运用计算机、模板、甚至手工统计分数都无不可。

我国于 1985 年由王天生、程致屏等组织的全国协作组对 STAI 进行了初步修订，并用于体育运动实践。以下简介他们修订后的量表使用方法：

STAI 问卷表的施测时间及方法

主试要求被试认真阅读指导语然后填写。表 1 要求在比赛中短暂间歇时填写，或在比赛后立即填写。表 2 要求在其他时间填写。主试按照"特质焦虑、状态焦虑测试结果汇总表"上的项目，及时了解运动员的其他情况，请教练员对运动员技术发挥如何进行评价（从低到高判 1—4 分）。

评分方法

两表各有 20 个条目，其中大部分按题后圆圈中的数字计分（例如在③上打圈就计 3 分），而另一部分条目是颠倒计分，如在①上打圈，计 4 分；在②上打圈计 3 分；在③上打圈计 2 分；在④上打圈计 1 分。将表 1 和表 2 分数分别累计。表 1 累计分为运动员的状态焦虑分，表 2 累计分为运动员特质焦虑分。颠倒计分的条目，表 1 是 1、2、5、8、10、11、15、16、19、20，表 2 是 21、26、27、30、33、36、39。若有漏填条目，则为废卷。

有关说明

(1)同一等级、同一性别、同一运动项目、同一规模比赛的情况汇总在一张表内；

(2)同一被试可重复测试；

(3)“职业”栏填写如“专业运动员”，非专业运动员如体院学生、高中学生等；

(4)“比赛成绩”如填具体成绩、名次、主力、非主力等。

自我评定问卷表(1)

分数	

姓名______　　　　　　　　日期______

指导语：

请阅读下面的句子，这些句子是说你在当前比赛中的感觉如何。读完每一条之后，将每条后边符合你情况的那个圆圈用笔圈上，如②。这里的回答无正确错误之分。回答每条时不必用太多时间去思考，但回答要最符合你比赛中所感受到的状况。

一点也不　有点儿　适中　非常

1. 我感到平静 ………………………… ①……②……③……④

2. 我感到安心踏实 …………………… ①……②……③……④

3. 我感到紧张 ………………………… ①……②……③……④

4. 我觉得懊悔 ………………………… ①……②……③……④

5. 我感到舒畅 ………………………… ①……②……③……④

6. 我感到心烦意乱 …………………… ①……②……③……④

7. 我现在担心运气会不好 …………… ①……②……③……④

8. 我感到安宁 ………………………… ①……②……③……④

9. 我感到焦躁忧虑 …………………… ①……②……③……④

10. 我感到舒适 ………………………… ①……②……③……④

11. 我觉得自信 ………………………… ①……②……③……④

12. 我感到神经紧张 …………………… ①……②……③……④

13. 我紧张得发抖 ……………………… ①……②……③……④

14. 我感到振奋,如绷紧之弦 …………………………………… ①……②……③……④

15. 我感到轻松 ………………………… ①……②……③……④

16. 我觉得满意 ………………………… ①……②……③……④

17. 我担忧 ……………………………… ①……②……③……④

18. 我觉得过分兴奋与慌乱 …………… ①……②……③……④

19. 我感到欢欣鼓舞 …………………… ①……②……③……④

20. 我感到愉快适意 …………………… ①……②……③……④

附 1. 我认为这次比赛对我意义重大 …………………………………… ①……②……③……④

附 2. 这次比赛我的技术水平发挥得好 …………………………………… ①……②……③……④

分数	

自我评定问卷表(2)

姓名______　　　　　　　　日期______

指导语：

请阅读下面的句子，这些句子是说你平时一般感觉如何。读完每一条之后，将每条后边符合你情况的那个圆圈用笔圈上，如：◎。这里的回答无正确错误之分，回答每条时不必用太多时间去思考，但回答要最符合你平时一般感受的情况。

	从不	有时	经常	总是
21. 我感到愉快适意	①	②	③	④
22. 我很容易厌倦	①	②	③	④
23. 我觉得想哭喊	①	②	③	④
24. 我感到我不像别人那样幸运	①	②	③	④
25. 我因不能当机立断而遭受损失	①	②	③	④
26. 我感到安宁	①	②	③	④
27. 我沉着，冷静，镇定	①	②	③	④
28. 我觉得困难成堆，不能克服	①	②	③	④
29. 我对实际上并不重要的事情过分操心	①	②	③	④
30. 我幸福愉快	①	②	③	④
31. 我因某些事情不顺心而一直烦恼	①	②	③	④

32. 我缺乏自信心 …………… ①……②……③……④

33. 我感到安心踏实 ………… ①……②……③……④

34. 我试图回避危机或困难 … ①……②……③……④

35. 我感到忧郁沮丧 ………… ①……②……③……④

36. 我感到满意 ……………… ①……②……③……④

37. 一些不重要的念头涌上我心头,烦扰着我 ………………
…………………………… ①……②……③……④

38. 我感到非常失望,难以把失望之感排除心头 ……………
…………………………… ①……②……③……④

39. 我是个稳重的人 ………… ①……②……③……④

40. 当我仔细思考我现在的各种利害关系时,我便陷入紧张或混乱状态 ……………… ①……②……③……④

特质焦虑与状态焦虑测试结果统计汇总表

比赛名称及项目：＿＿＿＿＿＿＿＿　　比赛时间：＿＿＿＿＿＿

比　赛　地　点：＿＿＿＿＿＿＿＿　　比赛规模：＿＿＿＿＿＿　　主试人：＿＿＿＿

编号	姓名	性别	年龄	职业	专项	运动年限	级别	历史上最好成绩	本次比赛成绩	状态焦虑分数	特质焦虑分数	比赛意义的自我评价	技术水平发挥		备注
													自我评价	教练员评价	

第二节　体育运动中的意识状态

一、意识概述

（一）意识的概念

意识是人所特有的反映现实的最高形式，意识从本质上说，就是主体意识到的、自觉的心理活动状态。

认识是意识的核心成分。意识能使人认识到现实中一般的和本质的东西，这就是“意识到”的特征。人不仅能意识到当前现实的意义和图景，也能意识到过去体验过的意义和图景，还能意识到未来的意义和图景。这样，意识就表现在同现实的一定关系之中，使人的活动具有明确的目的性和自觉性，并能通过意识来实现对自己的调节和控制，例如在对抗性的运动项目比赛中，战术的运用必须灵活多变，如果一种战术被对方适应，造成我方连续失误，我方队员就应该清醒地意识到必须改变战术了，如果还是“执迷不悟”，就会导致一败涂地。这种“意识到”就是我们通常所讲的意识。

那么，意识和感知觉、记忆、思维、想象等心理活动过程是什么关系呢？

意识作为人的心理活动的最高形式，它体现在一切自觉的有目的的心理活动之中，并对这些心理活动过程加以控制和调节。通过感知觉，运动员可以觉察并意识到比赛场中的各种刺激；通过记忆，可以恢复并意识到过去比赛的情景；通过想象，可以预测并意识到未来比赛可能出现的问题和结果；通过思维，可以用概括的知识和经验意识到现实训练和比赛中存在的问题以及解决这些问题的各种途径。这样，意识就将过去、现在、未来统一在时间这一延续性上。因此，从概念上讲，意识的内涵大于其他一切个别的心理现象，我们不可将意识仅仅理解为感知觉或者思维，虽然意识也表现在这些方面。

让我们以战术意识和战术思维为例来说明意识与思维的关系。战术意识是运动员意识中很重要的一个方面。它是指运动员在比赛中战术运用时意识到的、自觉的心理活动，包括运动员在战术运用方面的感知、记忆、思维和想象等心理活动的总和。而战术思维是战术意识中的一个重要的核心的部分，它是指在运动竞赛中预见比赛进程，确立战术意图，制定战术方案，规划和运用各种战术手段的思维活动，而这种思维活动动能否在高度清醒的状态下自觉地、主动地进行，则反映了运动员战术意识的强弱。一般来说，一个运动员的战术意识与战术思维是统一的、一致的，但二者并不是等同的，如果一个运动员虽然平时能将比赛中战术如何运用讲得头头是道，思考得十分周全，但在比赛中却晕头转向，就不能说明他有很强的战术意识。

（二）意识与无意识

行为主义心理学认为，意识是指能清醒觉察与反应灵敏的行为，而无意识则是其反面，是不能清醒地觉察、反应不灵敏的行为。这种说法虽有一定道理却不完善。

对于无意识可以从四个不同的方面来理解，也就要区别四种“无意识”。

第一种无意识也可称为非意识，即动物的无意识，意识是物种发展到最高阶段的产物，人具有意识而动物不具有意识。

第二种无意识是指原先是有意识的行动，由于这种行动的不断重复或练习，使它成了“自动化”的行动，个体没有意识到这种行动的进程。如运动员学习一套武术动作，初学时意识程度很高，熟练之后，这套动作就自动化了，一个动作之后紧接着做另一个动作。运动员并没有清楚地意识到，这种无意识的行动随时都可能恢复意识的监督。

第三种无意识是指睡眠、做梦、催眠、暗示等正常人的无意识状态。运动员在赛前能否得到充分的睡眠，直接影响到比赛时的各种心理状态，特别是情绪状态和注意状态，进而影响到比赛成绩。催眠与暗示训练是运动员心理训练的重要方法之一。

第四种无意识是指病理情况下的无意识，如发高烧说胡话、休克、以及精神病发作中的无意识。

此外，还有精神分析心理学派所谓潜意识，也是一种无意识。

实际上，从完全清醒的意识状态到完全不清醒的无意识状态之间，具有不同程度的意识水平。这种不同的意识水平可以从脑电图上反映出来。意识完全清醒时，脑电图由频率高、电压低、不规律的波形组成；睡眠时意识水平最低，脑电波频率低、电压高，波幅周期性地由小到大，又由大到小。意识水平与脑干网状结构的功能有关，而整合感觉体验与运动反应的模式则在大脑皮层。意识应是网状结构与整个大脑皮层相联系的产物。

二、运动意识及其功能

运动意识泛指运动员在体育运动中一切意识到的、自觉心理活动。一个运动员如果在体育运动中，尤其是在竞赛中能够清醒地觉察到运动场上的各种情况，并能主动地、自觉地及时调节和控制自己的行动，使自己发挥更高的运动效能，我们可以说这个运动员具有较强的运动意识。

运动意识在体育运动中主要有以下四个方面的功能：

(一)运动中的定向功能

指运动员在体育运动中明确地意识到自己活动的目的性和方向性，并具有活动的自觉性，例如足球运动员的"攻防意识"，就是根据对手的强弱和战术特点以及场上形势的变化，清楚地意识到是进攻为主还是打防守反击，面对强手即使打防守时也不忘看准时机打对方一个反击，这样，活动也就有了目的性和方向性。1994 年 10 月广岛亚运会上乌兹别克斯坦队对韩国队的足球半决赛是一个极其典型的以弱克强的战例。在 90 分钟时间内，韩国队射门高达 35 次，角球 18 个，攻势之凌厉为亚洲足坛所少见，全场比赛韩国队势在必进的球至少有五、六个，然而结局却异常悲惨，他们反而以 0∶1 败在全场射门仅 4 次，角球仅 2 个的乌兹别克斯坦队脚下。韩国队的失败主要原因在于攻防意识上，他们只注重以强大的攻势压迫对方，把对方压迫得很凶，对方只得密集防守，因而给自己进攻的空间也没有留出来，同时也忽视了自己的防守，一个偶然的疏忽被乌兹别克斯坦队打了反击，一直静呆在一旁久未触球的韩国队守门员，尚未意识到球来的方向，球已进网。

(二)运动中的选择功能

指运动员明确地意识到体育运动中事物发展变化的规律，在此基础上对活动进行正确的分辨和选择。例如，在一些球类比赛中双方身体接触多，攻防转换速度快，场上变化迅速，战术配合灵活。这就要求运动员在极短的时间内审时度势，极其迅速地进行战术选择。足球前锋、前卫在前场接球时经常要考虑如何带球转身，面对防卫和球门，既可突破也可传球，有机会还可射门，运动意识强的运动员就能在这三者之间果断地做出最佳选择，如果意识不强，稍微犹豫、停顿，就可能贻误良机。

(三)运动中的创造功能

指运动员在意识状态下可以发挥其主观能动性和创造性。运动员的创造功能可以在极短的时间里通过身体动作发挥出来。例如著名足球运动员普拉蒂尼一次在对方门前接到同伴传来的高球，先用胸部停球，球未落地，右脚轻轻一挑，足球恰从头顶越过对方后卫，紧接着他抬起左脚，一个迅雷不及掩耳的凌空怒射，足球直飞网底。专家对此一球评价很高，认为普拉蒂尼“融智慧与勇敢为一体”、“战术意识极强”，才会有一般运动员难以做到的创造性的精彩表演。

(四)运动中的调控功能

指运动员在体育运动中按照既定的目标对自己的心理和行为有意识地加以控制和调节。运动员自我控制和自我调节主要包括以下方面：

1. 对自己的心理过程和动作的调控。例如，体操和跳水运动员只有使自己的视觉、动觉、平衡觉、肤觉等协调一致，准确地意识到自身的空间位置和移动变化，控制和调节肌肉收缩的力量、方向、时间和速度，才可能做出优美的高难度动作来。

2. 对自己的其他心理状态的调控。例如有意识地对注意状态的调控，尽力使自己注意集中于表演过程，不去注意观众对自己表演的反应，增强抗干扰能力。再如对认识、情绪、意志状态的调控，当对方运动员动作粗野，裁判有意偏袒对方时，运动员就应有意识地以理智控制和调节情绪的愤怒状态。如果此时意识程度低，过分冲动，没有意识到冲动可能带来的不良后果，就可能使自己的行为超越规范。

3. 对行动目标的调控。运动员的心理冲突尽可能早地在意识控制之下，即在高度的意识状态中得到解决。如果总处在无意识心理冲突状态下，则消极作用很大。此外，在具体的比赛过程中，应有意识地根据比赛的环境和条件的变化，对自己所要达到的目标以及自己的抱负水平进行调节。我国一位著名跳高运动员在洛杉矶奥运会上的失利，原因之一就是对行动目标调节欠佳。

4. 对个人和团体成员关系的调节。在一些集体性运动项目中，不但要求个人必须与团体中其他成员人际关系协调，而且要求个人的技术、战术意图与全体的战术配合默契一致，使运动团体里所有成员的技术、战术能力和战术意识同步化。这就需要每一个成员都明确地意识到自己的行动与团体目标的关系，在行动的各个环节上自觉地对自己加以调节，使自己与团体其他成员关系协调一致。

三、意识、意志与运动员的意志品质

（一）意识与意志

由于人的意识能清醒地觉察到所反映的对象，并能调节和控制自己的行动，因此人的行动具有自觉性和目的性，具有在意识支配下反作用于客观现实的能动性。而人的意识能动性的集中表现就是意志。

在我国，一般心理学教科书上都把意志列入心理过程的范畴中，将意志定义为人自觉地确定目，并根据目的调节支配自身的行动，克服困难，去实现预定目标的心理过程。这一定义有助于我们全面理解意志所包含的心理活动内容，但我们也必须清楚地认识到，如果把意志理解为心理过程，它并不像感觉、知觉、记忆、思维那样是每时每刻都在发生、而且在很短时间里不断变化的心理过程，它是从确定目标，调节自己的行动，克服困难，最后实现目标的较长时间里比较稳定的心理活动过程。所以，我们既可以将意志理解为心理过程，也可以理解为心理活动状态，理解为在活动中表现出来的个性特征，即意志品质。

如果从字面上理解意志，所谓“意”就是指人的意识，即有目的的、自觉的心理活动，所谓“志”，就是指人的志向，即由人的动机驱使，确立自己奋斗的目标，通过自己由意识支配的实际行动，克服各种各样的困难，最后达到原先确定的奋斗目标。

（二）意志行动过程的分析

意志行动是指由意识控制调节的行动。意志行动过程可以划分为采取决定和执行决定两个阶段。

1. 采取决定阶段

这是在具体行动之前在思想中权衡行动的动机，确定行动的目的，选择行动的方法，制定行动的计划的过程。

人的行动总是由一定的动机引起的，所谓动机就是激励人去行动的内在原因，在某一段时间里人的动机往往不止一种，很可能有几种动机在进行斗争。例如一位运动成绩巅峰期将过的运动员，就面临着几种动机选择：是继续当运动员，再次拼搏，重创战绩呢？还是急流勇退，当教练员培养新秀呢？或者是告别体坛，转入商界，在新的领域里有所作为呢？这里面就存在着多种动机斗争。如果其中一种动机强度最大，战胜了其余的动机，那就得确定具体的行动目标是什么，以及如何才能达到这一目标。例如经商，经营什么商品，资金、货源、营业场地等问题如何解决。这一系列过程体现出一个人的独立性、果断性等意志品质。

2. 执行决定阶段

这是意志行动过程中最重要的环节。意志行动的最终目的是改变现实，只有通过执行决定的实际行动，才能达到预定的目的，在执行决定阶段，一个人坚强的意志对行动的控制和调节，既表现在对符合目的的行动发动方面，也表现在对不符合目的的行动制止方面，还表现在对前进中遇到的困难的克服方面。一个运动员要想达到奥运冠军的奋斗目标，就要以顽强的毅力刻苦训练，付出比别人更多的精力和体力，而且要抗拒来自其他方面的种种诱因，例如个人的恋爱、婚姻等事情和活动可能就无暇顾及甚至不能考虑。此外，还得克服极度的疲劳、伤痛以及其他各方面的障碍和困难。这中间就体现了运动员的自觉性、自制力、坚韧、顽强、勇敢等良好的意志品质，同时也和运动员的信念、理想和世界观以及责任感、义务感等高级情感密切相关。

（二）运动员的意志品质

运动员的意志品质是指运动员在体育运动中表现出来的意志方面的个性特点。运动员良好的意志品质主要有以下几个方面：

1. 主动性。指运动员对体育运动的目的和自己所承担的社会责任和义务有明确的认识，因此在训练和比赛中有高度的积极性和主动性。自觉地严格遵守生活制度和训练制度，勤于思考，克服思维的惰性，凡是有利于达到运动目标的事，不用别人督促就积极主动地去做。将自己的注意力集中到所要完成的任务上。缺乏主动性的运动员则表现出被动性、依赖性、和易受暗示性。缺乏主见和信心，会毫无分析地接受外界影响，轻率地改变行为的方向。

2. 自制性。指运动员善于控制和调节自己的情绪和行为，凡是不利于达到运动目标的事，运动员都能够自觉地加以控制和制止。自制力强的运动员能够克制自己在某些情境下失望、暴怒和冲动行为，善于克己忍耐，服从集体和大局，做到有组织性、纪律性。缺乏自制性的运动员则表现为拒绝他人的正确意见，固执己见，独断专横，一意孤行，控制不住自己的激情与冲动，行为的自我控制和约束力差。

3. 坚韧性。指运动员能够长期保持充沛旺盛的精力、坚韧不拔的毅力，为了取得优异成绩，克服疲劳、伤痛等困难，坚持不懈地进行艰苦的训练。在比赛中胜不骄、败不馁，奋力拼搏，以顽强的斗志夺取最后的胜利。而意志薄弱的人则表现为缺乏恒心与毅力，在训练中不坚定、无信心，稍有挫折或不利情况则灰心丧气，甚至退出训练和比赛。

4. 果断性。指运动员在复杂、困难的情境中，能够全面地、深入地了解各种情况以及事物发展的方向，迅速而合理地采取决定并果断地执行决定。运动员的果断性与思维的敏捷性、创造性有密切联系。果断性必须以认识的正确性为前提，以敏捷的深思熟虑为条件。缺乏果断性的人表现为优柔寡断或贸然从事。在紧急的情况下或者表现为犹豫不决，顾虑重重，动机斗争没完没了，不能作出决定；或者表现为对事情不加思考或懒于思考，只凭一时冲动或“碰运气”草率作出决定。因此行动就带有很大的盲目性。

5. 勇敢性。指运动员为了达到预定的运动目标，在遇到危险和障碍的时候，仍能毫不犹豫地执行决定。特别是一些身体损伤可能性较大的运动项目，如登山、攀岩、跳伞、跳水以及允许合理冲撞的球类运动，如冰球、篮球、足球等，要求运动员具有无所畏惧，一往无前的勇敢精神。当然，勇敢并不等于鲁莽，它是建立在高度的自信心和对事物发展科学的预料的基础之上的，同时还要有必要时为事业献身的精神。与勇敢性相反的是懦弱和胆怯。

良好的意志品质对于运动员取得优异的运动成绩至关重要，运动员的意志品质可以在体育运动中得到充分的体现，体育运动中运动员的良好的意志品质也可以得到培养和提高。

第三节　体育运动中的注意状态

一、注意概述

注意是人的心理活动对一定事物的指向与集中。

指向，是指在特定时间内心理活动有选择地朝向一定的事物；集中，是指心理活动深入到所指向的事物而离开其他事物。指向性和集中性就是注意状态的特点。例如，射击运动员屏气凝神瞄准目标，全神贯注于靶心，周围的其余事物都不在意识之中，就是处于高度的注意状态，有明确而清晰的指向性和集中性。相反，一个学生处于所谓"分心"状态，上课时东张西望，摸这动那，胡思乱想，不能稳定地持久地把自己的注意指向集中于教师的讲解，他是处于较差的注意状态。

注意的对象有时是客观现实中的事物和现象，有时是自身的行为和心理活动。例如，有的运动员在比赛中注意于观众对自己的反应，而有的运动员注意于自己的动作的节奏。

注意状态不能脱离感知、记忆、思维、想象等心理过程而独立存在；离开了这些心理过程也就没有注意状态；一切心理过程都是在一定的注意状态背景中进行的。

注意从发生的方式看，是有机体的一种定向反射。当出现新异刺激物时，有机体的感觉器官就朝向它，以求探究它。同时大脑皮层的相应区域产生优势兴奋中心，这是对新异刺激分析综合的核心，对刺激物的反映较为鲜明清晰。由于负诱导的作用，优势中心的兴奋越强，周围区域的抑制程度越深。这样，未被注意的事物则不能清晰地意识到，出现对这些事物视而不见听而不闻的现象。现代的许多研究表明，脑干的网状结构、丘脑与大脑皮层相联系的系统都和注意紧密相关。此外，神经介质儿茶酚胺、多巴胺等与皮层觉醒状态有关，也影响着注意状态的稳定性。

二、注意的种类

注意分三种：无意注意、有意注意和有意后注意。

（一）无意注意

是指没有预定目的，不需要意志努力的注意。所以也叫不随意注意或被动注意。它是初级的注意，引起无意注意的原因主要在于客观方面，即刺激物本身的特点，那些强烈的、新异的、对比的、活动变化的刺激物，容易引起无意注意。例如，运动场上观众强烈的呼叫声、某个运动员奇特的服装或发型、霓虹灯的明暗变化、高难度的惊险动作等都容易引起人们的无意注意。还有那些能满足人的需要、符合人们的兴趣和人的情感相联系的事物，容易引起无意注意。如球迷看报纸，体坛新闻最易引起他的无意注意。此外人们身体状况、情绪状态等都影响着无意注意。

（二）有意注意

是指自觉的、有明确目的的、需要一定意志努力的注意。所以也叫随意注意或主动注意。有意注意属于较高级的注意。引起和保持有意注意状态除了尽可能排除无关事物的干扰外，主要须依靠主体的努力，加深对活动目的任务的理解，培养对活动对象的兴趣，增强个人和干扰作斗争的意志品质。例如，在嘈杂的多个项目同时进行比赛的运动场中，体操运动员基于对比赛目的意义的深刻认识，积极地暗示自己："我一定能注意力集中，打好比赛！"通过自己的意志努力，既不去看与比赛无关的其他情况，也不去想比赛可能的结果，专心于自己动作的表演，坚持下去，就可能会取得优异成绩。

有意注意与无意注意的区别主要有：

1. 在目的性上，有意注意目的明确，自觉性强；无意注意无预定目的，自觉性差。有意注意比无意注意高级。

2. 在持久性上，有意注意需要作意志努力，比较稳定持久；无意注意不需作意志努力，保持时间短，注意容易转移。

3. 在制约性上，有意注意受主体的主观努力制约；无意注意主要受刺激物的性质和强度等所支配。

4. 在疲劳程度上，有意注意时，神经细胞处于紧张状态，所以容易疲劳；无意注意时，神经细胞处于时紧时松状态，所以不易疲劳。

5. 在意识程度上，有意注意状态下主体对活动过程意识到的程度较高，无意注意状态下主体对活动过程意识到的程度较低。

（三）有意后注意

指有目的但不需要明显的意志努力的注意。有意后注意是由有意注意转化而来的，所以有意后注意也叫随意后注意。它属于更高级的注意。例如一个少年儿童学习竞走，开始时他兴趣不大，训练中必须有一定的意志努力才能将注意保持在竞走上。经过一段时间，对竞走产生了兴趣，就可以不需要意志努力就能将自己的注意保持在竞走上，这就是有意后注意。

有意注意、无意注意、有意后注意既有区别，又有联系，而且可以相互转换。在人们的实际生活、工作、学习、训练中，三种注意都有其积极的意义。

三、运动员的注意品质及其测定

在需要的时候，运动员能否将注意维持在较高的机能水平上，即能否保持良好的注意状态，人与人之间存在着差异。这涉及到我们平常所说的“注意力”，也就是注意品质的问题。

运动员注意品质有：注意的范围、注意的稳定性、注意的分配、注意的转移。

（一）注意的范围

注意的范围也叫注意的广度，是指在一定时间内所把握的对象的数量。注意的广度主要涉及到知觉方面，实质是知觉范围的问题。注意的范围包含着两重意义：其一是指一个人同时能够把握的对象有多少。例如观看篮球比赛，最多同时只能注意到四、五个运动员。其二指把握在时间上连续出现刺激物的数量。例如电报收发报员要求能感受到高速度连续呈现的刺激物（视觉的、听觉的或者触觉的）这就涉及到注意在时间上的广度问题。如果刺激物呈现速度太快，便会产生融合现象。一般来说刺激物越多，呈现速度越快，判断的错误越多，而且趋向于低估。

与注意范围相关的因素主要有两个方面，其一是知觉对象的特点，对排列有规律的、集中的、互相联系的对象注意范围较大，而对排列无规律的、分散的、没有联系的对象注意范围较小。其二是活动任务和知识经验，篮球足球裁判、运动员以及教师一般注意范围较大，而射击、射箭等项目不要求运动员有很大的注意范围。

对注意范围测定，可以采用速视器和闪光融合仪。前者可测定被试者同一时间里把握对象的数量；后者可测定被试者时间上连续出现的刺激物的把握数量。也可以采用笔纸测验，要求被试在较短时间里，从一张有16个数字的测试纸上分辨出某些数字各有多少。测试几张后，计算其错误率。

（二）注意的稳定性

注意的稳定性是指在较长时间内把注意稳定地保持在某一事物或活动上。这是个体的注意状态在时间上的特点。

注意的稳定性并不是指注意总是始终不变指向同一对象，而是指活动的总方向不变。行动所接触的对象和行动本身可以有所变化。

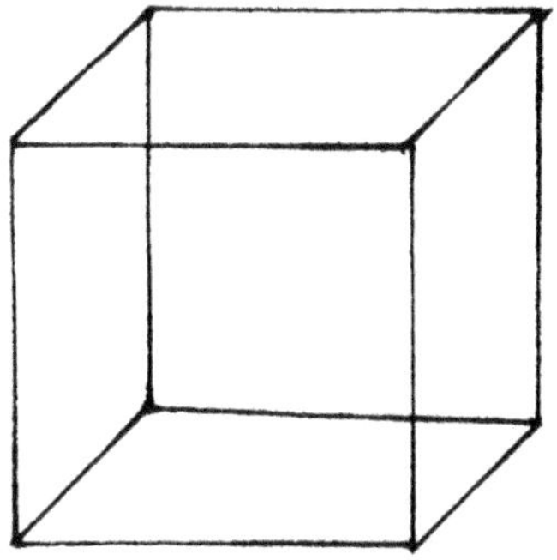

图3—3 双关图形

注意的稳定性只是相对的。在相对稳定的注意状态中，人的感受性也会间歇地加强或减弱，注意的这种周期性变化叫做注意的起伏现象。例如初学射击的运动员，在一定距离内集中注意看靶心，就会发现靶心时而有些膨胀，时而有些缩小，这就是注意的起伏，对射击运动员来说，克服注意的起伏现象是很重要的。再如，我们看知觉双关图形时，也可以明显地看出间歇性的注意起伏。请看图 3－3，我们看两个垂直的面，感到时而其中这个面离我们近，时而另一个面离我们近。这种双关图形可以用来测定人的注意起伏。被试注视双关图形，每出现一次起伏，就用手指敲一下桌子，主试用秒表记录下时间和次数。10 分钟后，算出平均每次起伏的间隔时间。注意的稳定性品质具有个别差异。

同注意稳定性相反的是注意的分散。注意的分散是由无关刺激物的干扰作用引起的。实验证明，与注意对象相类似的刺激物，比差别很大的刺激物的干扰作用大；同样的干扰刺激物对知觉影响小，对思维影响大；在知觉中，视知觉受无关刺激的影响最小；与情绪有关的刺激物对注意干扰作用大。

对于教师、学生、教练员、运动员来说，注意稳定性有着重要的意义，它直接影响到教学、训练、竞赛的效果和成绩。所以必须加强注意稳定性的训练。训练时可以从以下几方面做起：

1. 在实际活动中既有总的目标，又有具体而明确的局部任务，并且规定好完成局部任务的时间。

2. 活动内容和形式多样化。单调的活动内容和形式容易引起厌倦状态而使注意稳定性降低，多种活动形式交替进行，不断出现新内容，提出新问题，要以较长时间保持注意的稳定性。

3. 把内隐的心理活动过程和外显的实际动作结合起来。例如，背诵外语单词和句子，边心中默记，边用笔书写，可以保持较长时间的注意稳定性。

4. 适当的活动间歇和保持良好的身体状况，有助于保持注意的稳定性。

注意的稳定性可作简易的笔纸法测定。要求被试在一张印满数字的测试纸上，从第一个数字开始快速阅读，并将主试规定的某个数依次用笔划掉。根据划完10行所用的时间、划的个数、错划数、漏划数、计算其工作效率，用以说明被试的注意稳定性。

(三)注意的分配

注意的分配是指在一定时间内把注意分配到两种或几种不同的对象或活动上。例如比赛中的足球运动员，既要注意自己运球，又要注意对方堵截以及全场形势的变化。

注意分配于两种或两种以上活动时，必须具备以下两个条件：

1. 必须有一种活动达到自动化或部分自动化的熟练程度。如运球达到自动化，不必更多予以注意，而主要注意于对方的堵截。

2. 几种活动之间应有一定联系和关系。具有密切联系和关系的几种活动，或者一个总系统中的几个方面的活动易于注意分配。如教师、运动员、驾驶员、乐队指挥在各自专业活动中较易注意分配，而没有密切联系的几种活动难以注意分配，如汽车司机边驾驶汽车边读小说是不可能办到的。

注意的分配亦可用简单方法测定。如要求被试顺次写出阿拉伯数字的奇数、再要求被试按自然数列顺序数数，最后要求被试在按自然数列数数的同时按顺序写出奇数。主试将此三步所得数据加以计算，求其几何平均数，来说明被试的注意分配品质。也可用注意分配仪来测定视觉与听觉注意分配的程度。

(四)注意的转移

注意的转移是把注意从一个对象上转移到另一个对象或另一种活动上。如上完体操课又上心理学课，要求在心理学课上能集中注意，不再想体操课上的事情。

注意的转移有两种情况。一是内发性转移，即主体针对客观情况的变化，有目的主动的转移；二是外激性转移即由于周围环境中出现新的强刺激引起的注意的转移。球类比赛中的假动作，就是我们用来引起对方外激性转移的。

内发性转移的快慢和难易，受下列因素的影响：

1. 主体对原来对象或活动的注意强度和态度。若主体对原来对象或活动注意强度大，对新对象缺乏兴趣，则注意转移困难和缓慢。

2. 新旧活动之间的联系。若原来活动尚未结束，并与新活动缺少内在联系或联系较少，则注意转移困难。

3. 是否有意识地运用语言对转移进行调节和控制。如果主体能运用语言来暗示自已服从于当前任务，对转移有意识地加以控制，则注意转移较快。

注意转移快慢的测定，可用两个数字相加，将其和的个位数排列位置相互转换的方法检查。

注意的四个方面的品质，体现着个体之间在注意状态上的差异，也体现着个体注意状态的特点。它们的特殊组合构成了个体的注意力。注意力虽然和个体先天的神经类型有关，但它主要是在后天的生活实践、教育和训练中逐渐发展起来的。

一般来说，在体育运动教学、训练、竞赛中，注意的四个方面的良好品质都是需要的，但对于具体运动项目来说，四个方面的需要并不是同等重要的。有些运动项目，如篮球、足球，需要较为广阔的注意范围、合理的注意分配和迅速的注意转移。

而有些运动项目，如射击、投掷，则需要高度的注意稳定性，对注意范围要求不高。因此，注意的品质也是运动员心理选材的一个重要方面。

本章小结

广义的情绪包括情绪和情感，是指人对现实的态度的体验；狭义的情绪是指人受到生活环境中的刺激时，需要是否得到满足时产生的暂时性的较强烈的态度及其体验。一般来说情绪往往与人的生理需要相联系，情感与人的社会需要相联系，这是情绪与情感区别之一，但这种区别仅有相对的意义。

耶克斯－多德森定律认为，运动成绩与运动员的情绪激活水平呈倒 U 曲线关系。哈代等人认为，在较低的心理压力下，随压力增加，运动成绩会提高；而压力增大到一定程度时，运动成绩会突然下降，且只能恢复到较低的水平，只有压力持续降低到一定程度，运动成绩才可能跳回到较高的水平。

运动焦虑是指运动员在训练和比赛中，对当前的或预计的对自尊心有潜在威胁的情境所具有的担忧的情绪重负倾向。运动焦虑可用《状态－特质焦虑量表》测定。

意识是人所特有的反映现实的最高形式，意识从本质上说，是主体意识到的、自觉的心理活动状态。运动意识泛指运动员在体育运动中一切意识到的、自觉的心理活动，它具有在体育运动中的定向功能、选择功能、创造功能和调控功能。

意志是人自觉地确定目的，并根据目的调节支配自身的行动，克服困难，去实现预定目标的心理过程，但它与一般的心理过程不同，具有心理状态的性质。意志行动过程包括采取决定阶段和执行决定阶段。运动员良好的意志品质有主动性、自制性、坚韧性、果断性和勇敢性。

注意是人的心理活动对一定事物的指向与集中。指向是指在特定时间内心理活动有选择地朝向一定的事物；集中是指心理活动深入到所指向的事物而离开其他事物。指向性和集中性就是注意状态的特点。

注意分为无意注意、有意注意和有意后注意三种。无意注意是没有预定目的，不需要意志努力的注意；有意注意是自觉的、有明确目的、需要一定意志努力的注意；有意后注意是有目的但不需要明显的意志努力的注意。三者既有区别，又有联系，而且可以相互转换。

运动员的注意品质有：注意的范围、注意的稳定性、注意的分配和注意的转移。不同的运动项目对运动员注意的品质要求不同。

思考题

1. 情绪和情感在体育运动中有什么作用？

2. 联系运动实际讨论倒 U 假说和灾难假说。

3. 什么是意识和战术意识？战术意识与战术思维有何关系？

4. 意志行动过程包括哪些阶段？各阶段的主要心理活动有哪些？

5. 什么是无意注意和有意注意？二者有何区别？

作 业 题

1. 什么是情绪和情感？二者有何区别？

2. 什么是运动意识？运动意识有什么功能？

3. 运动员良好的意志品质有哪些？与之相反的不良品质是什么？结合自己的运动实践谈谈培养运动员良好意志品质的重要性。

4. 什么是注意？举例说明运动员的注意品质有哪些。

第四章　体育运动与个性

自 学 指 导

一、内容简介

体育运动与个性是个涉及范围很广的复杂问题。本章着重从个性与运动选材的角度，阐述了个性的基本概念，介绍了运动选材中有关运动能力、气质和性格的一些测试方法，试图使尚未接触实验心理、心理测验的学员学习本章之后在个性测量方面有所收获。

本章第一部分阐述了个性的概念；个性的主要特性；个性与心理过程、心理状态的关系和联系；个性与心理选材。重点介绍了一般运动心理选材和项群心理选择的内容，说明了运动员个性选材是运动心理选材的核心。

第二部分论述了什么是运动能力、运动能力的构成，介绍了运动能力的几种简易测试方法。

第三部分在阐述了气质和性格的概念及其分类之后，分别简介了国内外一些较著名的测验。

二、重点与难点

重点是掌握运动能力、气质与性格的一些实验与测量方法；难点是理解有关个性的一些基本概念，个性与运动心理选材的关系。

三、学习方法与要求

自学时仔细阅读，深入思考，面授时认真听讲并做好笔记。要求学员选一个实验或测验方法，弄清这一测试的目的意义并掌握施测过程和操作方法。争取在可能的条件下实际测试一次并进行分析与评定。

第一节　个性与运动选材

一、个性的概念

(一)什么是个性

个性(英文 Personality，或译人格)指一个人的整个精神面貌，即具有一定倾向的比较稳定的心理特征的总和。Personality 系由拉丁文 Persona 变化而来，其含义一指演戏用的面具，有外表形象的意思；二指个体真正的内心实质，有隐含特质的意思。由此体现着个性这个现代用词的实出特点——从外在公开面目到内在本质特征合二而一地表现在自己的惯常行为模式之中。

个体如果经常以一贯的行为方式表现自己的身心活动，那么，日久天长便可形成自己心理活动过程中某些稳定的特点，如能力、气质和性格等方面的个性心理特征。这些个性心理特征因受需要、动机兴趣等占优势的倾向性所制约而具有一定的倾向性。正是因为人与人之间反应定势的差异，惯常行为模式的不同，才有可能使我们对人们未来行为作出具有一定准确性的预测。

应该指出：由于人是自然实体也是社会实体，致使人的个性构成也极为复杂，对它的研究困难也较大。加上发达国家心理学界各学派对于个性理论的基本观点大相径庭，对“什么是个性”这一问题，各持己见，众说纷纭，故使个性至今没有一致公认的定义。

我国心理学界以辩证唯物主义为指导思想，致力于建立具有中国特色的科学心理学。经过多年科研与教学的实践，注意吸取国外心理理论研究的有益部分，目前在个性研究方面颇有进展。对"什么是个性"这一命题，有许多近似或一致的提法。如："个性是表现在一个人身上的那些经常的、稳定的、本质的心理特征"、"个性也可称人格，指一个人的整个精神面貌，即具有一定倾向性的心理特征的总和"、"个性指的是一个人整个的精神面貌，即个体具有独特倾向的、稳定的心理特征的总和"、"个性是指具有一定倾向的、比较稳定的心理特征的总和，也就是指一个人的整个的精神面貌"。后两种关于个性定义的提法，比较全面和一致，本书也采纳这种说法。

（二）个性的主要特性

1. 独特性。个性既然是个体的，就有其独特性。独特性就是一个人与众不同的特性。正因为个体有这些独有的特性，才形成人与人之间的个性差异。"人心不同，各如其面"，世界上找不到两个个性完全相同的人。以美国卡特尔和英国艾森克为主要代表的个性特质论者认为：个性是由很多特质构成的，特质是构成个性的最小单位，由于各种特质在一个人身上的不同组合，才构成了一个人不同于别人的独特个性。个性特质论者奥尔波特认为：不会有两个人具有完全相同的特质，每个人遇到的环境经验都是不会相同的。一个具有友好特质的人与一个具有疑虑特质的人对陌生人的反应是不同的，刺激相同，为什么反应却不同呢？因为各人具有的特质不同。他解释说："同样都是火，它使黄油溶化，但却使鸡蛋变硬"。那种差异的特质，表现出来就是个性的独特性。个性的独特性和差异性更具体、鲜明、完整地表述了个性的特征。

独特性所以产生，是因为人们尽管生活在同一社会、同一民族、同一群体乃至同一家庭之中，但由于每个人所承受的遗传因素不同，所接受的社会实践、社会关系、生活条件的影响不同，主体接触周围现实的主动性不同，因而每个人的个性也就千差万别、形形色色。

不同群体和个体在群体中的角色，是造成个性差异的一个方面。因为一定群体的实践倾向和心理倾向必然影响着其中成员的实践倾向和心理倾向。例如，一个有着体育传统，体育运动开展得很好的学校，新生一入学，就会受到那种积极参加锻炼的精神和行动的影响，自己也会积极参加锻炼。另外，个人在群体中的角色、地位与群体、与其他成员的关系不同，也会影响个性独特性的形成。例如，一个在师生关系、同学关系中得到肯定、尊重、温暖和平等相待的学生，往往积极、乐观，对生活充满信心，容易养成集体主义观念；一个在师生关系、同学关系中受到否定、排斥、冷淡和不平等待遇的学生，就可能产生逆反心理、自卑感等个性特点。

不同的家庭和家庭教育，往往是儿童个性形成初期就产生差异的原因。如父母不同的个性、是非、爱憎，不同的言语、行为、态度，不同的教育方法等都可能使儿童在个性形成初期就分道扬镳，各不相同。

2. 稳定性。说一个人具有某种个性独特性，出现在这人身上的某种独特特征，必须是经常的而不是偶然的，必须是稳定的而不是动摇的，才能说这个人具有某种独特个性。所谓稳定性是指个性一经形成，就相当稳定而不易改变。例如，一个处事谨慎的人，一贯循规蹈矩，稳重行事，但他偶然也有冒险、轻率的表现,这里轻率不是他的个性特征,而谨慎则标志着他的个性特质。

因为个性稳定性特征的不同,人与人才具有不同的心理面貌。借此可以预见一个人在特定情况下将做什么和怎样做。

个性稳定性是相对的,说它不易改变,并不是不能改变或固定不变。人生下来并没有什么个性特征可言,谁都可能成为一个热情的人或一个冷漠的人,成为一个勇敢的人或一个懦弱的人。个性特征是在社会实践过程中形成的,随社会实践、生活环境、教育条件的变化而变化。如,一个人长期接受某种教育、长期从事某种职业或环境的突然变化、遇到重大挫折等都可能导致个性特征的变化。个性特征随环境变化而变化的现象,表现出个性的另一特性——适应性。

3. 适应性。人们学习、工作和生活,离不开周围现实环境。现实环境包括自然环境、社会环境和文化环境等,它们时时刻刻都在作用于人,影响着人们的一切。

人作为一个营谋社会生活、有生命有个性有意识的主体,就必须不断地认知、适应和改变周围现实。这里所说的适应,主要指的是人与环境保持协调的过程。适应有身体适应和心理适应之分。一个人对环境的心理适应性,表现在个性心理方面的即个性适应性。

个性适应性产生的内在原因,由于各种个性特质的组合、搭配、发展与变化所致。

个性适应性表现的外在形式,不管是以改变环境条件和个体与环境关系的积极适应,还是以符合环境条件,顺应或被同化的消极适应,都必须以心理适应和身体适应相结合为前提。因为个性主要通过个人行为才得以表现,个性适应性主要通过身体适应性才得以显示。所以，一个人必须使自己的行动协调，富有弹性，刚柔相济，进退有度，才能更好地实现、维持和增进身体健康和个性的和谐发展。

4. 动力性。虽然个性具有稳定性，但稳定是相对的，其组织延续性也不是不变的；虽然个性具有适应性，但适应是随环境变化而变化的，有时还出现超越环境限制的特性。个性始终在成长变化，生成着新的东西，这种机能自主、自然发展的力量即个性动力性。

人们在生活实践、经验演进过程中，储积了不少近似的东西，即个性恒定的一面；也创建了不少新异的东西，即个性发展的一面。谚云："一切皆流，无物常往"，唯物辩证法揭示的"否定之否定"，"物质变精神，精神变物质"，这些都表明事物在经常变化。人的个性也不例外，从量到质，经常生成、转变出某些新异的东西，显示着个性动力性的作用。

5. 社会制约性。个性与生俱来的解剖、生理特点，即遗传素质是个性形成的自然前提，它给个性发展提供了物质基础和可能性，但它不能预先决定一个人形成什么样的个性。个性不是天赋的。不能说胎儿在母体中就有什么个性，初生儿、婴儿也很难说它有什么个性，幼儿期是人的个性实际开始形成的时期，儿童期已显露发展中的某些个性特点，到了少年期已表现出一定的个性特征，随着年龄的增长，知识、经验的丰富，人生观的确立，青年期人的个性已基本形成。

人的个性在遗传素质的前提下，在环境、教育的影响下，由社会实践所决定。不同的社会实践，使人形成不同的个性。遗传素质完全相同的同卵双生子人小在不同环境中长大，其个性差异也会很大，自小被野兽哺育的人类婴儿不能形成人的个性。因此，个性始终是人在社会实践中的产物。

6. 统整性。个性是一个统一的整体。个性是全部特质(Traits)所组成的综合体，诸如能力、语言、思维、兴趣、情绪及行动等等，都包括在个性范围之内。如果问及一个人的个性如何？我们势必根据他的各种特性，加以描述。如说："某人天资聪明、富于想象、性格刚强、易怒好斗、爱孤独、多愁善感、耽于日梦……"。这表明：人的个性特质虽多，但它们不是孤立存在的，其特质经过相互协调、融汇、联系、制约，结合成为一个有机的整体。

二、个性与心理过程、心理状态的关联

在第一章已经讲过：心理现象包括心理过程、心理状态和个性(含个性倾向性、个性特征)三大部分。本章再从个性构成的角度，进一步谈谈个性与心理过程、心理状态的关联。

(一)作为个性基础的心理过程

心理过程就是心理活动过程，它通过人和现实的联系，主、客观的相互作用，构成个性形成的基础。它包括两方面的心理活动：

1. 认识活动。是指人对客观世界的反映，以求解决主观不符合客观的矛盾。特点是主观向客观转化，客观内化于主观之中，通过感知、记忆、思维等，把客观刺激物内化为主观映象。

2. 意向活动。是指人对客观事物的对待，以求解决客观不适合主观的矛盾。特点是使客观向主观转化，通过意图、情感、意志等把主观原有意图外化为客观行动。

认识活动与意向活动紧密结合、循环往复，致使在实践中某些反复持久出现的、与认知、反应相联系的心理活动特点，

逐渐固着在个体身上，形成稳定的个性特征。

（二）作为经常表现形态的个性心理状态

心理状态是指特定时间内心理活动的综合表现形态。如果某种心理状态经常表现在某一个人身上，这种心理状态将稳定在他的个性之中即个性心理状态。

个性心理状态是个性心理结构中的一环，但它仍隶属于由心理过程向个性心理过渡阶段的心理状态，由周围现实具体环境和主体原有心理结构相互作用所决定。表现在个体受到特定情境的内外刺激后，所作出的行为反应具有个人独有的惯常特点。也表现在个体心理活动的形态上，具有很大的情境性、动态性和短时性。情境只能在特定条件下出现，才能发生刺激效应；动态不是说没有稳定，稳定是隐藏在动态中的相对稳定；短时，表明心理状态随变化着的情境而变化。例如，竞技状态起伏不定的运动员，有所谓“打赢不打输”者，己方领先时，得心应手；己方落后时，不知所措。表明在己方领先的特定情境下，他的心理状态兴奋适度，精力充沛，技术得以发挥，反应动作得心应手；而在己方落后的特定情境下，他的心理状态态兴奋过度，情绪急躁，认知反应错误，踌躇失机，不知所措。追其源由，是与比赛中情境变化与与个性心理状态固着（不善调节）有关。

（三）作为个性稳定因素的个性心理特征

个性心理特征主要包括能力、气质和性格等。它是个性结构中最稳定的因素，是个体个性的核心。在个体与环境相互作用下，维持着个体的平衡状态，体现着个体的整个精神面貌。本章将在第二节能力与第三节气质与性格中分别论述。

（四）作为基本动力的个性倾向性

个性倾向性是指决定个体对事物或现象的态度和行为的内部动力系统。在认知和行为对象的选择与趋向上，它表现的最为突出。个性倾向性主要有需要、动机、兴趣、理想、信念和世界观。需要是人进行活动的基本动力。客观需要内化为个人需要后，随即转化为动机，动机具有选择倾向和趋向倾向。动机多次持久出现，有助于兴趣的形成，兴趣本身就含有认知倾向和行动倾向。理想作为对未来向往和追求的奋斗目标，具有指向动力作用。信念、世界观作为个性倾向性的最高层次和最重要部分，关系到自然、社会和人类思维的观点体系，构成个性意识倾向的集中表现，成为一个人持久有力地动员、维持、支配和预计自己行为系统与展视未来远景的动力。这点对于身心成熟、正常、处于觉醒状态下的成年人来说，他的世界观则是个性倾向性的核心力量。

（五）作为个性职业化的专门性格

由于社会分工不同，人长期从事某种职业，基于“存在决定意识”，就会使自己的个性职业化，形成专门性格。专门性格是指人通过某领域的专门训练，后天习得的比较稳定的关于该领域的专门态度与行为方式。大学和职业学校所进行的专业思想教育，其中就包含着个性职业化的专门性格培养问题。现以体育专业为例，体育专业的学生在毕业前，应基本形成从事体育职业的心理准备。这是培养体育运动性格关键的一步。它包含很多心理成分：1. 情绪成分。如对体育职业的积极态度、浓厚兴趣、稳定动机等。2. 定向成分。如对体育教学、训练等工作特点、条件的认识；对体育知识结构和个性心理要求的自我评价等。3. 操作成分。如对各项运动技能、操作方法的掌握；对技术理论的分析、理解能力等。4. 意志成分。如对运动行为与运动心理的自我监督和自我控制等。5．评价成分。如自我鉴定自己职业心理的准备和对任务与劳动方式的适应等。各种心理成分的结合与发展，是形成体育运动性格的必要前提，标志一个人的个性发展已经开始沿着个性体育职业化的道路迈进。

通过以上几点表述可以得知，个性是在心理过程不断深化发展的基础上，经由各式各样心理活动的综合表现形态屡屡出现，循环往复，系统深化，个性特质才得以逐渐构成。而个性特质一经构成，即产生倾向性动力作用，同时具有稳定的独特品质；反过来它又使个体的心理过程和心理状态具有个人独自的特点，由此层层发展，人的个性越发朝着特定方向进展、深化与稳定。

三、个性与运动心理选材

运动选材传统上多依靠教练员的眼力和经验，采用层层选拔、择优录取、自然淘汰的方法。从50年代起，一些国家先后注意研究运动员的科学选材问题。

运动员的科学选材就是通过客观测定数据或指标，探明一个人适应运动项目需要的运动潜能，进行预测选材的方法。我国80年代初开始着手运动员科学选材的研究工作，组织各方力量，对优秀运动员和青少年运动员的身体形态、机能、素质、遗传和心理等方面进行调研、测试与探讨。运动心理选材问题，也被正式列入工作日程。

（一）运动心理选材的意义

所谓运动心理选材，系指应用现代心理科学，诸如心理实验、心理测验等方法，选拔发现心理上意识上具有适应某项运动向高水平发展的运动潜能者。

运动心理选材的意义，首先在于帮助选出具有充分运动才能特征的人。这种人不仅表现为身体形态、机能极佳，免疫力、适应力极强，且发展潜力很大；同时还表现在心理品质优良，意志坚强，判断准确，动机正确，抗应激能力强，而且有创造超前性。这种基于身心优势组合的运动才能，给了运动者向高水平运动发展的最大概率。至于运动者能不能成才即能不能创造最优运动成绩和超众运动成就，还要有环境、教育、训练、机遇等社会实践条件的配合。

其次，执行运动员科学选材，必须从形态、机能、素质、遗传、心理等各方面全面实施，忽视哪一方面，都可能造成选材成功率低、淘汰率高的被动局面。过去有的教练员只重视直觉考察青少年的身体素质和技术水平，忽视心理能力、发展、遗传等，采取逐级筛选“广种薄收”的办法，每级培养出一名较高水平的运动员，都需要不少青少年作为陪衬，这不仅会造成某种社会问题，也白白消耗了大量的人力、物力和财力。同时，还可能埋没一些具有某种运动潜能暂时尚未表现出来但将来却有可能作出杰出贡献的运动人才。

当前，关于运动选材问题很多国家都很重视，都在想方设法探讨减少淘汰率，提高成材率。我国科研工作者曾凡辉等对选材问题进行了多年研究，在生理发展等方面的研究卓有成效，邱宜均等在运动员心理诊断与选材方面的研究工作也颇有进展。不过应该指出：因为选材问题涉及面极广，虽然有一些研究成果，但从全国范围来看，科学选材既不普及也不完善，仍处在试验、探索阶段，很多教练仍主要靠经验选材。当前，经验选材与科学选材并行与结合是我国运动选材的主要特点。

（二）运动心理选材的内容

运动心理选材的内容可以分为一般运动心理选材的内容和项群运动心理选材的内容。

1. 一般的运动心理选材的内容。即从一般心理活动规律的角度看运动员比一般人尤为需要的那些心理品质。通常认为有:①敏捷、正确地认知能力。②清晰的动觉,快速准确地操作思维能力。③灵敏的反应和自我时空控制能力。④自制力,抗干扰力,承受较高强度、速度、力量、耐力等的意志品质。⑤酷爱体育的兴趣,献身体育的事业心。⑥适应运动活动的气质和坚强的性格等。

2. 不同项群运动心理选材的内容。即从运动心理尤其是专项运动心理的角度看某一项群运动员较其他项群运动员尤为需要的那些心理品质。

(1)体能类:体能类项目是以不同方式的体能表现作为竞技主要内容。这些项目几乎是在体能的极限区工作,强度大,难度高,极需意志品质的坚韧性。

①速度力量项群。主要包括短跑、跳跃、投掷和举重等项目,或要最高速度,或要强大爆发力,或要最大用力,因此它要求的心理品质有:清晰的力量表象和精确的用力感;准确的速度和时间知觉;稳定协调的节奏感和平衡感;节奏调节变化的精确感知;高度集中的注意力;高频动作的频率感等。

②耐力性项群。主要包括有竞走、中长跑、长距离游泳、自行车、划船、登山等,属周期性运动项目,要求全程有较高的平均速度和较精确的速度知觉及其战术分配能力,同时对运动员的耐力、力量耐力等要求很高,因此它需要的心理品质有:顽强的意志;精确的速度知觉和时间知觉;高度的节奏感和协调性;适宜的神经类型。

(2)技能类;技能类项目竞技的主要内容是技术、技巧的难度、完美与准确。它包含以下三亚类:

①难美亚类。包括竞技体操、艺术体操、跳水、武术、技巧、花样滑冰等。它要求技术动作高难、新颖、完美、准确,编排合理,风格独特。所需要的心理品质有:动作表象、动作连续体表象、区域表象精确与清晰;准确的用力感和人与器械内、外力的协调能力;精确的时间感;自我时空控制能力;整个动作体系(动作连续体的内部关联)的操作思维与逻辑思维能力;高度集中的注意力;神经过程的平衡与稳定。

②命中亚类。包括射击、射箭等以小肌群活动为主的静力性项目,它要求有熟悉、掌握与控制器械的能力。所需要的心理品质有:高度稳定的情绪;精确的用力感与力量分配;对器械性能环境变化的认知与调控能力;清晰的动作表象;良好的协调性;注意的稳定性与合理分配;果断地时机反应等。

③操作亚类。包括帆船、帆板、摩托车、摩托艇等以操作技能为主的项目。它需要的心理品质有:精确的速度知觉;对机械器材环境变化的认知、判断与调控能力;良好的平衡觉;准确的动觉方位感;勇敢果断的意志品质。

(3)对抗类:对抗类系指在同一时间和空间内展开的双方对抗项目,它要求根据场上参赛双方的势态来决定技、战术的应用,决定进攻与防守。运动员需要有较强攻击与反攻击意识是这一类项目的共同特点。

①团体直接对抗。包括篮球、足球、手球、水球、冰球等全队协调一致的项目。所需要的心理品质有:敏锐的观察力;及时迅速的判断力;准确快速的应变能力;精确的用力感和自我时空控制能力;较强的攻击意识和常备的防守意识;团体的凝

聚力与协调性。

②团体间接对抗。包括排球、棒球、垒球等项目。它需要的心理品质有：快速的反应与应变能力；良好时空知觉；敏锐的视深度知觉；注意范围的广阔性；团体的凝聚力与协调性。

③轻直接对抗。如击剑等项目，个人对抗又通过剑击直接接触。它需要的心理品质有：高速而准确的反应能力和应变能力；注意的高度专注；极快的动作速度；敏捷的思维判断等。

④轻间接对抗。包括乒乓球、羽毛球、网球、毽球、门球等通过间接物——球的运动作为对抗形式的项目。它需要的心理品质有：快速灵活的反应与应变能力；较高的动作频率；独立性、韧性和信心；准确的判断能力；球感。

⑤重对抗。包括柔道、摔跤、拳击、散打等以身体直接接触为特征和目的的对抗项目。它需要的心理品质有：强烈攻击意识；顽强的意志；灵敏的用力感与受力感；灵活的反应与应变能力；多变的战术思维等。

⑥智能对抗。包括国际象棋、中国象棋、围棋等以智力、洞察力、毅力、思维相较量的项目。它需要的心理品质有：深刻的洞察力；超群的记忆力；清楚的区域动态表象；深度的逻辑推理；优良的注意品质；稳定的情绪和坚韧的性格等。

由于体育运动项目繁多，心理现象复杂，选材又要求超前预测，致使运动心理科学选材的内容常常经纬茫然。在繁多的运动项目中，可从项群着眼；在复杂的心理现象中，可从运动能力与个性下手，则经纬分明，可明端倪。

（三）个性在运动心理选材中的意义

运动员个性选材是运动心理选材的核心。个性在各项群各专项选材中均具有普遍意义，这是因为：

1. 运动心理选材着重测查运动员的认知能力，如感知能力、思维能力、记忆力、注意力以及情感、意志品质等，它们既属于心理过程的共同特性，又属于个性特征的范畴。因为共性寓于个性之中，现实中的心理活动总是发生在具体人身上，因而带有个人的特点。

2. 运动选材是选择具有一定运动条件与能力的活生生的运动者。运动项群中各专项及其小项繁多，各专项虽有所属项群的共同特点，但各项对运动员的个性品质仍有其独自的侧重要求。有时同一项目因运动员在场上位置、任务不同，对其个性品质也有特殊要求。至于项群心理选材的内容，对下属各专项选材也不是完全一样的，仍需根据专项特点，对运动员的个性品质有所选择与侧重。由此可见，运动心理选材的核心就是个性选材。

至于心理选材的具体方法，本章下两节论及运动能力、气质与性格时分别予以简介。

第二节　运动能力及其测定

一、运动能力概述

(一)什么是运动能力

运动能力是制约着一个人获得运动知识、形成运动技能、顺利地完成运动活动的生理心理特征。它与身体形态、机能相联系，在身体外形发生变化的大肌肉活动中表现出来。当以强度大、速度快、准确性高、长度长和做得熟练等描述时，就常使用运动能力一词。

麦克洛伊认为，运动能力包括两层含义，一指当前运动能力达到哪种程度的现状时，称之为运动能力(motor ability)；二指支持当前运动能力的素质和将要达到某种运动水平潜在的可能性时，称之为运动才能(motor capacity)。二者实际上是密切结合的。

在某些情况下，可把运动能力分为一般运动能力和特殊运动能力。一般运动能力指的是全部运动共同需要的基础运动能力；特殊运动能力指的是各个竞技项目所需要的专门运动能力。

(二)运动能力的构成

运动能力的结构，一般说来可以从运动机能与运动技能的关系来表述。但因运动能力具有复杂的意义，故明确阐明它的文献很少。

拉尔松认为的运动能力的构成如图 4—1。

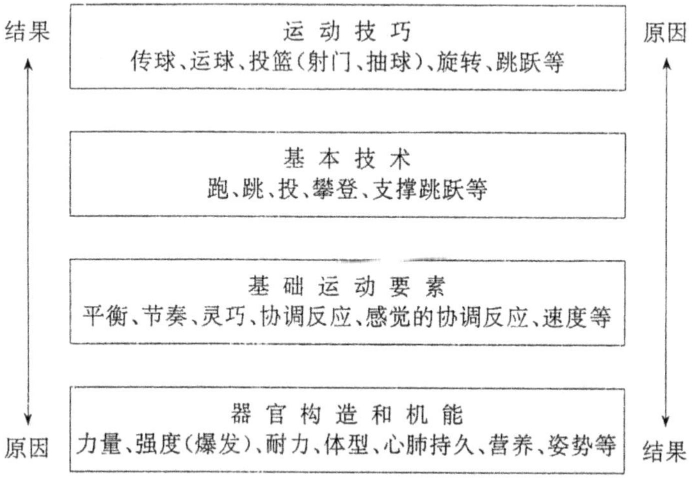

图 4—1　身体运动能力的结构

虽然，拉尔松的见解影响较大，传播较广，但仍未能完美地阐明运动能力及其构成。

日本学者松浦从运动能力因素模式系统的角度提出如下的运动能力因素结构模式（图 4－2）。

A　B

运动能力的基本因素	紧密关系投掷运动的体格因素	体格因素（充实度）
	身体协调能力因素	跑运动的强度因素
		跳跃运动身体协调能力因素
		平衡能力因素
	在快速肌肉运动中，肌肉耐力因素	肌肉耐力因素
		敏捷能力因素
	静力因素	四肢、躯干、背的静力因素
		握力因素
	柔韧——耐力因素	柔软能力因素
		持久力因素

C　D

第一因素　第二因素　第三因素

图 4—2　运动能力因素结构模式图

松浦认为：从运动能力因素结构图中，可以看到在身体运动的项目中，需要各种不同的运动能力参与。不仅包括田径项目许多比较单一的能力，而且包括球类项目跑、跳、投等综合的身体运动。可见，这里所讲的运动能力是运动基本要素的复合，是直接参与执行身体运动时的基础。

二、运动能力的测定

运动能力的测定，既含有智力或心理能力，也含有体力或身体能力，二者是不易分开的。在这种前提下，从立足测量心理能力的角度，介绍几种运动能力测量法。

(一)在罗姆别格姿势中静力稳定性的检查

目的：检查静力稳定性。

说明：以逐步减小支撑面积的姿势，现场测试运动员在静力姿势中保持平衡的能力。

测试方法：用四种姿势测试。

①两脚并拢站立，两臂前平举，五指分开，闭目。②一脚在前，一脚在后，后脚的大脚趾触及前脚根，两脚站在一条线上，两臂前平举，五指分开，闭目。③单腿站立，另一腿提起屈膝，足根触及支撑腿膝盖，两臂前平举，五指分开，闭目。④作燕式平衡，两臂侧平举，五指分开，闭目。测试时，都要求赤足。

评定方法：运动员若每一姿势，都能保持 15 秒钟平衡，体不歪斜，两臂、眼皮不震颤，其静力性稳定能力可评良好。如出现震颤则评及格。若保持平衡不到 15 秒，则评不及格。

认真记录四种姿势平衡的时间和规范的程度以便与优秀运动员的测试结果进行对照。这个测验对竞技体操、花样滑冰、技巧、山地滑雪、射击运动项目都有实用意义。

(二)检验用力感的复制测定法

目的：检查用力感的个体差异。

说明：我国实验心理学家陈舒永等按检查用力感的测量要求，在握力计上附加了一个声音发生器的活动电极，并根据个人的标准刺激——自己最大握力的一半与其复制结果(1/2最大用力)之差，制订计算用力感的公式如下：

$$用力感=\frac{1}{\frac{1/2最大力-复制结果}{1/2最大力}}=\frac{1/2最大力}{1/2最大力-复制结果}$$

用力感指的是个体对用力大小的辨别和控制能力。用力感的个体差异很大，据陈舒永等测定结果表明，用力感一般人低于运动员，非球类运动员又低于球类运动员(表4—1)。

表4—1 不同被试组握力用力感的差异

被试类别	大学生	技巧	体操	短跑	羽毛球	足球(女)	足球(男)
用力感	2.60	3.28	3.64	4.35	5.26	6.06	6.90

注:表内数字量30～60人的平均值

测试方法:

仪器:有发声附件的握力计，遮眼罩。

程序:①被试坐姿，戴好眼罩，用优势手以一定姿势握好握力计，以最大的力量握一次，主试记下结果(kg)。②主试把握力计上的声音发生器移到被试最大握力1/2的地方。让被试慢些握握力计，至听到响声时停止。③接着让被试按刚才(铃响时)用力的大小复制一次，这次没有声音，根据自我感觉认为和上次有声音时握力一样大就松手。④主试记下复制的kg数。⑤按同法，重复①、②步骤再做两次。

评定方法:求出复制结果与1/2最大力之差，而后按用力感公式，求出用力感。最后再作组与组之间的比较。

有人曾将测力计连接皮带转向装置，测了体育专业足球、投掷专项学生各6人的肘、膝关节的用力感。肘关节内收力的测定取立姿，肘关节向上成直角，“重点”放在尺挠骨末端，“支点”为肘关节轴，当“力点”肱二头肌等收缩时，膝关节前伸力的测定，取坐姿，升降坐位使膝关节成直角，“重点”放在胫腓骨末端，“支点”为膝关节轴，当“力点”股四头肌收缩时，力量的大小即在测力计上得到显示。

施测要求，先测被试最大用力，而后取 1/2 最大力，主试帮助经被试凭动觉体验 1/2 最大力两次，然后令其复制之。现取所测素材以用力感公式计算，两组被试肘、膝关节用力感如表 4—2。

表 4—2　不同被试组肘关节膝关节用力感的差异

		左右	最大力	½最大力	体验后复制½最大力	误差	用力感	用力感（左、右）平均值
肘力量(kg)	投掷组(N：6)	左	24.50	12.25	11.00	1.25	9.8	10.2
		右	26.50	13.25	12.00	1.25	10.6	
	足球组(N：6)	左	21.50	10.75	10.42	0.33	32.57	16.45
		右	21.08	10.54	11.67	−1.13	9.33	
膝力量(kg)	投掷组(N：6)	左	18.50	9.25	8.33	0.92	10.05	11.64
		右	19.84	9.92	9.17	0.75	13.23	
	足球组(N：6)	左	18.16	9.08	10.33	−1.25	7.26	31.57
		右	19.00	9.50	9.33	0.17	55.88	

以上表明，用复制测定法检查不同专项运动员，不仅握力而且肘关节内收力、膝关节前伸力，都表现为足球运动员分辨、控制力量的能力（用力感）较其他项目运动员优越。

（三）操作思维测定法

目的：测定操作思维的准确性、敏捷性和应变能力。

说明：前苏联学者普什金将 16 个方格 15 个筹码的游戏改为 6 方格 5 筹码，后又有所修改，改为 5 方格 3 筹码即现在用以测定操作思维的“三筹码”法。1979年由吴友莹等人引入我国。

测试方法：

器材：5方格板和3个筹码数份。

程序：主试向被试讲明并演示测试要求与方法。要求被试以最少步数最短时间，按规定将3个筹码摆在5方格上方1、2、3的位置上（图4—5）。

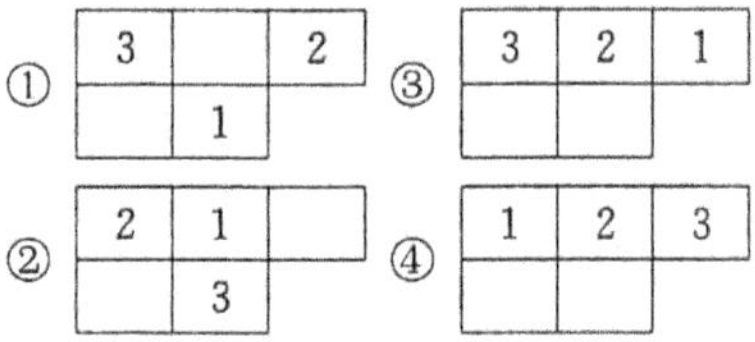

图4—5 “三筹码”操作思维测试法

评定方法：记下被试将①图（依次为②图③图）一步步变成④图时的步数和所用的时间。计算3次所用的时间和步数的平均值，借以探讨操作程序不同的运动项目的运动员操作思维有何不同，以及操作思维的个体差异等。

（四）手脚协调综合反应能力测定法

目的：探明手脚（上、下、左、右）各种配置的综合反应时间和其操作的正确性。

说明：手脚协调综合反应能力的测定使用的仪器是“DSG—6型动作神经过程测试仪”。这种仪器自1982年正式通过鉴定以来，发展成6型，一机多用，能测瞬时反应、简单反应、被动反应、综合反应等。

测试方法：

仪器：DSG—6型动作神经过程测试仪。

程序：①被试坐在仪器前，左、右手各持1个按键开关，左、右脚各踏 1 个开关，眼睛注视灯光符号版上的信号。②说明屏幕上出现的 6 个符号（按操作的顺序为：⊐Z⧗⊔ИX），每个符号的 4 个角代表手脚的 4 个开关，每个符号都得用这 4 个开关各按一次，如⊐符号即左手、右手、右脚、左脚相继按动。每组 6 个符号，变换符号模式，共 6 组。如果被试反应错误，仪器发出响声，应按符号顺序要求改正。如是，换组依次测试。

评定方法：主试记下每组所用的时间和错误次数。计算出总时间、总错次和反应最快一组所用的时间。错次与错时之比为动作反应灵活性指标；每组完成得快而准，体现运动表象完整和清晰，动作思维敏捷，反应能力强；总错次越少表明被试动作协调、准确和沉着冷静；反应最快一组所花的时间越少，说明被试动作灵敏协调反应通过训练可达到的最高效率。

（五）全身反应时间及自我时机控制能力的测定

目的：测定感受刺激——原地跳起的全身反应时间和转体腾空时间、转体角度等。

说明：QSF－2 型全身反应时间测试仪，其主机部分为控制显示装置。附件一为刺激信号装置，设有声、光，各分左右，声光支架可上下移动，以调节左右刺激源方位。附件二为全圆弹性跳台开关，即被试所站的跳台，为全身反应动作完成部分，跳台上刻有 360°，以计转体角度。

测试方法：

仪器：QSF－2 型全身反应时间测试仪。

程序：①将主机（控制、计时装置）与刺激信号（左右声光装置）与跳台（反应装置）相连接，接通电源，作好准备。②按测试要求选择刺激（光或声），摆好刺激源的方位（左、右、高、矮），测腾空时间或是测踏地时间，选好电钮。③讲明测试项目与要求。

④要求被试集中注意力，作好准备姿势，即可开始测试。

评定方法：

测视（或听）——全身反应时间，当感受光（或声）时，立刻作跳起反应，主机上的计时器便会记录视（或听）——跳起的全身反应时间。

测视（或听）——选择全身反应时间，刺激源分左、右或前、后，按要求经分辨后作出反应，即可测得灯亮（或音响）至全身反应的选择全身反应时间。

测原地跳跃腾空时间，跳起计时器起动至落到台上计时器停止的时间。

测踏地时间，被试跳上跳台随即跳下，计时器即将踏台时间记录下来。

测原地腾空转体时间和转体角度，计时器可记录腾空转体时间。跳台刻度可以度量转体角度。

测自我时机控制能力，可通过测量计算时空指数与踏腾指数来表现。在规定一定角度原地转体跳跃中，根据被试高腾空慢转体的时间减去低腾空快转体的时间（时距）乘以 $1-\frac{角误}{100}$ 即可测算得到时空指数。在连续跳跃（如 5 次）中，仪器上的第一计时器记录 5 次腾空时间，第二记时器记录 4 次踏地时间，进而求得 1 次踏地 1 次腾空时间之比即踏腾指数。

第三节　气质和性格的测定

一、气质类型及其测定

（一）气质及其类型

什么是气质？气质是高级神经活动类型在人的行为和活动中的表现，通常指的是情感上、活动上发生的速度、强度方面比较稳定的动力特征。

动力特征指的是心理活动发生时力量的强弱、变化的快慢和均衡的程度等特点。这些特点，具体到一个人身上，不是一时偶尔的表现而是经常稳定的表现。这种动力特征，与人的认识能力有联系，如知觉的速度、思维的灵活性等，但其表现形式，仍需通过情、态、言、行的表征体现出来。

人的气质有明显的个别差异。它给一个人的全部心理活动涂上了一层独特的色彩。即使后天形成的作为个性核心部分的性格，在其表现形式上，也不能例外。一个人在个性形成之前，气质就已存在。婴幼儿时期，不能说已有个性（虽有形成个性的因素），但气质却已出现在他们的各种活动之中。气质较多受个体生物组织所制约。它在环境、教育影响下，虽可发生某些变化，但同其他心理特征相比，变化相对缓慢。谚云："江山易改，本性难移"，主要表现为气质难移。说明气质是比较稳定的。

气质这个概念是由古希腊医生希波克拉底和罗马医生盖伦所提出。他们认为人体内有 4 种体液（血液、粘液、黄胆汁和黑胆汁），这 4 种体液在人体内的比例不同，就形成 4 种不同的气质。他们用体液来解释气质的原因，并不符合现代生理学研究所揭示的事实，但他们结合人的行为方式把气质分为 4 种基本类型则比较切合实际，所以这 4 种气质类型的名称一直沿用至今。

现把 4 种气质类型，在情感上和行动上的主要表征，分述如下：

1. 胆汁质：情感发生得迅速而强烈，外倾，常倾向于暴风雨式的情绪，表情显著。心境变化剧烈，脾气急躁，容易冲动但时间短暂。行动反应迅速、敏捷而不均衡，准确性较差。精力充沛，行动很快，能以极大的热情和动力投入工作，但不够细心。

2. 多血质：情感发生迅速，但不强烈，容易表露，也容易变化。喜欢与人交往，情感广阔而不深。表情生动，豁达健谈，言语表达富有感染力。活泼好动，反应迅速，行动敏捷，但持久性较差。注意力容易转移，兴趣常常变换。

3. 粘液质：情感发生缓慢而微弱，并很少表露于外。沉默寡言，自制力强，有忍耐性。稳重安静，反应迟滞，行动缓慢。注意稳定不易转移。

4. 抑郁质：情感发生得迟缓而深沉，也不大表露于外。沉默寡言，抑制占优势且不均衡。行动迟缓，适应力差，疑虑多，做事审慎而小心。观察力敏锐，情绪兴奋，体验深刻。严重内倾，独处寡合，不愿抛头露面。

上述 4 种气质类型是相互联系的。在日常生活中，除了有显著的某一种气质的代表人物外，大多数人都是各种气质某些特征的结合，属于各种混合类型。

气质类型受高级神经活动类型制约。巴甫洛夫根据高等动物大脑皮层基本过程的 3 种特性（强度、平衡性、灵活性）来解释人的气质，认为："这些类型的神经系统，当存在于人类时，就是我们所称的气质，气质是每个人最普通的特点，是他的神经系统的类型在个体的一切活动上打上的烙印。"现将气质类型与高级神经活动类型对照如下：

- 高级神经活动类型
  - 强型
    - 不平衡(兴奋)型………胆汁质
    - 平衡
      - 灵活(活泼)型……多血质
      - 不灵活(安静)型…粘液质
  - 弱(抑制)型……………………抑郁质

从生理机制看,4 种气质类型的不同,都是由于高级神经活动兴奋、抑制的强弱、平衡不平衡、灵活不灵活 3 种特性联系与区分造成的。所以可以说,高级神经活动类型是气质的生理基础;气质是高级神经活动类型的外部表现。

应该指出,气质类型无好坏之分。每一种气质类型,都有其积极方面和消极方面,而且这种积极方面与消极方面并不是绝对的一成不变的,在不同的社会实践不同具体工作要求的情况下,就有不同的积极因素和消极因素。若就运动气质选材讲,就是根据某项运动的要求,选出适应该项运动气质积极因素较多的人。或根据运动员测得的不同气质特征,来帮助他们选好专项,选择不同的训练方法,因材施教,培养他们各自的专长。这样,既能满足各项运动的不同需要,又能充分发挥气质的积极作用,因势利导,对提高教学、训练的效率是有帮助的。

(二)气质的测定

高级神经活动类型是气质的生理基础。通过对高级神经活动特性的测定,可以说明气质的类型。

1. 高级神经活动强度特性测试法

目的:通过测定敲击效率变化的趋势,确定高级神经活动强度的特性。

说明:高级神经活动的特性,贯串于全部心理活动之中。人在完成一项工作过程中,也必然会反映出高级神经活动的特性，主要表现在完成工作的速度、准确性和持久性等方面。因此在实验条件下，根据被试完成某项作业的情况，可以确定他的高级神经活动的特性。

敲击实验，要被试以优势手持金属棒连续迅速轮换敲击两块 $10\times10cm^2$ 的金属板。记录被试每分钟的敲击次数，比较开始和结束时敲击速度的变化。敲击能否始终坚持高速度高效率，视作高级神经活动强度的指标。敲击结束时速度高于或不低于最初速度者属强型；敲击结束时的速度低于开始时，工作效率下降较早疲劳者属弱型。

具体方法如下：

仪器：敲击板、记数器和秒表。

程序：敲击板放在桌上，让被试站在桌边，对他说："这是一个敲击实验。请你用优势手握住棒的上端，把棒垂直地放在两块铜板的中间。实验时，你听到'开始'，就尽快地用棒来回敲击这两块铜板。敲时棒要保持垂直，另一只手不要扶桌子。计数器记你敲的次数，你要连续快速敲 1 分钟，听到喊'停'时再停止。休息 1 分钟后，用同法再敲 1 分钟。请注意，要尽最大的努力，敲得又快又准。"

让被试先试敲几次后，再开始正式实验。

①主试喊"开始"的同时，开动秒表，当指针走到 30 秒时，迅速记下计数器上的读数（n_1），到 60 秒时，喊"停"，再记下敲击次数（n——1 分钟的累积次数）。②休息 1 分钟后，用同法重复作 1 分钟。记下前半分钟敲击的次数（n_3）和到 1 分钟时的累积次数（n）。③实验结束时，询问被试：

在第 1 个 1 分钟结束时你手臂是否发酸？

在第 2 个 1 分钟开始时你手臂感到沉重还是轻松？

结果：

①分别计算每个被试第1个1分钟内后半分钟的敲击次数n_2(用1分钟累积次数n减去前半分钟的次数n_1)。

②用同法计算各被试第2个1分钟内后半分钟敲击的次数n_4($n-n_3$)。

③将各被试每半分钟敲击的次数列入下表(表4—3)。

表4—3　各被试每半分钟敲击的次数

被试	第1分钟		第2分钟	
	n_1	n_2	n_3	n_4

④根据表内数据，用下式确定各被试的高级神经活动强度特性的差异。

$n_2-n_1\geqslant 0$……(1)；$n_4-n_3\geqslant 0$……(2)；$n_3-n_2\geqslant 0$……(3)。如某被试测试的结果符合以上三式或二式，其神经过程为强型；如只符合一式，神经过程的强度为中等；如三式均不符合，即后半分钟均低于前半分钟，且休息后敲击次数比休息前也减少者，则神经过程为弱型。在强型中，可根据每位被试先后4个半分钟敲击次数上升、下降或起伏状况，对神经过程的平衡不平衡、灵活不灵活作出分析。

2. 内田-克列别林(即U-K)加算法

目的：通过两个单元的15分钟连续加算，用每1分钟加算工作进程的最后数字连成两条曲线，藉以分析神经活动特性和推断气质类型。

说明：内田-克列别林加算法亦称精神检查法，最先由德国精神病学家克列别林提出，被日本引进后，由日本学者内田勇三修订，成为现行的内田-克列别林加算法。80年代初由吴河引入我国。此法在日本多用于性格检查，在我国多用于气质测试。“10种气质类型参数表”较早见诸于“排球运动员的选材”。

测试方法：

材料：印好的加算检查表，该表由3～9的数字，随机排列成行，供被试运算。秒表。

程序：发给被试一张加算检查表，让他准备好足够用的笔。在实测15分钟内，没有吸墨水、削铅笔的时间。主试通过加算检查表上的练习小表，让被试按口令要求练习几次。弄明白从左上第一行开始，将相邻两个个数加在一起，把“和”写在加数和被加数之间的下方，出现十位数字，可以不记，只记个位数字。每分钟在一行数字上运算。

主试掌握秒表。说“开始”被试即刻起算，经1分钟，主试说“换”即改算第二行，连续加算15分钟。然后休息5分钟。休息后再连续加算10分钟或15分钟。要求“快算”，在运算过程中发现错误可以更改。休息时，在末次喊“停”后，就不能更改了。

如上，准备好了即可测试。

评定方法：算出以下数值，藉以分析被试神经系统的某些特点。

$$m(\text{平均作业量}) = \frac{\text{作业量之和}}{30(\text{或}25)}$$

m值越大，标志神经过程越强；m值越小，标志神经过程越弱。

$$r(两极差) = 最高工作量 - 最低工作量$$

r 值越小，表示神经过程平衡；r 值越大，表示神经过程不平衡。

$$t(休息后的工作效率) = \frac{休息后的平均作业量}{休息前的平均作业量}$$

t 值越高，表明神经过程在短时内即可恢复疲劳，同时也表明神经过程强、灵活或平衡。

$$n(最初工作效率) = \frac{第1分钟作业量}{每分钟平均作业量}$$

n 值越大，表明神经过程越灵活；其值越小，表明神经过程欠灵活。最初工作效率与平均工作效率之差小，表明神经过程强而平衡，反之则表明神经过程强而不平衡。

$$w(错误率) = \frac{总错次}{总作业量} \times 100\%$$

w 值越小，表明神经过程强、平衡或灵活，其值越大，则表明神经过程较弱或不平衡，或过于灵活。

划分一个人的气质类型，可根据"气质类型参数表"，对号入座（表 4－4）。

另一评定方法是将每行加算过的最后数字尾尾相连，画得两条曲线（休息前、后各一条），经与标准曲线相对照，亦可确定类型。

表 4－4　10 种气质类型划分参数表

类型＼参数	m	r	n	t>n 或 t<n	w
胆汁质	≥30	>25	≤0.95	0.4 以上	≥1.2%
胆汁——多血质	≥30	<25	均　可	0.4 以上	≥1.2%
胆汁——粘液质	≥30	>25 或<15±5	均　可	0.4 以下	<1.2%

（续表）

参数 / 类型	m	r	n	t>n 或 t<n	w
多血质	≥30	>20≤25	≥0.95	0.4 以下	<1.2%
多血——胆汁质	>30	<25>20	≤0.95	0.4 以下	<1.2%
多血——粘液质	≥30	<15±5	≥0.95	0.4 以下	<1.2%
粘液——胆汁质	≥30	≤15±5 或>25	<0.95	0.4 以下	<1.2%
粘液质	≥30	>25 或≤10±2	≤0.95	0.4 以上	≤0.5%
多血——抑郁质	<30	<25	≥0.95	均　可	<1.2%
粘液——抑郁质	<30	<25	<0.95	均　可	<1.2%

“加算表”示意如下：

7 9 4 6 3 8 6 7 5 9 8 5 6 3 9 7 4 8 9 3 7 4 8 3 9 6 8 4 5 8 4 6 9 5
6 3 0 9 1
3 8 5 9 8 7 6 5 4 9 6 8 3 7 9 8 4 5 8 6 7 4 9 5 4 7 6 9 8 5 9 3 6 7
8 7 4 9 8 4 7 3 8 5 9 8 5 6 7 3 6 9 4 7 5 9 6 4 9 7 4 8 6 3 4 7 5 6
4 7 8 6 5 3 9 5 8 4 5 6 7 9 8 4 6 5 7 8 3 7 5 3 8 6 7 5 8 9 3 5 7 9
8 3 5 9 4 8 7 5 3 8 4 5 8 7 6 8 9 7 5 3 9 5 7 6 5 4 7 9 4 6 5 7 4 9

3. 其他有关气质测试法简介

前苏联安菲莫夫矫正法，早在 20 世纪 50 年代，为我国运动生理学界所引入，它以几个俄文字母排列组合成行，采用定时按要求进行划消的方式，以辨别被试的神经类型。

斯特里劳气质调查表(STI)，设 134 道问答题，通过探讨高级神经活动的兴奋强度、抑制强度、神经过程平衡性和灵活性，进而分析被试的气质。

卡捷留・加斯顿-别尔热・埃普兰气质类型测试表，它是以行为特点进行运动选材的一种测试，设 20 道问答题。其他方面有积极性、心理优势、批评精神、自我批评精神、战斗力、攻击性、不安情绪、易激动等等。

在我国影响较大的有王文英、张卿华编制的“808”神经类型测试表，该表是根据人的大脑皮层机能能力的发展和皮层神经细胞兴奋、抑制过程的活动规律设计的。使用14种符号，每行40个，共50行，每行符号组合数都相等。其中8种相似，要求建立精细的分化抑制；6种差别明显以建立粗糙的分化抑制，明显的阴性符号起着新异动因的效应，对神经过程强、均衡、灵活者则是一种无关刺激，对神经过程相对弱或抑制过程占优势者，则发生抑制的扩散和后作用。若每行变换阳性符号则可观察消退抑制建立的速度，在此基础上再加条件性抑制符号，则更能较全面地反映出复杂的皮层活动的机能特性，即大脑神经过程的强度、均衡性和灵活性。

测试时，要求被试从左到右逐行依次审阅卷面按规定从速选划出所有阳性符号。时间一般定为5分钟。评定结果时，先查出总阅符号数、漏划数、错划数和应划数。按规定计算得分数和漏、错百分率，最后按标准评定神经类型。此表在1985年正式列入运动生理学教材，在生理、心理、体育界应用甚广。

二、性格类型及其测定

（一）性格及其类型

性格是指人对现实的态度和行为方式比较稳定的具有核心意义的心理特征。说它具有稳定性，主要指一个人经常表现出来的贯串于全部行为过程中的那些特征。偶尔表现一时冲动的某些特点，则不包括在内。说它具有核心意义，指的是它在气质、能力、兴趣、动机等个性组成的成分中占据着核心地位，起着主导作用。如一个人性格改变了，其他成分也随之改变。

性格与气质有联系，但也有区别。气质受先天遗传素质影响较大，性格则主要是后天获得的结果。人对客观现实所以产生这样或那样的态度，采取这样或那样的行为，都是后天获得的一定的思想意识及行为习惯的表现，是现实社会关系在人脑中的反映，是人业已形成的主观世界。

性格的类型是指一些人共有的某些占优势的性格特征独特结合而构成的类型。按一定原则和标准进行性格分类，有助于了解个体性格的主要特点，有利于揭示性格的本质。但由于性格特征特别复杂，加上诸心理学家观点不同，分类标准无法统一，遂产生各式各样的性格类型分类，现简介以下几种：

1. 按知、情、意在性格结构中所占优势分：①理智型：智力占优势，易用理智来衡量与支配自己的行为，思考客观，处世冷静。②情绪型：情绪占优势，行为举止易受情感支配。③意志型：意志占优势，目标明确，行为自觉，主动且富有自制力。

2. 按心理倾向内部或外部分：①内倾型：其特征是倾向于内心体验，深思熟虑，处世谨慎，多顾虑，少行动，不善同陌生人交往，适应环境能力较差。②外倾型：其特征是活泼、开朗，善言谈，好交际，主动热情，容易与陌生人熟悉，适应新环境的能力强。

3. 按独立性的程度分：①独立型：善于独立思考、能发现问题和解决问题。具有坚定的信念，不易为他人的意见所左右，却喜欢强加于人。②顺从型：表现为缺少主见，容易不加批判地接受他人意见而改变自己的主张，自主精神很差，难于应付紧急情况。

4. 从文化、社会学的观点对性格的分类：他们根据不同生活领域，人在认识、行为表现和价值观上的不同，把人的性格区分为6种：①理论型。②经济型。③审美型。④政治型。⑤社会型。⑥宗教型。

总之，性格类型的划分，众说纷纭。虽然各种分法都有各自的道理，但仅限于从某一角度分类，难免失之偏颇。至于每种类型，虽在现实生活中都可以找到它的典型代表，但因为很多人隶属于各式各样的中间型或混合型，所以每种类型也有其不同程度的局限性。

（二）性格的测定

一个人的性格，在日常生活举止言行中就会得到反映，因而实验测定某些行为，就可以间接测定性格。这里举几个测试方法，以供参考。

1. 测定动觉后效类型的方法

目的：通过确定动觉后效类型分析性格的内倾、外倾和中间型。

说明：动觉的图形后效，简称动觉后效，它指的是触摸插入刺激以后，对标准刺激宽度估计所产生的影响。

彼特雷测定动觉后效时，经触摸宽的或窄的插入刺激，发现动觉后效有扩大型、缩小型和中间型。扩大型，即无论插入刺激比标准刺激宽还是窄，动觉后效都是正值；缩小型则与此相反。中间型表现为插入宽刺激后，动觉后效为负值；插入窄刺激后动觉后效为正值。扩大型易忍受感觉剥夺，不耐痛，多内向者；缩小型不易忍受感觉剥夺，较耐痛，多为外向者。

我国心理学家陈舒永等也用两种插入刺激（2厘米和6厘米）测定140余人的动觉后效，结果发现，除扩大型和缩小型外，中间型又可分为对比中间型和同化中间型。对比中间型即彼特雷的中间型。同化中间型系插入窄刺激后动觉后效为负值；插入宽刺激后为正值。与 GE 外向——内向量表测验的结果比较，发现缩小型多属外向，扩大型多属内向，中间型则内外向的倾向不够明显。同时还发现，各种动觉后效的类型之间是一个动觉后效的量变的连续体。若用 N 表示插入窄（2 厘米）刺激动觉后效的相对值，用 B 表示插入宽（6 厘米）刺激动觉后效的相对值，根据一个被试的 N、B 和 N+B 值就可以确定他的动觉后效的类型（表 4—5）。

表 4—5　动觉后效类型的指标与内、外向划分

种类	N	B	N+B	动觉后效的类型	内　外　向
1	—	—	—	缩小型	多属外向
2	—	+	—	偏缩小型	偏外向
3	+	—	+	偏扩大型	偏内向
4	+	+	+	扩大型	多属内向

方法：

器材：动觉后效测量器（表 4—6）、遮眼罩、秒表、节拍器、滑石粉。

表 4—6　动觉后效测量器（木条）的规格

单位：厘米

刺激种类	宽	高	长
标准刺激	4	5	120
变异刺激	1（窄端），7（宽端）	5	120
插入刺激（1）	2	5	60
插入刺激（2）	6	5	60

程序：①将各种刺激放在桌上。标准刺激与变异刺激靠被

试近端相距50厘米，远端相距约5厘米，插入刺激放在桌旁，待用。②告诉被试，本实验用手摸来比较木条宽度。被试要先戴好眼罩，用优势手的拇指和食指触摸4厘米宽的木条（标准刺激）的两边，用非优势手的拇指和食指触摸斜尺（变异刺激）的两边。当被试认为为斜尺上某处宽度与标准刺激宽度相等时，即报告"相等"，主试及时在斜尺上读出它的宽度，并记录下来。如是，一次从宽到窄摸，一次从窄到宽摸。所测得的结果作为宽度估计的基线。③插入刺激，主试开动节拍器，频率为60次/分钟。同时，让被试用优势手来回摸插入刺激（如先摸窄的，2厘米），每秒一个来回，另一只手休息。来回摸60次停止。接着再让被试用双手摸，和开始时做的一样。当被试在斜尺上摸动停止，报告这里"相等"时，主试及时记录下来被试估计的宽度。④让被试休息1分钟后，测插入宽刺激（6厘米）对宽度估计的影响。程序如②③，不同的只是插入刺激换了。测试记录表（表4—7）如下：

表4—7　测试记录表

触摸方式	插入前，宽度估计（毫米）		插入刺激	插入后宽度估计（毫米）	
	＝	＋或－		＝	＋或－
↓			2厘米		
↑					
↓			6厘米		
↑					

结果：

①分别计算每个被试在插入刺激前宽度估计的平均值（$\bar{X}_1$）和在插入刺激后宽度估计的平均值（$\bar{X}_2$），单位毫米。

②用下式分别计算每个被试的动觉后效（KAE）的相对

值 N 和 B：

$$KAE = \frac{\overline{X}_2 - \overline{X}_1}{\overline{X}_1} \times 100$$

③分别计算每个被试的 N+B 值，列入表 4—8 中，同时，根据其动觉后效类型分析其性格的内、外向。

表 4—8 各被试的动觉后效类型及其内外向

被试号	N	B	N+B	动觉后效类型	内、外向
1					
2					
3					

2. 克芮基迈尔性格检查法

目的：测定性格倾向及其分类。

说明：克芮基迈尔是德国精神病学家。他认为精神病患者与正常人在性格上不存在一道鸿沟。他从精神病→病前性格→一般人性格进行研究，发现病前性格与病后病情关系密切，精神病患者发病前就都存在同样的气质倾向，这种气质倾向一般正常人也存在。他还认为体型与性格有关，精神病患者，都有其相应的体型。

测试方法：

材料：印好如下“性格检查问卷”以供测试。问题共 25 道，抄录于下：

克芮基迈尔性格问卷（测试题）

姓名______年龄______性别______专项______训练年限______体型：胖____瘦____结实______，习惯：啃指甲______

摇肩______皱眉______，发现别人看你就不自在______，赛前睡不好______，比赛怯场______。

	非常符合	大体符合
①腼腆，不愿到人多的地方去。	(　　)	(　　)
②喜欢社交，经常愿意照顾别人。	(　　)	(　　)
③顽强而专心致志地做事。	(　　)	(　　)
④喜欢华丽，追求时髦。	(　　)	(　　)
⑤做事信心不大。	(　　)	(　　)
⑥认真，不大开玩笑。	(　　)	(　　)
⑦开朗，口直心快。	(　　)	(　　)
⑧做事一丝不苟，不马虎。	(　　)	(　　)
⑨被人家说几句就放在心中。	(　　)	(　　)
⑩对自己身体状况过敏，担心健康不佳。	(　　)	(　　)
⑪古怪，与众不同。	(　　)	(　　)
⑫自寻苦恼，容易郁闷。	(　　)	(　　)
⑬无故地突然不高兴起来。	(　　)	(　　)
⑭容易羡慕他人，进入空想。	(　　)	(　　)
⑮老考虑担心事，为之而苦恼。	(　　)	(　　)
⑯重视理想，富有幻想，常保持憧憬心理。	(　　)	(　　)
⑰不拘泥过去，持有现实的看法。	(　　)	(　　)
⑱耐性大，但耐不住就会爆发。	(　　)	(　　)
⑲有不自量地要求的习惯。	(　　)	(　　)
⑳对小事非常敏感。	(　　)	(　　)

㉑虽考虑他人意见，但仍按自己意见行事。

（　　）（　　）

㉒自己的事情，可以完全委托给别人。（　　）（　　）

㉓彬彬有礼，但显得拘谨。（　　）（　　）

㉔有羡慕、妒忌人家的习惯。（　　）（　　）

㉕对别人有顾虑，对人家议论也有顾虑。

（　　）（　　）

将测试卷发给被试，要求迅速回答。问题如与自己情况非常符合，即在题后画“◎”号。如大体符合即画“○”号。

评定方法及举例：

S：分裂性气质，Z：躁郁性（循环性）气质，E：癫痫性气质，N：神经质性气质，H：癔症性气质。

每种气质由五题代表，五题有多少“○”（画下图一格）和“◎”（画下图两格），就涂画多少个格。如表 4－9。

表 4－9　克芮基迈尔的性格评定用表

S	1	6	11	16	21	■	■								
Z	2	7	12	17	22	■	■								
E	3	8	13	18	23	■	■	■							
H	4	9	14	19	24	■	■								
N	5	10	15	20	25	■	■	■	■	■	■				

（问题号码）

克芮基迈尔的性格分类：

第一，素质性倾向：

①躁郁性（循环性）气质：其特征为敦厚、善良、友爱、好心肠、善交际；开朗、活泼、风趣、易激动；寡言、安静、抑郁、脆弱。

开朗快活地“躁”的状态和忧郁消沉地“郁”的状态交替出现，是其基本特征。

②分裂性气质：其特征为安静、谨慎、不善交际、一本正经、不识幽默；胆怯、腼腆、敏感、易兴奋、神经质；顺从、老实、温和、沉着、迟钝。相对存在的敏感和迟钝同时对照是其基本特点。

③癫痫性气质：其特征为专心致志、一丝不苟、重次序、有条理、固执；罗嗦、迟缓、周到、不灵活；震怒、情绪不佳。专心致志不屈不挠，对人殷勤有礼，但罗嗦、拘泥于小事兼有粘液质与胆汁质是其基本特点。

第二，环境性倾向：

①神经质性气质：精神和感觉器官易受刺激又很快陷于疲劳，工作开始敏捷灵活，但因疲劳难于坚持到底；工作时易受外界干扰而作出反应，易放弃原来想法与计划，致使原做工作半途而废；以我为主，厌弃他人，情绪不稳，想象丰富，意志薄弱，有时无缘无故丧失信心，缺少主动能力。

②癔病性气质：虚荣心强，显示自己，什么事都想“以我为中心”；自律神经不稳定，动摇易倦，容易受暗示，意志薄弱；有空想症，对上殷勤，对下压制，态度傲慢，名欲强烈，不善团结，难与人相处。

以上克氏所分五类，虽用了医学词汇，也无妨阅读，只要体会类型特点，与典型性格气质分类比较，就不难正确把握其分类的实质。

3. A 型性格测试法

目的：确定 A 型性格，以便进一步研究 A 型性格与工作绩效的关系。

说明:A 型性格于 50 年代由美国费雷得曼和罗森曼率先提出,研究者根据人的行为模式,把人分为 A 型性格与 B 型性格。

A 型性格,富进取心,喜欢争强好胜,自我订出高标准,使自己经常处于重压之下,工作有成绩,但易患心力衰竭症;B 型性格,悠闲自在,不喜欢争强好胜,适应随和,少紧迫感,工作也有成绩,很少早期出现心力衰弱症。国内流行的"A 型性格问卷"为张伯源等编制,较多用于 A 型性格与身心疾病关系的研究。其实,各界人士都有 A 型与 B 型性格之分,体育界亦无例外,但目前以 A 型性格尺度测量运动员的文章,尚属寥寥。因此,现介绍一种简便的一般 A 型性格问卷,供体育界借鉴与参考。

测试方法及问卷:

测试方法:印好"A 型性格问卷",发给被试。让被试按每一问题所形容的情况,与自己的行为对照,在"没有、偶尔有、有、经常有、总有"中,选一个与自己行为吻合的等级画圈。时间 8~10 分钟即可。

问卷:为避开"A 型"二字,可只印"性格调查表"字样。

性格调查表

姓名______ 性别______ 年龄______ 专业______ 文化程度______ 爱好______

	没有	偶尔有	有	经常有	总有
	:	:	:	:	:
1. 习惯地抬高主要词语的声调,即使没有必要,也加大嗓门。…………………………… [ ]					
2. 不断地动作,如移动,行走;快速地吃东西。[ ]					

3. 缺乏耐心,认为许多该做的事情做得太慢;对排队等待,进行重复性工作,显得不耐烦。[ ]
4. 总是想在同一时间内做两件或更多的事情。[ ]
5. 兴趣奇特,如急于把自己极感兴趣的话题引到谈话中来;对于达不到目标的议论,假装着倾听的样子。…………………………… [ ]
6. 要是几个小时、几天没有做出什么事情,就感到内疚。…………………………………… [ ]
7. 只管先取得那些值得占有的东西,不管这些东西有无保存的价值。………………………… [ ]
8. 试图用很少时间来安排很多工作;只有极少的补贴来应付偶然发生的事情。………… [ ]
9. 在各个地方(办公室、家里等)遇到的重要物品,往往记不起来。 ……………………… [ ]
10. 遇到一位好竞争的人便想向他挑战。 … [ ]
11. 经常使用手势,如紧握拳头,拳打手心,咬住口部或牙齿。 …………………………… [ ]
12. 过于自信,认为有能力把事情办得比别人快,因而取得成功。………………………… [ ]
13. 总想拿数字来评价自己和别人的活动。 [ ]

评定方法:①从没有至总有 5 级,依次规定分值为 1、2、3、4、5 分。②看一下被试所画的圈分布的范围,分布很广还是很窄,是偏高(40 以上)还是偏低(38 以下)。或求平均数,以 3 为中等,2、1 偏低,4、5 偏高。③另找一些人(4～5 人)对该被试的行为,按问卷上的 13 项进行评价,取得一致意见,得出各题分数及总分,与被试卷进行比较分析。

4. 其他有关性格测定法简介

Y－G 性格检查法，始于吉尔福德个性测验，后由矢田部达郎等引入日本，制成 12 种特性 13 个尺度的性格测验，再后又由■岡美延等修订并进行标准化。成人用测验为 6 因子，含 12 种特性，12 个尺度，120 道问题所构成。施测时，要被试就“是、?、不是”择一回答，据回答结果，分别算出各尺度得分，制成剖面图，以便诊断被试的性格。

明尼苏达多相个性测验（简称 MMPI）是美国明尼苏达大学教授哈撒韦与麦金利于本世纪 40 年代编制的自我报告形式的个性测验量表。它包括 550 个问题，测试领域广阔，如健康情况、婚姻关系、社会态度、情绪反应、运动失调、心身疾病、精神病等。它由 10 个临床量表（疑病症 Hs、抑郁症 D、癔病 Hy、精神病态 Pd、男子气女子气 Mf、妄想狂 Pa、精神衰弱 Pt、精神分裂症 Sc、轻躁狂 Ma、社会内向 Si）和 4 个效度量表（疑问分数 Q、说谎分数 L、效度分数 F、校正分数 K）所组成。

我国学者宋维真等致力于 MMPI 的修订工作，1984 年正式确定了我国的标准，为国人使用明尼苏达多相个性测验提供了方便。

罗夏墨迹测验乃瑞士医生罗夏所创。他用 10 张左右对称的墨迹图，5 张黑白色，深浅不一。其余 5 张中 2 张黑白加红颜色，3 张为彩色。实施测试分 3 阶段：①自由联想阶段，指示语为“请告诉我，你在图片中看到了什么，你想起了什么？”主试按规定顺序和方位将图片交给被试，并记录每张图片从出现到第一次反应所需的时间和被试的回答，这阶段主试对被试的回答不置可否不提问题。②询问阶段，联想测试完成之后，再依次根据图片逐一询问被试：“你的反应是根据图片中哪部分作出的？引起该反应的因素是什么（形状、颜色、阴影等）？③极限探试阶段，确定被试是否能从图片中看到某种具体的事物。

记分：根据定位即指某一反应占了墨迹中地位大小；定性即指从墨迹中决定被试反应的种种物性；内容即指植物动物人类风景人为事物解剖性反应、独创与从众等几方面进行记分评定。

罗夏墨迹测验应用较广，但对其信度与效度的研究很少，加诸记分复杂，解释容易受主观因素影响，欠缺不少。但国外精神病学家和临床心理学家仍很重视此种测验。

加里福尼亚个性测验（简称 CPI 测验）是美国加州大学教授高夫于 1948 年编制。测验包括 480 个"是否型"问题，测支配性 Do、社会成功能力 Cs、社会性 Sy、社会安定感 Sp、自我满足感 Sa、幸福感 Wb、责任感 Re、社会成熟性 So、自我控制力 Sc、宽容性 To、自我显示性 Gi、社会常识性 Cm、顺应性成就需要 Ac、自立性成就需要 Ai、知性能力 Ie、共感性 Py 等。

荣格-淡路向性测验。荣格将心理能量区分为外向性与内向性，日本学者淡路圆治郎修订，即荣格-淡路向性测验。问卷 50 题，测试的结果，据向性指数和向性偏差值来确定人的心理活动倾向。

本章小结

个性是具有一定倾向的比较稳定的心理特征的总和，是一个人的整个精神面貌。独特性、稳定性、适应性、动力性和统整性是其主要特性。它以心理过程为基础,经由心理状态,构成比较稳定的具有一定倾向的个性特征。

在运动选材中,个性心理选材意义重大。选出具有充分运动才能特征者,可减少人力、物力与财力的消耗。运动心理选材的内容,可分为一般的与项群的。其中运动能力与个性选材在运动选材中具有重要地位。

运动能力是制约着一个人获得运动知识、形成运动技能、顺利地完成运动活动的生理心理特征。运动能力可分为一般运动能力和特殊运动能力。运动能力与运动才能在概念上也有区别。运动能力的测定方法很多,本章简介几种,以供学员参考。计有“静力稳定性检查法”、“竞争对跳跃能力影响的测定”、“用力感复制测定法”、“操作思维测试法”、“手足协调综合反应能力测定法”、“全身反应时间及自我时机控制能力测定法”等。

本章在介绍了气质及其类型、性格及其分类之后,分别简介了一些测试方法,计有:“高级神经活动强度特性测试法”、“内田-克列别林加算法”、“测定动觉后效类型的方法”、“克芮基迈尔性格检查法”、“A 型性格测试法”等等。

思 考 题

1. 什么是个性?它有哪些主要特点?你如何理解个性与心理过程、心理状态的关联?

2. 运动心理选材有何意义?在运动心理选材中为什么说个性选材是最重要的?你作为一位体育教师或教练员如何认识运动心理选材问题?

3. 什么是运动能力？如何理解运动能力与运动才能？在你教学中遇到过具有运动才能的少年儿童吗？请描述其运动才能的表现。

4. 什么是气质？它与高级神经活动类型有何关系？如何测定人的气质？

5. 什么是性格？性格有哪些类型？性格与气质有何关系？

作 业 题

1. 较熟练地掌握一种测试运动能力的实验方法，结合教学进行一次运动能力的测试。

2. 较熟练地掌握一种测试气质（或性格）的方法，并试编一套气质（或性格）测验问卷。

第五章　青少年的心理发展

自学指导

一、内容简介

本章分为三个部分阐述了青少年的心理发展。

第一部分为心理发展概述，主要内容有：心理发展的概念、心理发展的动力和心理发展的规律，这部分内容属发展心理学最基本的理论介绍。

第二部分阐述了少年期的心理发展，主要内容有：少年期自我意识的发展、少年期认识能力的发展、少年期情感、意志的特点。

第三部分阐述了青年初期的心理发展，其中包括青年初期自我意识发展的特点、思维发展的特点和情感发展的特点。

二、重点与难点

本章的重点是青少年期的心理发展特点，了解这部分内容对于学员从事体育教学和运动训练具有重要意义。难点是心理发展的动力和规律，其中介绍了国内外诸多发展心理学家的理论观点，学员须运用唯物辩证法对这些理论观点进行深入地分析。

三、学习方法与要求

学员自学本章时应抓住重点，紧密联系自己从事青少年教育工作的实际，深入了解青少年时期的心理特点，总结自己的经验和教训，以便今后能更好地依据青少年心理发展的规律，提高体育教学与运动训练的质量。本章的难点可通过教师面授辅导或阅读本书后面所列有关参考书解决。

第一节　心理发展概述

宇宙间一切事物都是运动、变化、发展的，作为脑的机能的心理也是不断变化、发展的。把心理发展作为特定的领域已经成为发展心理学专门研究的对象。发展心理学是心理科学一个重要的分支学科，近百年来获得了长足的进步，它为我们理解人的心理发展提供了很多深刻的见解和丰富的资料。

如何理解心理发展呢？具体说，什么是心理发展？为什么心理会发展？心理又是怎样发展的？这些都是首先必须弄清楚的问题。

一、心理发展的概念

我们通常把“发展”看成是连续不断的变化，但是并非所有的变化都可以归之为发展。例如，由于环境刺激的改变，可能引起一时的感觉适应；机体的疲劳、伤痛，难免唤起消极的情绪体验，我们并不把这些心理现象的变化叫做发展。发展比变化具有更加丰富的内涵，它还涉及方向、速度、水平、阶段、必然等意义。所谓心理发展一般是指心理方面从简单到复杂，从低级到高级，从旧质到新质不断完善的变化，是一种前进性的变化。

广义的心理发展包括种系心理发展和个体心理发展两个方面：种系心理发展是指从最低级的变形虫到最高级的人类的心理的演化；个体心理发展是指人类个体从卵子受精开始到出生、成熟，直至衰老、死亡整个生命进程中心理的变化。对这些心理发展的研究构成了发展心理学的主要内容。发展心理学包括:1. 动物心理学(又叫比较心理学),2. 民族心理学(主要是原始人类心理学),3. 个体发展心理学(主要是儿童心理学)。狭义的心理发展是指个体心理发展,主要指个体从出生到成熟这个阶段心理的发展,是指人的智力、情感、意志、个性等方面由于经验和学习所产生的一种持久而积极的变化,用前苏联心理学家维果斯基的话来说:所谓心理发展就是指一个人的心理,从出生到成年,在环境教育影响下,在低级心理机能的基础上逐渐向高级心理机能的转化。对个体从出生到成熟这个阶段心理发展的探讨是儿童(青少年)心理学专门研究的对象,它构成了发展心理学最核心的部分。

一个人在出生时是个软弱无能的生物个体,在社会条件和教育条件的影响下,随着年龄的增长,到青年后期却变成了一个在心智能力、道德品质等各方面都得到充分发展的、独立自主的社会成员,其变化、发展的速度尽管令人感到惊讶,但却是不容置疑的事实。心理发展的一些基本规律,正是基于对这些事实进行深入探讨而作出的理论概括。

二、心理发展的动力

辩证唯物主义认为一切事物和现象的运动、变化、发展的原理是和各种事物、现象相互联系、互相制约的原理密切相关的。相互联系也就是说它们是相互作用着的,并且正是这种相互作用构成了运动。所以在考察心理发展动力的时候,首先必须分析制约心理产生、发展的各种因素。

(一)心理发展的必要条件

心理是人脑对现实的反映。这个科学命题清楚揭示了构成心理产生、发展的三个基本条件,人脑是通过遗传获得的,个体出生后，脑还有个发育的过程，这涉及到生理成熟；现实指客观环境，主要是社会环境，每个人出生后都在接受着成人社会有目的的影响，这涉及到教育；反映是事物相互作用的过程，反映主体首先要活动。如果没有主体的活动，也就无所谓相互作用。心理是一种反映，强调的正是主体的实践、活动。遗传、成熟；环境、教育；实践活动这三者是心理产生、发展的必要条件，它们之间是有机联系的，其中缺一不可，这些条件在心理的产生、发展中各起什么作用呢？

1. 遗传、成熟为心理的产生、发展提供生物前提

遗传是一种生物现象，通过遗传传递着祖先的许多生物特征。遗传的基本单位叫基因，它存在于细胞核的染色体内，其主要成分是一种叫做脱氧核糖核酸（简称 DNA）的化学物质，遗传信息或遗传密码被认为就贮存在这里。由遗传带来的生物特征主要是指那些与生俱来的解剖生理特征，如机体的构造、形态、感官和神经系统的特征等等。这些遗传的生物特征也叫遗传素质。

遗传素质通过生理成熟而得到具体表现。生理成熟是指生理特征的发育成熟，它既表现在结构变化上，也表现在机能变化上，如儿童、青少年体型的变化，性机能的发育成熟，特别是脑、神经系统的发育成熟等等。

良好的遗传素质和正常的生理成熟无疑是心理健康成长的物质基础、自然前提和必要条件。只要在遗传上出现某些缺陷，就必然使心理发展产生异常。例如，无脑畸形儿不可能产生思维，天生全色盲者无法辨别颜色。遗传学研究表明，一些遗传疾病，如“21 三体综合症”“苯丙酮尿症”都直接与儿童智力严重低下有关。中国科学院心理研究所曾调查了我国 22.8

万名儿童，发现低能儿占 3～4%，其中一半以上是先天因素造成的，而父母低能与近亲婚配占有相当比例。关于双生子运算能力和思维品质的研究表明，其相关系数是同卵双生大于异卵双生，而异卵双生中的同性又大于异性，这就是说遗传因素越近，影响作用越大。早在上世纪就曾有英国人类学家、心理学家高尔顿对名人家谱进行过调查，他发现伟大作曲家巴赫的家族中有 60 名音乐家，其中名声显赫的竟有 20 名之多，而著名提琴家奔特兄弟的家族中就有 9 名音乐家，莫扎特家族中有 5 名音乐家等等。尽管影响成才的因素是十分复杂的，但巴赫家族曾为其后代传递过良好的音乐素质，为他们提供了某些成才要素的可能性，这一点是不容置疑的。前苏联心理学家捷普诺夫曾对神经类型如何影响能力结构质的特点进行过深入的研究，他认为能力的自然前提与其说跟一般类型的特征有关，还不如说跟某些局部的特点，即视觉的、听觉的、运动的分析器的特点更有关。

遗传给成熟带来了时间表，也就是说发育的顺序相对地不依赖于环境的影响，有些复杂的心理现象必须到一定年龄阶段才会产生，比如，情窦初开的初恋，辩证逻辑的思考，不可能发生在婴幼儿当中，尽管人脑是与生俱有，但因性腺机能、内抑制机能还没有成熟，虽然营养、教学可以在一定程度上加速和减缓成熟的进程，但生理上足够的成熟，比如脑的重量达到一定程度，大脑皮层沟回的完善，神经纤维髓鞘化的完成，兴奋抑制过程的平衡，特别是内抑制机能的成熟，对于产生某种较高层次心理，始终是必要的物质基础。在发育过程中如果遭到意外，比如因疾病或受伤致使额叶损坏，除了会出现智力下降外，还会引起性格破坏。得病前，待人接物以委婉平静为特点的人，也将逐渐变得不能自制，脾气急躁，任性粗野。

2. 环境、教育对心理发展起到决定作用

环境是个包罗万象的概念，它泛指每个人所赖以生存的周围环境、生活条件、客观现实。我们通常把客观环境分为两个方面：(1)自然环境，(2)社会环境。

自然环境指日月星辰、阳光雨露、山岳平原、江河湖海、花草树木、飞禽走兽等等。它经常向人们的感官提供大量的信息。

社会环境大致可以分为三类：①物品世界，②文化生活，③人际关系。物品世界是经过人类世世代代的努力而改造了的自然界，它包括城市乡村、厂矿农庄、机关学校、医院商店、交通工具、通讯设施、家居摆设、服装鞋帽、食品炊具以至货币、电脑等等，这是我们物质文明建设所创造的一切，是生产力发展水平的一种反映，它为我们工作、生活提供了必要条件。文化生活是文明社会的重要方面，诸如法律制度、道德宗教、科学艺术、风俗习惯、传统礼仪、时尚新潮、语言文字、书报杂志、戏剧电影、广播电视等等，这些都是我们精神文明建设所创造的一切，是社会进步的标志。作为文明社会的一员，这些都是我们所经常接触到的东西。先辈创建了文明社会，这是物质文明、精神文明的统一体。新生一代从出生之日起就处在这个文明世界之中。人际关系被认为是“社会关系系统上的一个特殊的横断面，是在社会关系的经济、政治以及其他形态的‘截面’上所表露出来的东西”，比如父子、兄弟、亲友、邻里、师生、同事等等关系。社会由人群构成，它包含着非常复杂的关系。在社会生活中，每个人都必须与他人交往，由此形成人际关系。这是我们每个社会成员必须卷入的一种关系网络。人，只有当他在人群中成长时，才成其为人，否则只是个生物体。一个人如果离开了人类社会环境，不论是远离或隔绝，即使具备完好的人脑，也都将产生异常的心理，世界各地时有“野生儿”的报导，见诸文字资料的就有30多例，有狼孩、熊孩、猴孩、豹孩等等，1920年在印度发现的两个女性狼孩就是一个突出的例证。伟大的科学家爱因斯坦曾经说过：“我们应当承认，我们胜过野兽的主要优点就在于我们生活在人类社会之中，一个人如果生下来就离群索居，那么，他的思想和感情中保留的原始性和兽性就会达到我们难以想象的程度，人之所以成其为人，他的生存之所以有意义，与其说是靠他人的力量，还不如说是由于他是伟大人类社会的一个成员，从生到死，社会都支配着他的物质和精神生活”。辩证唯物主义认为：存在决定意识，环境是不以人意志为转移的客观存在，是人意识、心理内容的源泉，对人的心理发展起到决定作用。

环境影响通常是通过教育来实现的。每个新生儿来到人世间，他所面对的第一个环境就是家庭，继之是学校，然后才走上社会。由于个体生物潜能的广泛性和不确定性，因此任何一个成人社会都不会不加引导而任其成长。父母当然是对儿童进行教育的第一任教师。而学校教育则由于其具有明确的目的性、计划性，因而使它成为一种特殊的社会环境，儿童、青少年任何一个新观念、新思想都无不跟教育联系在一起。学校教育对儿童、青少年心理健康成长具有主导作用。

3. 实践活动在心理发展中起到关键作用

心理是脑的机能，脑的属性。辩证唯物主义认为：属性表现在关系之中。从心理的产生发展的角度看，“人脑”（遗传、成熟）是主体因素，它并不自然产生思想；“现实”（环境、教育）是客体因素，它存在于主体之外，是不以人的意志为转移的客观存在。它们是心理产生的必要条件，但还不是充分条件。只有当人脑和现实相互作用时才会产生心理，而这相互作用的过程就是反映。“反映”恰是把人脑和现实两者联系在一起的联结因素、中介因素。心理就表现在人脑和现实相互作用的关系之中。人脑是心理内容的载体，现实是心理内容的源泉，反映是心理活动的形式，是心理内容借以表现的形式。心理并不是人脑和现实两个因素的简单相加，而是表现在人脑、现实和反映三个要素相互制约的关系之中，三者缺一不可。而反映则更是个关键的要素。反映是相互作用的过程，它包含反映者和被反映。从认识论的角度看，作为主体的反映所指的就是主体的活动、实践。正是在这个意义上我们说实践是主客观的“交错点”。列宁认为：主体和客体，精神和物质的“交错点＝人的和人类历史的实践”。恩格斯在谈到活动对人的思维的影响时指出：“人的思维的最本质和最切近的基础，正是人所引起的自然界的变化，而不单是自然界本身；人的智力是按照人如何学会改变自然界而发展的。”这里说的“人所引起的自然界的变化”所指的也就是人的实践，毛泽东曾把实践表述为“主观见之于客观的东西”。反映既是“反影”又是“反应”，可以说，实际上正是人认识世界、改造世界的体现。可见，反映、活动、实践对人心理的发展具有何等重要的意义。

遗传素质只为人的心理发展提供可能，而要使之成为现实，还有赖于主体在环境、教育影响下积极的实践。实践活动在人的心理发展中起到关键的作用。

（二）心理发展的根本动因

如前所述，制约个体心理发展的因素有三个，其中“人脑”

是主体因素，“现实”是客体因素，“反映”是联结因素。人脑唯有通过主体的实践活动才能把客观现实反映到人脑中，变成心理的东西，而实现这个转变的关键则是实践。尽管实践在人的心理产生和发展中具有十分重大的意义，起到关键性的作用，但反映、实践只能是心理借以表现的形式，它不是心理本身。心理是客观现实的主观映象，本质上是主观的东西。

辩证唯物主义认为，发展的源泉、动因包含在事物现象本身的内在矛盾之中，发展是对立斗争，即对立力量相互作用的结果。

如何理解心理现象本身所包含的内在矛盾呢？

心理的产生以脑的存在为前提。人脑是“按特殊方式组成的物质”，它不仅是人体这个复杂系统的有机组成部分，而且是有机体运动活动调节控制的中枢，人从出生的第一天起，人脑就本能地反映着生命机体内部的种种需要，参加到主体的实践活动中。个体的需要也是一种客观存在，而且是伴随主体实践活动的拓宽而不断丰富发展的。需要是一种内部状态，反映了对生活条件的依赖，是个性积极性的源泉。儿童、青年的心理发展，本质上是一种社会化的过程，所以任何需要都是在一定生活条件下，即在一定社会和教育的要求或自身的要求下产生的对一定客观现实的反映。通常需要产生之后，不能很快得到满足。为了满足需要，就必须有物质资料或人对活动的一定准备水平，如知识、技能等等。因此，主体需要的多样性和客观上满足主体需要的可能性之间始终是充满矛盾的。人的心理就是人脑对这些客观存在的包括主体的、客体的种种现实矛盾的反映。

人脑对主体需要的反映形成了动机动力系统，动机、目的、兴趣、爱好、理想、信念、世界观等等都是需要的不同表现形态，它代表了心理内容中相对比较活跃的一面；人脑对客观现实的反映组成了内部特有的结构，表现为人各具有的种种心理特点，个性特征。从生理机制上来说，也就是已经形成的暂时神经联系系统（动力定型），它代表了心理内容中相对比较稳定的一面。这些主观的内部状态构成了人的对立统一的完整的精神世界。这些心理内容中所包含的日新月异的新的需要和心理结构的原有水平之间的内在矛盾、对立斗争就是心理发展的真正动因。

新需要和旧结构之间，矛盾双方是同一的，又是斗争的，同一是相对的，斗争是绝对的。发展就是对立力量相互作用的结果。

（三）心理发展的动力机制

辩证唯物主义关于自然界一切事物运动变化、发展的动因都包含在事物内部，而不在外部，这一普遍原理对研究心理发展具有同等重要的指导意义。心理现象和其他一切现象和过程一样都含有可能性和现实性、形式和内容、新和旧等等相互矛盾、相互排斥、相互对立的趋向。它们之间通过对立斗争、相互作用必将导致发展。但它们是借助怎样的机制而实现发展的呢？这正是我们必须进一步深入探讨的问题。

当代在心理发展理论中占据显著地位的是瑞士心理学家皮亚杰的认知发展学说。他关于内因外因相互作用的发展观，提出了一套具有真知灼见的理论，体现了他的学说充满辩证法的思想，是很值得我们借鉴的。

皮亚杰认知发展学说的核心就在于他坚决主张人的认识发生于动作，动作是反映、活动、实践的体现。动作既是感知的源泉，又是思维的基础，动作的外显是行动，动作的内化成观念。从这个基本思想出发，他认为人的心理发展（包括认知、思维、智力、道德等）是婴儿和物质世界相互作用的必然结果。在皮亚杰看来，心理发展的过程就是“相互作用”的过程，它本质上是主体图式通过同化、顺应达到平衡从而实现对环境适应的过程。图式、同化、顺应、平衡、适应体现了皮亚杰关于发展观点的一般原则。图式在皮亚杰理论体系中是指心理生活的基本要素。它最初来自先天遗传，人一出生即出现的许多感觉运动反射就是一些最简单的图式的例证。这些图式一经和外界接触，在适应环境的过程中，因同化、顺应、相互作用将会不断变化、丰富、发展起来，形成新的愈来愈复杂的图式，从而推动心理结构的发展。图式的发展促进了心理结构（认知结构、行为模式）的形成，正是这些不同水平的结构标志着儿童、青少年心理发展不同的水平。同化、顺应是儿童适应环境的一种方式，是实现与环境平衡的一种机制，也是认知结构的一种功能。同化指儿童与环境发生相互作用的过程中把环境因素纳入机体已有图式或结构中。它一方面使客体被赋予一定的意义；另一方面也使主体的经验得到进一步的丰富。顺应指儿童原有认知结构或行为模式已不能使新的经验同化的时候，调整原有认知结构或行为模式，以适应环境变化。简言之，同化是新刺激纳入旧图式，顺应是旧图式适应新刺激。图式因同化而产生量变，顺应则使之发生质变。通过同化，顺应使机体与环境取得平衡。平衡是儿童适应环境的一种体现，指心理结构向着更加复杂、更加稳定的组织水平前进的过程，亦即不断成熟的内部组织和外部环境在相互作用中的良性的状态。这是以同化、顺应为基础的自动调节状态，因而也是儿童心理获得发展的最主要的决定性的因素。综上所述，可以看到图式是皮亚杰理论体系中的核心概念，它也泛指心理结构，图式是发展的，发展的本质是适应，它体现为平衡。平衡是一种前进的过程、良性的状态，它以自动调节为基础，而同化、顺应的机制则是实现自动调节的关键。所以在皮亚杰看来，心理发展永远是一个新同化旧和旧顺应新的主动而有组织的过程。

皮亚杰认知发展理论所揭示的同化、顺应的原理为心理现象本身所包含的内在矛盾——新需要与旧结构（原水平）之间对立斗争、相互作用进行的方式亦即心理机制提供了很好的理论说明。心理发展始终是新需要同化于旧结构、旧结构顺应于新需要，是同化、顺应相互交替，波动起伏，从量变到质变不断前进的过程。例如，一个小运动员在教练指导下练习乒乓球的基本功。教练员先教他推球握拍的动作要领，然后选择最佳落点，把球"喂"给小运动员让他逐渐领会手腕用力，经多次重复、同化、形成推球的动作结构；继之，在最佳落点的左右前后，先小范围，后大范围，要求小运动员推球过界，这就是新刺激（新需要）纳入旧结构，亦即同化，是（推球）图式量变的过程，也是动型巩固的过程。经过一段时间练习后，教练员选择适当时机给小运动员一个下旋球，他继续运动用推球手法，势必使球落网。当新刺激不能被现有图式同化，并且又那么逼人注意，以至不能被忽视时，调节就发生了。他深感不能不改变动作的结构，但是如何改变？或许感到迷惑不解，怎样才能把球击回对方呢？这又是一种新的需要，在教练员点拨下，外因通过内因起作用，他很快学会了改推为搓的动作，这就是顺应。顺应导致图式发生质变。当然这种质变也不是孤立地发生的，它必须以一系列先前的变化为基础，比如，站位、收腹、双脚移动、小臂挥动等等，不过这些动作是在推球的练习中已被巩固了的。从推到搓，包含了无数习得技能的迁移。唯有以一系列细微的量变、质变为基础，比较明显的新质才有可能发生。小运动员的运动技术、或说心智能力、认知结构、心理水平就是这样在新同化旧、旧顺应新的主动而有组织的过程中逐渐走向成熟。

同化是新刺激纳入旧结构，需要很好领会；顺应是旧结构适应新刺激，需要很好调整。不论是领会还是调整都不是盲目的、自发的进程，都必须在新需要主导下，使整个内部状态充分活跃起来。以领会新知识为例，理解的实质就在于把新知纳入一定旧知的体系，如果已形成的知识体系未能充分活跃，那么，新知也就难以有所依托。从发展的角度看，儿童、青少年应适应社会和教育不断提出的新要求，如果出现排斥、僵化，发展就难以顺利地进行。所以在心理发展中，领会、调整就是主观努力的集中表现。正是在这个意义上，我们说主观努力是心理发展的关键。

心理发展是一种适应社会要求的前进性的变化，遗传成熟、环境教育、实践活动是制约这种变化的三个要素，其根本动因来自心理活动本身的内在矛盾，即新需要与原水平（旧结构）的对立斗争，实现转化的机制是同化、顺应。个性积极性、主观能动性集中表现在领会、调整中所付出的努力。

三、心理发展的规律

心理发展是一种前进性的变化。一个人从出生到成年，从软弱无能的生物个体变成独立自主的社会成员，其间经过了漫长的历程。这个发展过程是怎样进行的呢？

（一）心理发展的特点

个体心理发展显示出一个基本的特点。这个特点表明：个体心理的发展始终是一个从量变到质变，从低级向高级，连续、有序的进程。

心理发展是量变到质变的过程。首先是逐渐的、点点滴滴的量的积累，当这种量的变化积累到一定程度时，就会发生质的变化，当新质要素不断聚集，并居主导地位后，就会逐渐产生更高层次的反映形式。比如，初生婴儿只能对客观事物产生一些孤立的感觉，即使最简单的奶瓶，对他来说，也需要经过多次的感知后，也就是点点滴滴的量的积累后，才可能凭借过去经验的参与，进而以知觉的形式来反映事物的整体。只有当他接触了无数的事物，积蓄了大量的表象、加之与词的结合、产生了丰富多采的观念后，才有可能以抽象思维的形式来反映某些事物本质的属性，形成一些基本的概念。这种从感觉到知觉，到思维的发展就是个从量变到质变、从低级向高级逐渐发展的过程。心理现象中，从低级向高级发展的，诸如从机械识记到意义识记；从再造想象到创造想象；从形象思维到逻辑思维的发展；从注意的无组织定向到有组织定向；从动机的直接兴趣到间接兴趣的转化；从生物性需要到社会性需要；从习俗道德向自律道德水平的提高；从少年“成人感”的产生到青年独立性的发展等等，更是不胜枚举。心理就是这样，不断地从量变到质变，从低级向高级，持续有序地向前发展的。

从量变到质变是个飞跃。从新质的产生到居于主导地位，是一种量的积累；随着新质积聚的与日俱增，导致一种更新质的发生，则是一个突变。从一个突变到另一个突变的产生，其发展往往需要经过一段时间，它显示出阶段性特点，每个年龄阶段都有跟其他年龄阶段不同的特点。这种不同年龄阶段中所表现出的不同的心理特点，就称之为年龄特征。由于发展是持续有序的，每个新质都以先前质素为基础，每个阶段的始末，就必然含有相邻阶段的类似特点。所以，发展中的心理是既有连续性又有阶段性的。所谓儿童心理年龄特征，它所指的就是在一定社会和教育条件下，在儿童发展的各个不同年龄阶段中形成的一般的、典型的、本质的心理特征。

(二)年龄阶段的划分

心理发展的阶段性是客观存在，但是如何正确地、科学地对年龄阶段进行划分，首先面临的是划分标准的问题。

有的以种系演化作为划分标准，施太伦的分期可以作为代表。他把儿童发展分为幼儿期(6 岁以前)，是从哺乳类动物到原始人类阶段；意识的学习期(从入学到 13 岁)，是人类古老的文化阶段；青年成熟期(从 14 岁到 18 岁)，是近代文化阶段。有的以生理发展作为划分标准，最典型的是柏曼关于以内分泌腺作为分期标准的意见。他把儿童发展分为：胸腺期(即幼年时期)、松果腺期(即童年时期)、性腺期(即青年时期)。前者以“复演说”为根据，不可否认个体发展史和种系发展史确实存在着一定的联系，但是把它们完全等同，就必然引向生物决定论(预成论)；后者注意到生理方面的因素当然是必要的，但是把心理发展看成是纯由生理所决定，显然也是不对的。

当代西方比较流行的观点是：1. 以智力或思维水平作为划分标准，皮亚杰的分期可以作为代表。他把儿童心理发展分为：感知运动阶段(0～2 岁)，前运算阶段(2～7 岁)，具体运算阶段(7～12 岁)，形式运算阶段(12～15 岁)。2. 以个性特征作为划分标准，埃里克森的分期可以作为代表。他提出了一个从摇篮到坟墓，作为毕生过程的 8 个阶段的系列，被称之为心理社会阶段：依赖对怀疑（0～1岁），自主对羞怯（1～3岁），主动对内疚（3～5岁），勤奋对自卑（5～12岁），认同对混乱（12～18岁），亲密对孤僻（18～25岁），繁衍对停滞（25～65岁），完美对绝望（65岁以上）。智力（或思维）是心理发展中的核心部分，以此作为划分标准，虽也有可取之处，但似有以偏概全的弊端。以个性特征作为划分标准，具有更大的概括性，但缺乏科学的严谨性。这一阶段理论，尽管已使人们对一生中可能遭遇的种种问题引起广泛的重视，但是迄今为止还没有得到实验证据的支持。在有关人格的本能性问题上，埃里克森与弗洛依德是一脉相承的。

前苏联心理学家按照"意识和活动统一"的原理，提出以活动特点作为划分标准。达维多夫的分期可以作为代表。他把儿童心理发展分为：直接的情绪性交往活动（0～1岁），摆弄实物活动（1～3岁），游戏活动（3～7岁），基本的学习活动（7～11岁），社会有益活动（11～15岁），专业的学习活动（15～17岁）。这种划分可以看出儿童心理发展的整体面貌，但每个阶段的划分还缺乏一种确切的标志。

我国著名儿童心理学家朱智贤根据辩证唯物主义关于发展是量变到根本质变的转化的普遍原理，提出以每一时期儿童心理发展的特殊矛盾或质的特点作为主要根据的划分标准。并且进一步指出这些质的特点主要表现在儿童的主导活动、智力水平、个性特征以及生理发展和言语水平等方面。他把儿童心理发展分为：乳儿期（从出生到满1岁），婴儿期（从1岁到3岁），学龄前期（从3岁到6、7岁），学龄初期（从6、7岁到11、12岁），少年期或学龄中期（从11、12岁到14、15岁），青年初期或学龄晚期（从14、15岁到16、17岁）。但是，由于我们对儿童心理发展上的这些特殊矛盾还揭示得很少，所以年龄阶段的划分依然是一个亟待研究的重要课题。

（三）年龄特征的实质

儿童青少年心理年龄阶段性特征是从许多具体的、个别的儿童青少年心理发展的事实中，从丰富的教育工作经验和大量的心理学研究材料中概括出来的。是一般的、本质的、典型的东西。一般说，在一定的社会和教育条件下，这些特征具有一定的稳定性或普遍性。如阶段的顺序、每一阶段的变化过程和速度，大体上都是稳定的、共同的。但另一方面，由于社会和教育条件在儿童身上起作用的情况不尽相同，因而在儿童心理发展的过程和速度上，彼此之间又必然产生一定差距，这就是所谓可变性。

年龄特征的稳定性和可变性是由一定内外条件所决定的。人脑是心理的器官，脑重量、容积的变化，脑电波逐步发育、脑中神经联系的建立，两种信号系统的协调，其进程都显示出一定的次序和阶段性；现实是心理内容的源泉，客观环境、世界图景乍看起来是五彩缤纷、千变万化的，但它提供给儿童青少年的生活条件却总是具体的。每个人出生后都处于一定的生活空间，家庭、学校、社会都以一定层次性的影响作用于儿童青少年；反映是心理活动的形式，儿童青少年作为反映活动的主体，在不同社会、不同阶段又几乎都具有相似的主导活动。他们都经过了从游戏向学习再向工作转化的过程；特别是在学习活动中，由于人类知识经验本身其丰富发展的过程就具有内在的逻辑性，因而更要求学习者的心智能力与之相适应。总之，生理发育的阶段性，社会影响的层次性，主导活动的顺序性，掌握知识的逻辑性，这些特性对于每个成长中的儿童青少年来说都是共同的，正是这些共同性决定了年龄特征的稳定性。至于各人因遗传素质不同、生活条件各异、特别是主体活动的性质、范围、内容和要求又都有所不同，导致心理品质的差异则是势所必然的。任何一般都只是大致地包括一切个别，而任何个别又都不能完全地列入一般。所以，年龄特征的稳定性和可变性是辩证统一的，它体现了共性和个性的关系。

我们必须全面地、辩证地理解儿童心理年龄特征的稳定性和可变性的相互关系。只有这样才能抓住年龄特征的实质，并以此作为教育工作的出发点，提出适当的要求，不断引导他们积极前进。

第二节　少年期的心理发展

少年期指 11、12 岁到 14、15 岁这个年龄阶段，处于这个年龄阶段的少年多数在普通中学，有的在竞技体校或业余体校学习，相当于初中教育阶段，所以称之为学龄中期。

少年期是告别幼稚走向成熟的过渡时期。少年的主导活动仍然是学习，但是学科的门类比以前显著增多，集体生活的影响力进一步加强，生理方面出现前所未有的质变，特别是号称“三把钥匙”的激素（生长素、促甲状腺素、性激素）使人体增高变重，使新陈代谢加强，使性腺门户启开，形成了一生中迅猛发育的“第二高峰”，这种急剧的转变，给他们心理带来巨大的冲击，并产生深远的影响。少年期是一个半幼稚半成熟的时期，是独立性和依赖性、自觉性和冲动性相互交错、充满矛盾的时期。有的甚至认为这是个体发展史上的“危机”时期。少年期的某些特点的确会给教育工作带来一定的困难，但是只要我们能够针对特点，因势利导，采取正确的措施，同样可以化险为夷，顺利引导他们向着健康成长的道路前进。

一、少年期自我意识的发展

自我意识并非与生俱有。人只有在社会交往中，随着语言的掌握、思维的发展，才逐步把自己从客观世界中区分出来。它的形成经过了漫长的历程。人在出生的第一年，谈不上什么自我意识，只有当他知道自己的名字，真正掌握代词“我”的时候，才开始了自我意识的萌芽，它约起于1岁而成于3岁。幼年期儿童能够意识到自己是游戏的主体，并开始对自己、他人的行为进行评价。而童年期儿童的评价已初步开始指向行为动机、个性品质，自我评价的独立性、原则性、批判性也得到了一定的发展，自我意识算是初步形成。

美国心理学家R·罗律别尔格曾对三个年龄组(即8～11岁、12～14岁、15～17岁)学生的自我形象进行了比较研究，发现少年期(指12～14岁组)是自我意识发展的关键时期。自我意识包括三种成分，少年人的物质自我、社会自我、精神自我三个方面都发生了急剧的转变。

(一)成人感的产生

物质自我是个体对自己躯体和外部世界中一切属于他的部分的反映，其中体态容貌更占据重要的地位，是自我的基础部分，人的体态随生理成熟而变化。少年的生理成熟进入青春发育期，这是个体生长发育的第二高峰期，作为综合生长指标的身高体重陡增，心血管系统、神经系统都有明显发展，尤其是胸腺急速萎缩、性腺骤然活跃、性机能开始成熟，导致第二性征出现崭新变化。这种主体客我的变化，诱发了人类所特有的精神结构的分化，引起了物质自我的增强。成人感的产生就是少年物质自我显著增强的一个重要标志。正如有的学者所指出的那样：人在很小的年龄就注意到肉体的自我，在出生后6个月左右就开始对自己的镜中像感兴趣了，然而用充分发展了的意识来面对自己的身体，乃是从少年期开始的。发展理论把人关心自己身体发展阶段称为“镜像阶段”，如果把出生后6个月的这一阶段叫做第一镜像阶段的话，那么，少年期便可称之为第二镜像阶段。事实上，大多数青春少年，无论出于自我喜爱还是自我厌恶，都曾不厌其烦地在镜子面前耗去大量时光。

由于体态的变化，少年有感于颇具大人的模样，因而萌生尊重的需要，期望周围人都能以对待成人的方式礼貌地对待自己，过去长辈对儿童亲切的抚摸（如摸头）可能再也不会给他带来喜悦，相反还会引起少年的反感。由于身体机能逐渐成熟，体力显著增强，运动能力也迅速提高。根据日本一项调查表明，尤其是男生运动能力的发展，大约从13～14岁更出现陡增的趋势。他们自感精力旺盛，常幻想干一番惊天动地的事业，极力模仿成人的风度和气派。体力与自信同步增长，少年强烈地追求表现自己，随着活动范围的扩大，促使完成各种活动任务的胜任感增强，他们开始发表自己的见解，希望得到他人的认可、称赞，他们主动承担一些任务，还往往表现为不畏风险、不怕困难。这些都反映了少年蓬勃朝气、积极向上的精神风貌。

值得注意的是生理方面急剧的转变，往往也会给少年带来迷惘惆怅，产生一些消极的影响。他们对自己身体变化的关注有时甚至达到过分的程度，加之对形体外貌美的标准往往不切实际，要求过高，结果造成对自我形象产生不满，少男常因脸上粉刺而不安，少女更为体态肥胖而惊恐，终于陷入自卑烦恼。由于性机能开始成熟，性意识觉醒，对异性自然产生兴趣和接近的倾向又为青春期特有的羞怯所阻挡，因而出现一种表面回避而内心憧憬的心理冲突，导致情绪骚乱；有的则因受不良影响或诱惑，而在两性关系问题上误入歧途。有的研究发现，初中二年级是最容易出现性作风败坏的关键期。因此，教育者必须在组织丰富多采的文体活动、建立团结友爱的班级集体、避免不良刺激的腐蚀影响等方面采取有效措施，以便引导他们把主要精力集中于学习和训练上。

（二）评价能力的提高

社会自我是个体对自己被他人或群体所关注的反映，是对他人或群体对自己的期望、赏识、尊重的估量或猜测，也是对自己在他人心目中地位的揣度。

少年的社会地位和儿童似乎区别不大，他们都是在校学生，主导活动都是学习。但是中学集体和小学集体在功能作用、运作方式上有明显的不同。尽管从童年起，他就开始走出家门，步入学校，积累了一定的集体生活的经验。可是，从中学开始，教师、班主任已不像小学教师那样具体、细致地照顾每件事，在很大程度上是通过积极分子来实现对班集体的组织和领导。中学的集体活动有更鲜明的主题，在目的性、计划性、组织性、成员投入的程度上，比之小学已有质的区别。他们更多以任务为中心，形成一种新的人际关系格局。因此，对每个成员的评价能力也提出了更高的要求。

一个人的评价能力不仅直接关系到个人与集体的和谐相处，而且也影响到他在集体中的地位和作用。少年的评价能力是逐步发展的。评价能力包括相互联系的两个方面：一是评价他人，二是评价自己（自我评价）。经验表明，少年先是学会评价他人，然后才过渡到评价自己。很多研究指出：随着抽象思维的发展，阅读范围的扩大，儿童期集体生活的熏陶，在评价他人方面，少年已从着眼于人的外部行为转而指向对人的内心世界的关注，即指向于人的行动动机、心理特点、个性品质的关注。这是成长中的一大进步。但是评价别人不等于评价自己。少年自我意识的发展主要表现在学会评价他人品质的基础上，能自觉地把自己的品德与他人作比较，并以团体要求为参照，学会用别人的眼光来看待自己。尽管还很不完善，甚至说是刚刚开始，但却是发展中一个重大的质变。这是进一步摆脱自我中心，加速实现社会化进程的一个转折点，也是社会自我发展的一个里程碑。能以人为镜意味着自我评价的能力在提高，自我批评的精神在发展，这对少年心理的稳定性、自尊心、自主性、社交性、甚至自我结构的发展和深化都将产生深远的影响。

显然，少年的评价能力较之青年或成人还是很有限的。片面性、不稳定性依然是少年主要的弱点。一个具有很多优点的人，可能由于一次小的过失而失去少年的信任，或者相反，一个有很多缺点的人，也可能由于一次小的成功而获得少年的信任。少年对待自己也有这种情形，由于一次小的过失，可能愧悔不已，也可能由于一次小的成功而得意忘形。他有时可能过分夸大自己的能力，以致觉得自己了不起，有时又可能过分低估自己，因而显得消沉。缺乏客观性也还是少年的一个特点，评价他人比较清楚，而评价自己显得模糊。由于自我评价还具有心理维持的功能，具有良好自我的愿望，有时会促使人夸大自己的优点，而低估自己的缺点；有时觉察到自己的不足，但又时而为周围人对自己已形成的不良印象的忧虑所掩没。正是这些弱点和特点，给教育工作带来了一定困难，所以教育者对少年的评价务必恰如其分。既要肯定他以人为镜，自我批评的精神，又要耐心而委婉地指出其不足。只有这样，才能扬长避短，因势利导，帮助他以正确的态度来对待他人的期望和尊重。

（三）矛盾冲突的激化

精神自我是个体对自己全部心理活动的反映，是自我的核心部分。少年的生理成熟以异常迅猛的速度发展，而社会成熟则因正处学龄中期，所以还需要经过一段很长的社会化历程。前苏联心理学家伊·谢·康曾把这种生理成熟和社会成熟在时间上的不一致称为"发展的异时性"，正是这种"发展的异时性"决定了少年心理发展的基本矛盾。基于生理成熟，成人感油然而生，他们时常以成人自居，但周围人又始终不把他看成是成人。伴随成人感的产生，少年新的需要、新的抱负与日俱增，总想独立、自主、自尊、自强，希望一切都由自己来。然而在现实生活中，要满足这些需要，不论从客观上，还是从主观上来看都还没有提供足够的可能。这使少年心态处于极端矛盾之中。有的研究指出：少年期最有价值的心理成果是发现了自己的内心世界。这种个体发展史上的新成果不亚于人类发展史上哥白尼的新发现。发现自己的内心世界是一个激动人心的事件，但是，当发现自己的内心世界是充满矛盾的时候，少年自我又不能不体验到一种紧张的威胁。显然，混乱不安是少年精神自我的基本特点。由于心理发展的根本动因在内部，所以，内心世界的极端矛盾，既是少年自我的基本特点，也是少年心理进一步发展的源泉。少年的心理矛盾主要表现为如下几个方面：

1. 独立性与依赖性的矛盾

随着知识经验的增长，活动范围的拓宽，尤其是伴随成人感的产生，驱使少年以满腔热情投入新的天地。

法国心理学家B·扎佐等曾向5～10岁的儿童提出问题，要求他们回答：从年龄来看，自认为自己是“小孩子”、“中孩子”、“大孩子”。结果表明：学前儿童倾向于同更小的孩子相比，认为自己是“大孩子”；学龄初期儿童因为有现成的学年级别标准，大多数儿童认为自己是中间偏大；从11、12岁开始，他们在比较年龄大小时，立足点发生了转移，更多倾向于以成人为参照点，自认为自己是“小孩子”，因为尚未自立。以成人为参照，这是少年心态的一种质变。

自己的问题自己判断，自己解决，这种独立自主的愿望变得越来越强烈。鉴于少年的知识经验，生活能力远未达到社会成熟的水平，完全独立又不可能，这使少年自我体验到巨大的不安，诚如霍林沃斯所指出的，就象乳儿期生理性断奶一样，少年将感受到一种特有的心理性断奶的紧张。然而独立性已是不可逆转，从少年期开始，他们更把同龄层的朋友、伙伴组织的群体作为自己依存的对象。这时，他们能否被接受，关注的已不是成人而是伙伴，班级意识、伙伴意识得到了显著的增强。这既使少年紧张的心情得以舒缓，同时又使他在社会化进程中获得了一种前进性的变化。

2. 自尊心与自卑感的矛盾

成人感的产生，使少年时以成人自居，因而期望他人给自己以成人地位的尊重需要亦随之增强。少年的自尊心首先是对这种尊重需要的反映。由于外表形象在少年自我中占据重要地位，所以，少年的自尊心常与自我形象相联系。生理上的迅速成熟，使他们似乎突然长高长大了，不论是形态或者是体能都得到前所未有的发展，这些无疑是少年取得自尊的本钱，然而也正是这种快速增长，使机体各部分之间以及整个有机体与环境之间暂时失去了平衡，致使一些动作不灵巧、不协调，甚至有些笨拙，这又足以使少年感到自卑。少年期常见的腼腆表情正是少年自我特有的自尊和自卑矛盾冲突的显现。

有的研究指出：12～13 岁少年更爱作自我观察和以我为核心，但自我形象很不稳定，整个自尊心也有所下降。自尊心不强的少年对于一些注定要触犯他们个性的东西特别敏感，他们对待批评、开玩笑和责怪容易产生痛苦的反应。如果他们在活动中没有取得某种成果或者发现自己某个缺点，往往反应强烈，尤其对他们不公正的评论更是忐忑不安，更何况以社会成熟的标准（如毕业、就业、经济独立等）来衡量，他们期望马上取得成人地位委实相距甚远。所以，少年的自尊心实际上是脆弱的。

尽管少年的自尊心是脆弱的，而且最初还是由模糊不清的成人感所促成，但他们的自尊心却是强烈的，而自尊心是一种与自信心、进取心、独立性、责任感、荣誉感密切联系的积极的心理品质，是使人具有高尚行为和尊严的要素，也是推动一个人不断前进的动力。有人把自尊心称为“精神的生存者”，它是一个人整个精神风貌的支架。所以，自尊心强烈存在这一事实本身就是少年精神自我在发展中的一个重大进步。教育者一定要十分珍惜、细心维护、积极扶植少年的自尊心。经验表明：吸引少年积极参加一些有益活动，让他们旺盛的精力、聪明才智能有机会得到发挥，使他们人中体验到成功的喜悦，感受到人生的价值，这是促进少年自尊心健康发展的有效措施。

3．反抗性和屈从性的矛盾

少年强烈要求独立，对很多事都希望按自己的设想去处置，但周围的成年人，首先是父母、教师一般都认为他们还存在很多不足，因而对少年作出了种种限制，于是引起了他们的反感。日本扇田等曾对初中生作过调查。要求他们与小学阶段相比较，说出自己意识的变化。40％以上的学生都认为："现在常常因为被父母说了什么，感到受了干涉而生气"。（男40.3％，女43.7％）。反感的积累导致了反抗。正如杰西德所说，他们开始了为从父母的束缚中解放出来而战斗的新时期。

有的研究指出，对父母显露出反抗态度这一倾向大致从12岁开始，到15岁前后的两三年尤为显著。与此同时，学生试图摆脱教师权威而采取对抗态度的倾向也有明显的增加。"逆反心理"是少年期的普遍现象。由于不成熟，他们有时表现为缺乏理智、虚张声势的冲动，不过更多是以消极屈从来表示逆反；由于不能完全摆脱依赖，少年因为反抗又常使自己陷入不安，甚至造成内心的罪恶感。所以，少年的反抗往往是一种谋求独立的呐喊，对此，作为教育者、长辈，对他们不应过多地指责，而应理解、抚慰、开导和帮助。

4．理想自我和现实自我的矛盾

无忧无虑的童年生活着眼于现在，少年开始把目光投向未来，他们对未来充满美好的憧憬，希望把自己融入未来，干一番轰轰烈烈的事业。随着知识增长，视野拓宽，科学家、艺术家、英雄、模范、影星、球星都可能成为他心目中的榜样。少年最富于幻想，这是自我发展中一个重大的变化。

很多研究指出，中学生理想的形成大致可以分为三个水平：一是具体形象的理想，二是综合形象的理想，三是概括性的理想。初中生，尤其是初一、二年级学生的理想大多数是一些具体形象的理想。由于认识比较肤浅、模糊，所以，自觉性较差，有时动摇不定。他们常说："每当我看电影时，就被先进人物的高大形象所鼓舞，但做起来又觉得有许多困难"，"家长、老师总是鼓励我奋发图强，有所作为，但一遇到困难，又有点泄气"，有的少年甚至说："我在自己的观念里是天才加渺小"，这些都是少年理想自我和现实自我矛盾的反映。

值得注意的是这种意识中的矛盾性既是发展的动力，也是危机的信号。因为这种矛盾的冲突既可能使改变现实自我向理想自我发展，也可能使少年遭受挫折，丧失自信。美国心理学家埃里克森认为从少年(12 岁)开始进入人格发展的第五阶段，这是人生中一个重要的转变时期，其发展的任务就是要取得一种"自我认同性"，如果这个转变解决得不适当，就会隐藏着一种危机，导致"角色混乱"，而"角色混乱"则是青少年罪犯中常见的症状。所以，如何使少年自觉地去尝试体验各种角色，不断调整抱负水平，使"现实自我"去接近"理想自我"，达到积极的自我认同，是教育者面临的一个重要课题。

我国古代思想家老子说："知人者智，自知者明"。自我意识是人类特有的心理现象，是个性形成水平的标志，也是推动个性发展的重要因素。随着自我意识的发展，个体的心理活动越来越多地被置于自我的监督与调控之下。少年自我突变性的发展给少年的心理活动赋予了一定新质的特点。

二、少年期认识能力的发展

认识能力或认知能力，也称智力。中学生的学习活动比之小学时期发生了一些本质的变化，由于学习内容日趋复杂、深刻，不但学科有了很大的分化，而且各科教材接近科学体系，因而对学习方法也提出了更高的要求，不但要求有更高的抽象逻辑思维水平，而且要求有更高的独立思考能力。伴随少年自我意识的迅速增强，初中生的智力水平也得到很大提高。

一些研究指出：初中一年级和小学高年级比较其智力类型及水平都差不多，但初中二年级则是智力发展的新起点，是产生质变的关键期。少年智力的发展主要表现为如下几个方面：

（一）观察力的发展

观察力以感知能力为基础。初中阶段由于各科教学和各种活动都要求少年能够更精确地辨别和分析外界事物，因而使他们的感受性得到很大的提高。根据研究材料，初中生区别各种色度的精确性比小学一年级儿童要提高60%以上，对音阶的辨别已有很高的准确性。到15岁前后，视觉和听觉的敏度甚至可以超过成年人。少年的其他各种感觉，特别是关节肌肉感觉，通过写字、绘画、制图和体育等活动已得到了高度的发展。初中阶段，少年的时空知觉又有了新的发展，在空间知觉方面，直观的空间知觉带有更大的抽象性。通过几何、地理、物理、绘画等学科的学习，逐步学会在抽象水平上去理解各种图形的形状、大小、方位。他们已经能够比较熟练地掌握三维空间的相互关系以及图形的透视关系等，宏观的空间观念已经逐步形成。他们已经掌握各种地理空间的相互关系并形成关于地球、世界、宇宙等空间表象。在时间知觉方面，他们能更精确地理解一些较短的时间单位，如月、周、日、时、分等。研究材料表明：对1小时这一段时间的理解小学生只达到80%，而初中生已是100%的正确，对于各种事物或现象时间顺序的知觉已逐渐完善，对较大的历史时间单位如纪元、世纪、年代虽然往往具有缩短的倾向，但是已经能够初步理解其基本意义。

观察属随意性知觉。小学生的观察力已有一定的发展，但是其观察目的往往是由老师或家长提出的，观察时间往往随他们的学习兴趣而定，观察中，对现象关心多，对本质的和主要的属性则理解得少。而进入初中后，少年观察的目的性、持久性、概括性都得到显著的发展。他们从被动地接受教师、家长的任务而进行观察逐步发展到主动的制定观察计划，进行有意识的观察。观察的持久性随着注意随意性的提高而得到进一步的发展。一些心理学家认为：在适当的教学条件下，少年稳定地保持注意40分钟，是毫无困难的。有人统计了一个由不同年级组成的区级航模组，在一项寻找飞机模型故障的观察中，初二组的少年已能平均坚持长达1小时35分之久。观察是思维的知觉。国际著名的心理学家皮亚杰曾做过关于液体混合产生不同颜色反应的实验，我国学者也作过类似性质的研究，都发现14.5岁少年或初二年级学生是观察力的概括性发展的一个转折点。正是以这种概括的思维去观察才有可能使少年获得对事物规律性的认知。

（二）记忆力的发展

少年的记忆总的说是沿着智力化方向发展的转变期。

从记忆的目的看，有意识记的主导地位虽说从小学三年级开始已有显著的表现，但小学生有意识记的任务往往是由教师提出的。初中生有意识记的突出特点是逐步学会根据不同教材内容由自已提出识记的目的任务，到二、三年级则更能自觉独立地检查自己记忆的效果。观察表明记忆的随意性常是优等生的重要特点之一。

从记忆的内容、方法看,日本学者大西在1938年曾将记忆内容分为三类,即材料、形式和意义三种,并调查了随年龄变化而呈现的发展趋势,结果表明:材料记忆发展得最早,大约在10岁以前发展得最为迅速,约自13岁起,处于停滞状态,随后是形式和意义记忆依次发展,他认为11～14岁是从材料记忆向意义记忆发展的转变期。

数字是抽象的符号,斯梅德利1902年研究了听人朗读记忆数字(听觉性记忆)和看数字记忆(视觉性记忆)在发展上的差异。结果发现:8岁以前听觉性记忆占优势,9岁以后则视觉性记忆开始占上风,13、14岁,这两种记忆显然都迅速发展,但视觉性记忆比之听觉性记忆已明显占优势。有的研究指出:少年由看过而记住的东西,比由听过而记住的东西多1.66倍,说明少年期还是记忆从听觉型向视觉型发展的转变期。

日本学者桐原1944年运用再认方式调查了记忆的发展。其具体做法是在30秒内呈现25个图形,然后再展现包括第一次出现过图形在内的50个图形,让被试再认其中曾经出现过的图形。结果表明:这种记忆的发展,女生在12岁,男生在13岁达到顶点,之后逐渐下降。而逻辑记忆则获得迅速发展。

一般认为直观形象识记属机械识记范畴,而意义识记是指对概念、公式、定理、定律等抽象材料或词语材料的识记,它以理解为基础。虽然小学四年级学生理解性识记已有明显的进步,但作为一种学习方法的技巧,则是到中学才得到迅速的发展。少年的意义记忆,抽象逻辑记忆已进入了一个迅速发展的新时期。

（三）思维能力的发展

思维能力是智力的核心。我们通常把智力理解为对环境的适应力。由于客观世界的运动、变化、发展存在着固有的规律性，这就决定了作为反映客观现实的思维必然具有一定的结构性。大量的观察、实验研究表明：思维结构是由外部实践活动经内化、深化、简缩而形成，语言在实现这个转化中起到了重要的作用。思维结构非常复杂，一般认为它至少包括如下因素：即思维的目的、思维的过程、思维的材料、思维的监控、思维的品质以及思维中的智力因素与非智力因素等，思维能力就是由这些因素有机结合而组成的一个完整的结构。它具有整体性、转换性、自调性三个基本特征。思维能力的发展实际上就是整个思维结构的发展。

儿童青少年思维结构的发展，目前国内外学者一般认为大致都要经历如下三个阶段：1. 直观（感知）行动思维；2. 具体形象思维；3. 抽象逻辑思维，这个阶段又可以分为初步逻辑思维、经验型逻辑思维和理论型逻辑思维（包括辩证思维）。

瑞士心理学家皮亚杰认为 11～15 岁的少年，其思维能力已超出了所感知的具体事物，表现出能进行抽象的形式推理，进入了“形式运算阶段”。美国心理学者一般认为，皮亚杰认知发展理论经过近 40 年实践的检验，基本上已被证明是一种科学的理论。前苏联心理学家对皮亚杰提出的 11、12～15 岁少年产生假设——演绎思维时期的理论也很少表示异议。我国学者曾对中学生运用逻辑法则的能力进行了测试，结果表明：初一年级学生在掌握三类逻辑法则（矛盾律、排中律、同一律）方面，其正确率已达到 68.26％；在解答形式逻辑思维的试题时，其得分的百分数已超过一半（55.5％），尽管形式逻辑和形式运算并非同义词，但当他们在解答需要抽象逻辑思维才能解答的形式逻辑试题时，已主要能运用抽象逻辑来进行思考，而不是主要运用具体形象思维来解答问题。这说明少年确已进入了形式运算时期。

逻辑是思维的一面镜子。为了深入了探讨少年期逻辑思维的发展，我国学者曾作了大量的研究。研究中发现少年抽象思维的发展似乎具有一些明显的趋势。它突出表现在如下三个方面：(1)掌握抽象字词概念发展的趋势是，初一学生大多数处于从功用性的定义或具体形象的描述水平向接近本质的定义或具体的解释水平转化的阶段。说明他们的思维，在一定程度上还依靠直观的、具体的内容。而向本质定义水平的转化则始于初二年级。对概念的分类能力，虽从小学四、五年级已开始发展，但水平很低。初一学生大多数仍然仅能从事物的某些外部特征或功用特点来说明分类根据，阐述中还掺杂着较多的感性经验。而从初二年级起，在概念分类时，则有超过半数已达到二次组合分析的水平。对复杂概念(如谚语、成语)的理解，初一年级大多数仍受具体经验局限，只能作接近本质的形象理解。比如“朝三暮四”一词，在他们看来主要是指自已欺骗自已，自作聪明，而从初二年级起 70%以上的人都能摆脱故事具体情节和生活内容，充分领悟成语的隐义或转义，指出常用以比喻那些反复无常的人。(2)关于形式逻辑推理能力发展的趋势是，初一年级学生已开始具备各种推理能力；归纳推理和直言推理的正确率已分别超过 60%和 70%；在推理运用水平的测试中最容易掌握的项目和排除推理中的干扰，其合格率已达到 69%。但是，这种能力还只是初步的，比如，假言、选言、复合、连锁等演绎推理和运用推理解决问题的能力还比较差。前者得分都不到50%，后者得分则不到20%。然而初三的推理能力比之初一却已有质的差别，演绎推理的得分开始接近60%，而运用推理解决问题的能力已有明显进步，它突出表现为以假设推理去解决问题的能力得到了很大的提高。根据北京地区材料，在完成类似皮亚杰关于通过颜色混合判断溶液性质的作业时，50%以上的人都能够根据试管签号，有序进行合理匹配，从中找到正确的答案。(3)辩证逻辑思维发展的趋势是初一学生已经开始掌握辩证逻辑思维的各种形式，但水平较为低下。这跟他们所掌握、领会的知识带有常识性以及在学习和生活上还具有依赖性有关，文化知识肤浅，生活经验贫乏是少年思维容易产生片面性和表面性的重要原因。而到初三年级随着所学知识更具科学性，学习、生活逐渐克服依赖性，思维的独立性、批判性得到迅速增长。在解答辩证逻辑思维的测验中，其得分的正确率已从初一年级的37.94%，跃升为45.28%，辩证逻辑思维进入迅速发展的新时期。

综合大量研究，我国著名心理学家朱智贤认为少年期思维的主要特点是抽象逻辑思维虽然开始占优势，但思维中的具体形象成分仍起重要作用，他们逻辑思维仍需要感性经验的直接支持，所以很大程度上还属于经验型。而由经验型向理论型转化的新起点则始于初二年级。初二年级是少年期思维发展的关键期。

三、少年期情感意志的特点

(一)情感的特点

情感是以主体需要为中介的一种心理活动形式。初中生随着学习门类的增多生活范围的拓宽，仿佛把自己带进了一个更加广阔的世界，基于生理的成熟，伴随成人感的产生，少年新的需要与日俱增，他们总想独立自主，自尊自强。由于社会环境为少年健康成长创造了一定条件，所以充满热情、富有朝气成为少年情感的一个重要特点。在“成人感”“独立感”的驱动下，他们的社会高级情感得到迅速发展。然而客观现实对少年的种种需求往往难以提供全面满足的可能，这对他们在童年期所养成的经常获得满足的习惯，无疑是个重大的冲击，因而使少年的心态又处于极端矛盾之中。他们对父母很是依恋，需要关心爱护，可是当父母对他们表示深情疼爱时，往往又认为不该把他们当成小孩看待，由此产生反感。有时竟把成人正确的规劝也当作“监护”“控制”来反对，以至对父母产生莫名的怨恨。他们在集体里需要友谊温暖，但是对同学、朋友善意的批评，有时会误解为恶意的挑剔。强调“情投意合”，欣赏“江湖义气”，甚至拉小圈子，对逆我者萌生报复心理，对顺我者只顾相互包庇，以至把自己从集体里孤立出来。他们在前进中需要荣誉、鼓励。然而较难理解人们对自己寄于更高的期望和要求。他们可能为自己取得某点成绩而沾沾而喜，也可能为自己遭到某点失败而无地自容。他们可能一会儿为一件小事而狂欢，而一会儿又为一件小事而颓丧。少年情感好走极端，种种不稳定的情绪有时表露无遗，有时也会掩蔽起来。尽管他们已不再有破涕为笑的现象，会更多地出现时间延续较长的心境。但总的说少年情绪常常有冲动性，易激动，不善于自制，也难以预测，因而不少人认为少年期是令人操心的年龄。

造成少年情感两极性明显的原因，有的研究认为除了精神自我的矛盾性、思维认知的片面性外，由于青春发育期性腺功能显现、性激素的分泌会通过反馈增加下丘脑部位的兴奋性，使下丘脑神经过程总的趋势表现出兴奋性的亢进，因而与大脑皮层原有的调节、控制能力发生一时矛盾，使大脑皮层与皮下中枢暂时失去平衡，这可能是导致少年情感两极性明显增强的重要的生理原因。所以如何加强认知调节，端正对生活的态度，帮助少年顺利渡过情绪“危机”，使他们的身心得到健康发展是每个教育者所面临的重要而复杂的课题。

（二）意志的特点

初中生不论是各科学习，还是人际交往比之小学其复杂程度都大大提高。为取得良好的适应，客观上就要求成长的少年必须努力提高意志力。意志作为意识的能动方面，它以认知为基础，以情感为动力，还受个性倾向性所制约。由于少年自我充满矛盾性，思维容易产生片面性，情绪往往带有冲动性，这就使他们意志品质的发展在不同程度上受到了一定的局限。少年良好的意志品质只能在正确教育影响下通过积极实践而逐渐形成。

少年期意志的发展突出表现在以下两个方面：

（1）自觉性不断提高。意志行动的突出特点是目的性。中学生尽管能够依照自己的愿望和意图去采取有目的的行动，但在一定程度上，他们的行动还是根据教师、家长的言语指令来调节的，具有很大的依赖性，随着年龄增长，年级升高，初中生的依赖性虽然逐渐减少，自觉性有所提高，但行为动机的情境性、易变性依然存在。所以为了顺利完成某项任务或从事某种活动，外部的提醒和监督仍然是十分重要的。

由于独立性尚未成熟，易受暗示依然是少年的重要特点。有人曾经调查了北京市一些“流行性”活动，如玩弹弓、练飞镖，往往是“一处点火，四处蔓延”。20%的男生相互“启示”很快玩开，而且不计后果。但初三以后，这种现象很少出现。易受暗示固然是缺乏自觉性的表现，但它同时又是少年喜欢模仿的行为动因。模仿是对榜样的一种效法。榜样的力量是无穷的，它有时比规则、公约、批评更起作用。“学习雷峰好榜样”，曾激励和鼓舞着一代代少年的健康成长，充分说明了榜样的权威性。有人曾调查分析了100个中小学不同年级的先进班集体，研究指出：初中生能否自觉遵守纪律，在很大程度上由班风所决定。“班风”实际上也是个学生间相互效法，以致形成风气的问题。有人用问卷法调查了中学生对英雄、模范追求向往的心态，结果表明：初中生敬佩英雄、模范人物和向往成为英雄、模范的人数各占90%和84%。可见提供效法的榜样，引导提示自觉性，不失为培养少年良好意志品质的有效措施。

(2)自制力的不断提高。意志的突出特点是随意性。自制力是关于随意控制和支配自己行动的能力。有时表现为迫使自己去完成应当完成的任务，有时表现为迫使自己去完成应当完成的任务，有时表现为抑制自己的行动。儿童的自制力从小学三年级起虽获得显著的发展，但还是很初步的。如上所述，情绪的冲动性依然是少年的主要特点，青春期所迸发出来的激情，又增加了自我控制的难度。初一、二年级容易出现“乱班”，就是少年情绪冲动性、自制力薄弱的突出表现。随着情绪稳定性的发展，自觉性的提高，初三以后自制力得到逐步加强。冲动性作为自制力的反面，表现为任性、不能自控、不善调节，这显然是个弊端。冲动常伴随草率、冒失，有的少年为显示自己的成熟和力量，常常故意做出与众不同的冒险举动。他们往往把妄动当大胆，把鲁莽视为勇敢。例如，有个初中生对电炉丝挺好奇，问家长能否换成别的金属丝。家长怕他触电，厉声训斥。冲动、任性一时受到抑制，但不解决问题，等家长上班刚走，他就作“试验”，结果险些丧命。然而这种“冲动”是出自“好奇”。美国著名心理学家布鲁纳利用实验，研究了动机和效果的关系，并获得了意志行动的努力程度取决于动机的结论。他把动机分为两大类，一类是情境性的外在动机；另一类是内在动机。他指出：内在动机由人的 3 种内驱力所组成。它包括“好奇心”，“胜任内驱力”，“互惠内驱力”。“好奇心”作为内在动机的动力因素是强大而持久的。观察表明“好奇心”是初中生行为动机的一种重要的表现形式，是一种带有情绪色彩的认识倾向，遇事就要探究，在弄清“所以然”之前，别人越强行制止，他越要努力尝试。因此，教师、家长绝不能低估少年“好奇心”的作用。要善于分析他们好奇、好动、好问的特点，把握其苗头，引导好奇心，使之成为求知欲、理智感及良好动机的起点。随着思维批判性和深刻性的发展，少年的好奇心将从情绪的冲动性转化为强大的自制力。面对少年情绪的冲动性，教育者千万不可作简单的强制，重要的是要作具体分析，循循善诱，帮助取得成功。“使积极的奖赏多于消极的反馈”，这是培养少年良好意志品质必须遵循的一个重要原则。

总之，少年期是从童年期向青年期发展的过渡时期，是心理发展上半幼稚、半成熟的时期，是各种心理矛盾冲突较多的时期。因此，对少年学生和运动员的教育培养，就必须充分考虑到他们心理发展中的各种具体特点，采取多种行之有效的方法和措施，有目的、有计划地引导他们健康地成长发展。

第三节　青年初期的心理发展

青年初期指 14、15 岁到 17、18 岁这个年龄阶段，相当于高中时期，故称学龄晚期。这个时期的个体，身心发展趋于成熟，身体发育已接近成人水平。脑的结构和机能大体上已完备。由于身体营养供给的需要，促使血液循环和呼吸系统有了更大的发展，心肺继续增大；心脏的容积和血管容积之比达到 140：50(初生时 25：20，成熟时可达 290：61)；骨骼继续生长，男生肩膀变宽，女生骨盆增大，肌肉也随骨骼的变化而变长加粗。这就表明他们有更大的可能从事比较繁重的工作和激烈的运动。在此时期，性机能的发育已基本成熟，男女在体态上表现出明显的两性差异。由于性激素的大量分泌，使他们产生性生理冲动，对性体验敏感。性意识进一步增强，是这一时期生理变化引起心理变化的突出特点。

一、青年初期自我意识发展的特点

(一)要求深入地了解和关心自己的成长

青年初期的学生和运动员具有更为广泛的社会接触面，更为丰富的科学文化知识，懂得了更多的自然和社会科学发展的规律。同时，他们在家庭、学校和运动队中的地位也有了明显的变化，周围的人们都把他们当作成人看待。他们在生活、学习、训练中遇到的矛盾日益增多，他们还面临着对未来生活和专业、工作的选择。这些都引起他们长时间的反思。他们开始对人生意义进行探讨，思考自己在社会上将要成为一个什么样的人，自己的一生应该怎样度过。他们对于这些问题的思考常常在日记、作文或对亲密朋友的交谈、信件中表露出来。他们要求了解自己的性格和品德上的优缺点，敏感地关注别人对自己的议论和态度，非常关心自己的才能、性格和品德的成长，并经常从书刊上、名人传记或作品中选择一些警句和格言来督促自己、剖析自己。

（二）自我评价日趋成熟

少年期学生和运动员对别人和自己的评价带有很大程度的片面性、主观性、被动性和不稳定性。他们取得成就、遇到顺境时往往对自己评价过高，而遭受挫折、处于逆境时又对自己评价过低。青年的自我评价比起少年来则更现实、更客观、也更全面了。青年的自我评价比较具有连续性、整体性、主动性和稳定性。所谓连续性，是指他们能意识到自己的过去、现在和将来，把自我发展的现状和将来的远景结合起来，从而主动地评定自己的优缺点，发扬优点，改正缺点。所谓整体性，是指他们能对自己的整个心理面貌进评价，即评价自己的知识水平、智力特点，也评价自己的意志、性格特点，而且能从立场上、政治上对自己进行分析。他们的自我分析、自我评价不都是因为受到外力的推动，而往往是因为想使自己成为最理想的人，或者是因为受到挫折后主动自觉地展开的。这实质上是一种自我教育。

（三）自尊心的发展

自尊心是在集体生活中发展起来的一种积极的个性品质，是个人在班级、运动队或其他社会群体中希望受到别人的尊重并取得合格成员的资格与地位的一种意识表现。绝大多数青年都期望自己在集体中居于适当的地位，获得较高的评价，得到人们的重视。当青年学生和运动员意识到自己学习成绩良好、训练竞赛突出，自己为集体和社会赢得荣誉，从而引起人们对自己的肯定评价时，就更加深刻地体会到人的尊严感，自尊心就提高到一个更自觉的水平。因此，自尊心是与活动的成败相适应的，和成就感、自信心相联系的。一个青年运动员在比赛中不断取得成功，他的自尊心和参加体育运动的自信心就会不断提高和增强。但是如果自尊心过强，表现为妄自尊大、目中无人，在遭受挫折的情况下很容易转为自卑心。

（四）人生观的初步形成

青年初期是形成人生观的关键时期。青年人即将走向社会，面临着在事业、理想、生活、处世等方面的抉择。他们大多数人都要思考“人生到底是为了什么”这样一个严肃的问题。他们想要弄清整个社会发展的规律，确定自己的生活目的和意义。

世界观和人生观在心理结构中处于最高层次。它是在个人的大量认识和行为经验基础上产生的概括物，是指导个人认识和支配行为的最高调节器。它的调节作用在日常生活活动中不断克服内外冲突的过程中得以增强。

青年初期人生观的形成是复杂的，它既受到年龄及心理发展水平的制约，更主要的是受到社会生活各方面特别是家庭与教育的影响。而人生观一旦形成也会直接影响个性的发展。教育者必须有意识地将历史唯物主义的内容渗透在全部教学、训练与教育活动中，使他们懂得社会发展规律，懂得个人在社会生活中的地位和所担负的历史责任。指导他们正确地解决公与私的矛盾，把科学理论教育和引导他们参加社会现实变革的活动结合起来，这样做有助于青年学生和运动员人生观的培养。

二、青年初期思维发展的特点

青年初期学生和运动员的智力，包括观察力、记忆力、想象力和思维能力都会发展到接近成人的水平。感知能力比少年更富有目的性、系统性、深刻性和全面性；记忆力方面，虽然仍运用机械记忆，但意义识记用得更频繁；想象力已能够围绕问题进行构思。思维方面发展的特点是：

（一）思维具有更高的抽象概括和理论性，开始出现辩证性。

青年初期是由经验型思维向理论型思维急剧转化的时期，这是因为他们学习内容的理论性提高了。在要求他们掌握各门科学的概念体系、原理、规则的同时，要求他们的思维活动能够逐渐摆脱具体经验的限制，从理论上加以分析和概括，并进行更严密的逻辑推理。青年们的认识水平提高了，眼界更开阔，思路更深广。因此，他们不仅能分析各种事物和现象的主、客观因素，而且懂得事物发展变化的规律，了解各种事物和现象之间是互相联系、互相制约、对立统一的。这样，开始出现了辩证思维。

（二）思维具有更大的组织性和深刻性

思维的组织性表现在通过思维的分析与综合活动，将有关的知识组成具有逻辑结构的整体或系统；深刻性表现在能够透过事物的表面现象，排除无关因素的干扰，找出事物的重点，发现问题的本质。这样，就使得他们认识问题和解决问题的能力有所提高。

（三）思维具有独立性和批判性

由于青年积累了一定的知识经验，愿意独立思考，能进行理论思维，他们较少保守、富于想象，所以常会提出新的设想、新的见解，或者尝试用新的方法解决问题，这便是思维的独立性。他们喜欢探求事物根源，对别人的见解和习惯性的看法不轻信盲从，喜欢怀疑和争论，这就使他们的思维具有批判性。这都是他们思维成熟的表现，这对他们以后独立工作或创造性的研究问题很有好处。

三、青年初期情感发展的特点

（一）情绪体验强烈，两极性突出

青年人对生活和活动充满着热情和激情，情绪、情感体验比较强烈，高兴时欢呼跳跃，不满时义愤填膺，对生活满怀信心，对未来充满遐想。他们对符合自己的信念、观点和理想的事件和行为会迅速发生热烈的、肯定的情绪反应；对不符合自己的信念、观点和理想的事件和行为，则迅速地发生否定的情绪反应。情绪的产生和平息常常是疾风暴雨式的。因此，青年往往可以表现出为真理和正义献身的热忱，做出惊人的、壮烈的行动，也可能出于盲目的狂热、不计后果的冲动，做出蠢事或坏事。情绪上这种两极性变化，主要是由于个体不断增长的需要与现实生活的矛盾引起的。其次，由于性激素的分泌增加了下丘脑情绪的定位部分的兴奋性，一般的刺激也会引起更强的兴奋，而大脑皮层对于处在兴奋亢进的下丘脑的神经过程暂时难以完全控制，因而使青年的情绪常带有更大的冲动性和爆发性。

（二）情感、情绪的时间延续性更长

青年初期的学生和运动员已经具有一定程度的集体感和自尊心，凡是与集体观念或自我观念相联系的情感体验都会有较长的延续性，从而形成持续时间较长的心境，并且常常出现“爱屋及乌”或“迁怒他人”之类的移情现象。如果由于挫折

或失败引起的不良心境延续下去，既会影响人际关系，也会有损于青年的身心健康。因此，教师或教练员对一些青年形成的“意结”或“情结”（意念中或情绪上难以解决的心理矛盾与冲突），应予以充分关注和及时疏导。

（三）情感具有文饰性、闭锁性和曲折性

青年由于自我控制、自我调节能力的增强，自尊心和思维独立性的发展，其感情往往不立即外露，而是根据一定的条件来表达，有时情感的外部表现与内心的体验并不一致。如比赛失利，心中非常难受，但在运动场上却表现出无所谓的样子；对于自己羡慕、喜欢并且很想接近的人，在行为上反而表现出冷淡和疏远。青年在情感上和思想上这种闭锁性就使他们显得不像少年那样“坦率”、和容易被人了解。所以教育者不能只从青年情绪的外部表现对他们的内心状态简单地进行推测或下断语，而应当从多方面进行观察和较长时间的了解，通过全面的分析，得出接近实际的看法，否则便可能判断失误。

（四）情绪和情感内容丰富而深刻

青年的兴趣、爱好很广泛，对自己喜爱的活动，表现出热衷，对自己信服的人表露出钦佩，对关心自己的人表示感激。在竞赛中体验到成功的欢乐和失败的痛苦，他们会因难题得不到很好的解决而苦恼，会因训练成绩停滞不前而焦虑，他们能为自然美景而动心，能为人世不平而愤慨。可见，青年的情绪和情感内容是非常丰富的。

青年随着社会生活范围的扩大，知识经验的丰富，智力的发展，在正确的教育下，他们也会形成种种高尚的情操，如爱国主义情感、集体主义情感、责任感、义务感、道德感、坚持与护卫真理的热忱等。对于青年运动员来说，他们能更深刻地体验到取得优异成绩、振兴中华、为国争光的高尚情感。当然，有些青年由于受到社会上不良因素的影响，也往往会暴露出消极颓废的情感。

青年初期由于生理机能的成熟和社会生活中男女情谊的影响，使一些青年男女萌发出对异性的爱慕之情，有些青年出现了相互之间的早恋或单恋。青年性意识的产生和对异性的好感是客观存在的，也是无法避免的。心理学家赫洛克认为，性意识的发展有四个阶段：第一，疏远异性的性厌恶期；第二，向往年长异性的“牛犊恋”期；第三，积极接近异性的狂热期；第四，正式的浪漫恋爱期。除了第二个阶段不一定有普遍性外，其余三个阶段在青年中是比较明显的，其中最值得教育者注意的是处于第三个阶段的青年，对他们出现的爱情问题，不能用简单粗暴的压制或行政命令的手段去处理，要从爱护的角度进行正面教育，一方面教育他们为实现远大革命理想而奋发向上，一方面运用文艺体育等活动在调节性需要方面所起的升华或替换作用，使他们的性意识在一定程度上得到减弱或转化，对于性意识很强、情趣低下的青年则更应当加强性道德观念的教育和道德意志力的培养。

综上所述，青年初期学生和运动员在生理上、心理上处在日趋成熟的时期，各方面的发展都接近或达到成人水平。所以，青年初期是一个人独立地走向社会生活的准备时期，也是一个人开始认真思考自己未来生活道路的时期。教师和教练员应当在了解青年学生和运动员的心理特点的基础上，在尊重他们的同时，又要正确地引导他们在前进的道路上健康成长。

本章小结

广义的心理发展包括种系心理发展和个体心理发展两个方面：种系心理发展是指从最低级的变形虫到最高级的人类的心理的演化；个体心理发展是指人类个体从受精卵开始到出生、成熟直至衰老、死亡整个生命进程中心理的变化。狭义的心理发展是指个体从出生到成熟这个阶段心理的发展，主要是指人的智力、情感、意志、个性等方面由于经验和学习所产生的一种持久而积极的变化。

遗传、成熟为心理的产生、发展提供生物前提，环境、教育对心理发展起到决定作用，实践活动在心理发展中起到关键作用。

个体心理发展始终是一个从量变到质变、从低级向高级连续、有序的进程。

少年期是童年期向青年期发展的过渡时期，是心理发展上半幼稚、半成熟的时期，是各种心理矛盾冲突较多的时期，因此对少年的教育必须充分考虑到这些特点。

青年初期是心理上处于日趋成熟的时期，各方面的发展都接近或达到成人的水平，青年初期是个体独立地走向社会生活的准备时期，教育者应依据他们心理发展的特点加以正确的引导。

思考题

1. 你认为心理发展的根本动因是什么？说出你的理由。

2. 个体心理发展的基本特点是什么？

3. 结合自己工作实际讨论如何根据青少年心理发展的特点实施正确的教育。

作业题

1. 什么是广义是心理发展和狭义的心理发展？

2. 心理发展的必要条件有哪些？

3. 少年期的心理矛盾主要有哪些方面？

4. 青年初期情感发展有什么特点？

第六章 体育运动动机

自学指导

一、内容简介

本章分四个部分阐述了体育运动动机问题。

第一部分阐述了动机的概念、分类和作用。

第二部分简述了运动动机与体育运动兴趣的关系，着重阐述了体育运动兴趣的培养问题。

第三部分阐述了运动动机的概念、分类及其发展的阶段性。介绍了运动动机与运动成绩的关系，着重论述了运动动机的激发问题。

第四部分简介了归因理论并探讨了运动胜负归因问题。

二、重点与难点

本章重点在于体育运动兴趣的培养和运动动机的激发这两个有关体育教学的应用问题上。难点是理解本章涉及的基本概念和概念之间的联系。

三、学习方法与要求

阅读、听讲、思考并做好随堂笔记。运用学到的知识，设计一份运动动机或胜负归因问卷，完成一次体育测验的实际活动。

第一节　动机概述

一、动机的概念

动机(motivation)一词，系由拉丁语“movere”演变而成。原意是引起动作的意思。凡“能引起、维持一个人的活动，并将该活动导向某一目标，以满足个体某种需要的念头、愿望、理想等”都可称之为动机。

动机始动时，或起于内在动因的驱使，或出于外在诱因的引诱，内在动因即内因，是事物变化的根据，外在诱因即外因，是事物变化的条件，当二者结合起来，外因通过内因而起作用时，心理动力遂告构成。例如清晨到田径场去散步，看到沙坑和跳高架子(外部诱因)，这时自已想：“我曾是跳高动运员，但已经多年不练了，看看自己还能跳多高(内部动因)?”于是就走向跳高场地跳起来。当旁观者喝彩鼓掌时(外部诱因)，乂想：“自己还有潜力，还可跳得更高些(内部动因)”，遂又升高横竿高度继续跳起来。可见动机就是由客观诱因(周围客观事物、现象等)和主观动因(内在愿望、想法等)所引起的指向一定目标的行动的动力。

二、动机的分类

人类的动机既多且杂。动机内包含的成分也很广泛，这就造成动机分类的困难。历史上动机的分类，众说纷纭，莫衷一是。计有两分法：显性需要和隐性需要；原始性驱力和衍生性驱力。三分法：生存动机、社会动机和自我统整动机；有机需要动机、紧急动机和客观动机。还有四分法、五分法、六分法和多分法，这里不再赘述。以上各持己见的不同分类，展示着动机分类的繁芜复杂，使人无所适从。

近年来，大多数心理学家，包括前苏联的学者，把人类动机划为两大类——生理性动机和社会性动机。这种分法，为多数学者所接受，广大群众所认同。现简介如下：

生理性动机。是指个体与生俱来的由生理需要所引起的动机，如饥饿、渴、睡眠、活动、性、冷暖、解除痛苦等。

社会性动机。是人们旨在追求社会目标，经后天习得、由社会需要引起的动机，如成就动机、交往动机、声誉动机、安全动机等。人的生理性动机与社会性动机是有联系的。

三、动机的作用

（一）引起和维持个体的活动和行为

人活着就要动。从某种意义讲，人的生命过程就是一系列有序地活动与行为的过程，而任何活动与行为又必然由与其相应的动机引起、维持和推动。

心理学探讨人的动机概念时，离不开主观内在动因和客观外在诱因两个重要要素。内在动因是人行动的推力，外在诱因是人行动的拉力。主观与客观的相互作用，即推力与拉力有机结合的合力，构成人的行动的激励能。

激励有序地沿着人的行为系列、预定目标向前推进。此时，人们的注意力集中在希望获得效益的行为结果上，如决心获取奖赏、爱情、荣誉、威望等。同时，也注意力求避免某些不利条件，如避免惩罚、焦虑、挫折、贫困等。激励的可能性，由激励线索信息提供。人们早期获得多方面的线索，对检索、控制、调节人的行为是极为重要的。

（二）监督个体行为使其朝着远景目标前进

个体的行为通常要指向预定的远景目标。远景目标需要逐步经过一系列近期目标才能达到。人在完成系列目标的过程中，动机对行为不但起发动、维持作用，而且也起监督作用。保证行为有序地逐步完成系列近期目标，最终达到目的，而不偏离方向。

动机无论是起于主观内在动因或客观外在诱因，都是中等强度具有最积极地激励作用。所以教师、教练员与学生、运动员一起制定学生、运动员的行为标准、技能进程时，既不能停滞不前，也不能好高鹜远，应以学生、运动员经过一定努力可以完成的当前近期目标为努力方向，方向明确，且战且进，逐步攻克系列目标。

当学生、运动员接受为其制定的行为标准、技能进程并身体力行时，教师、教练员要及时向学生、运动员提供与执行标准、技能学习有关的信息，让他们通过反馈了解自己的行为效果（成绩、等级等），同时，还要为他们下一步的行为规范和技能要求指明方向，制订计划和策略（新目标，奖惩等）。

幼儿智力尚待发展，还不能为自己的行为预先树立远景目标，有时近期目标也动摇不明。他们的动机是直觉的、外在的、具体的、便于达到的。到了少年期，动机的发展有了长足的进步，他们希望了解比较隐蔽的特定的学习结果或指标。从少年晚期至青年初期，他们的态度、观点变得较为老练和成熟，对一组行为的系列目标以及它对人生的影响，逐渐明确、规范、稳定而定型，最终导致人生观、世界观的树立。所有这些，都是个体在家庭、学校、社会的教育下，通过自己有序地参与一系列实践活动及其结果的反馈，从顺利中获得经验，自挫折中得到教训，致使吻合目标的动机受到强化而发扬；有悖目标的动机受到抑制而改善。这种驱使个体情势紧张，努力奋斗，逐个奔向系列目标持久的动力源，在主观因素上就是一系列积极动机的相继作用和作用积累的结果。

(三)动机性质、激活水平影响行动效果

1. 动机性质影响行动效果。动机有积极和消极之分。凡是与既定目标一致，支持完成预定目标的动机，都是积极动机；凡是与既定目标相悖，产生不同程度干扰的动机，都是消极动机。个体行动的成功，都是经过一系列的动机斗争，克服消极动机，接受积极动机，并付诸执行的结果。

动机有向善和趋恶之分。人营谋社会生活，其活动与行为，不能不具有社会性和历史性。凡是导向人类进步、社会稳定、和平、友爱、团结互助、有所发明、有所创造的高尚的动机，都是向善动机；凡是趋于因循守旧、封建迷信、结党营私、贪污腐化、懒惰、嫉妒、损人利已的没落的动机，都是趋恶动机。历史上对人类进步事业作出不同贡献的人，在其终生或人生某一阶段的奋斗过程中，都需要不断地进行心理动因的自我发展和完善。当积极动机和向善动机占据主导地位，并支配自己的行动时，行动便会成功，事业便会发展，便全造福于社会，受到人民的称赞。

2. 动机激活水平影响行动效果。一个人的行动效果，不仅受动机性质影响，也与动机的激活水平(强度)有关。据研究，动机的激活水平与行动效果之间，呈倒 U 型曲线关系。即动机中等激活水平是行动效率的最优阶段。

任何具有相当强度的刺激，都可能成为人的动机源。如果过大地提高动机的激活水平，使人受激过度，人便会做一些消除刺激或减弱其强度的活动；相反，如果过小地提高动机的激活水平，激活水平低于最优范围，使人受激不足，人便会做一些扩充刺激或增大刺激强度的工作。因为人体体内有一个平衡系统，其作用是使激活水平尽可能保持在适度的、可接受的、最优范围内。如果个体受激过度或不足，它就会促使个体去改变事物，直到激活水平恢复到正常范围为止。

第二节　体育运动兴趣

一、体育运动兴趣与运动动机的关系

体育运动兴趣是指一个人对体育运动的爱好倾向和对体育信息优先关注的倾向，二者兼而有之或只具其一，都可称之具有体育运动兴趣。

有人认为："兴趣的定义是增加快感"。一个人从事体育运动，可以直接获得身体活动的满足，或对体育消息特别关注，以便获得体育欣赏的快感。可见增加体育运动的快感，才能使对体育的爱好与关注倾向得到巩固。

运动兴趣与运动动机的关系密切，二者相互联系相互依存，实际上是同一事物的不同侧面。例如，一个人对体育运动感兴趣，愿意参加身体锻炼，喜欢观看各项比赛，这"愿意"、"喜欢"就是个体行为的内部动因。因为有趣的事物和经验，最容易形成人的优势动机，优势动机含有巨大的执行概率，它一旦付诸行动，人的需要便会得到不同程度的满足，焦虑减少了，快感增加了，以"积极倾向"为标志的兴趣也就浓厚了。

兴趣共性是发展动机的基础。人们由于生活的时代、文化、发展的相同或相近，他们的兴趣就具有共同性。这种兴趣共性虽然在每个人身上并不一定具有连续性和稳定性，但它仍可成为个体培养、保持和发展动机的基础。例如，卫星转播

1994年第15届世界杯足球赛，我国各行各业的青年人都喜欢收看，即使在深夜牺牲睡眠，也照看不误。这是因为他们是具有一定文化水平、成熟发展、生活条件较好的一代，都有追求幸福、健康、快感的共同兴趣，这种共同兴趣就是他们积极收听收看球赛行为的前提动因。如果青年学生、运动员也是这样，那么体育教师、教练员就应抓住时机，宣传开展文体活动，利用他们的共同兴趣，因势利导，培养与提高青少年“爱体育”“爱足球”的动机水平。

动机深化导致稳固兴趣的形成。人的兴趣不是天赋的，是后天生活实践影响的结果。一个人的生活实践，通常界定于一定领域与一定范围，由于经常接触的一定领域客观诱因的拉动和指向预定目标这一领域主观动因的推动，个人的行为特点、知识结构都具有这一领域“专门化”的色彩。凡是这一领域的事物与活动，自己就感到熟悉、亲切、需要、向往、参与，最终导致某一领域某一范围稳定兴趣的形成。援引上例，在卫星转播第15届世界杯足球赛期间，一位原来并不喜欢足球只是一般爱动的少年，因同室同学积极收看电视转播，自己开始只是跟着看，谁料一看竟被足球比赛的魅力(外在诱因)所吸引。此后，他遇有足球比赛就去观看，遇有足球广播就要收听。自己心里决定：利用课外活动时间练习踢球(内在动因)。经过一段时间的练习，自己发现自己的足球技术进步较快，从此奠定了练好足球的信心。这样一来，他原有的广阔兴趣(泛爱各项体育运动)悄悄地让位于稳定兴趣(酷爱足球运动)了。

二、体育运动兴趣的培养

体育运动兴趣不是天赋的，是在后天接触、参与、实践、认识体育运动过程中获得的。而人接触、参与、实践、认识体育运动，主要发生在少年期，成就于青年期，有的延续到壮年以后，所以体育运动兴趣的培养，应在青少年阶段、学校体育中抓紧进行。这里，仅从体育教师、基层教练员的角度，谈谈怎样培养学生的体育运动兴趣。

（一）明确锻炼身体的目的，启发自觉

儿童在幼儿园接触游戏活动。到了小学和中学开设了体育课、课间操和课外活动，部分学生参加了业余训练，开始接受有计划的身体锻炼。但不少学生参加身体锻炼的目的并不明确，仅停留在“玩”“活动舒服”“随堂上课”等表面认识上，忽视了身体锻炼的社会意义。这就需要加强锻炼身体的目的教育，启发自觉。毛泽东说：“欲图体育之有效，非动其主观，促其对于体育之自觉不可”。让学生认识到上好体育课、搞好课外活动和业余训练的意义，增强体质、掌握技术、促进健康、锻炼意志，不仅是学生学习的保障，也是升学、就业的需要。即使学成毕业，参加祖国建设，无论做什么工作，都需要有健康的体魄。

当学生锻炼身体的目的明确之后，就会自觉树立目标，身体力行。通过活动体验与锻炼效益的不断反馈，由于体育情感与练习兴趣的有力支持，坚持参加身体锻炼的行为越发自觉和积极。认识——情趣——行为，周而复始，循环往复。占据中间环节的情感与兴趣，自然随之同步而高升。

（二）在完成体育教学过程中注意培养学生的运动兴趣

教师在体育教学过程中，应注意教材新颖，教法多样，讲解示范，辅导练习，要遵循科学性、系统性、逻辑性、趣味性等原则。如果教材刻板，教法单调，呆板地重复练习，容易引起学生的超限抑制，对体育教学感到枯燥、乏味和厌倦。

教师应根据教学目的，正确合理地选编教学内容。在保证教材科学性的基础上，突出教材重点、难点和关键，同时也要注意教材的系统性、逻辑性和新旧教材的联系。参照绝大多数学生的可接受性，安排课的密度和运动量。

要提高课的组织水平，每一部分的活动，都要作出合理的安排，有主有次，有张有弛。要变换教学形式，运用多种教学方法。讲解，要突出教材重点，分清层次，生动形象，深入浅出；示范，要由整体到部分，从部分到整体，把技术的关键部位展示给学生。

要贯彻教学常规，要求学生注意听讲，认真观察，积极练习。对违反课堂纪律的学生，要及时制止。

以上的教学方法，都是为了调动学生学习技能、操练身体的自觉性和积极性。当学生看到自己坚持练习的实效，受到教师称道、同学羡慕、社会肯定时，渗透在其中的体育运动兴趣便会油然而生。

(三)了解青少年学生对体育运动的态度

普通学校开设的学科很多，青少年喜欢不喜欢体育课？对体育教学大纲规定的各项运动，究竟喜欢哪些项目？运动技术差的学生是不是厌恶运动？摸清青少年学生对体育运动的态度，便于有针对性地培养他们的体育运动兴趣。

1. 体育学科在青少年心目中的位置。我国青少年学生中，少部分人最喜欢体育，绝大多数人居中，最不喜欢的人很少。

80 年代初，曾对万名在校青少年作学科兴趣的调研，在“你最喜欢的一门课”和“最不喜欢的一门课”的标题下，青少年不同学科的兴趣比较见表 6—1。

表 6—1　青少年不同学科的兴趣比较

兴趣情况 \ 人次百分数 \ 学科	数学	语文	物理	外语	化学	生物	体育	音乐	历史	地理	政治	美术
最喜欢①	32.5	19.6	12.2	8.8	8.0	4.4	4.0	2.8	2.4	2.0	1.7	1.6
最不喜欢②	7.4	5.1	7.2	29.5	4.5	7.4	2.6	5.0	5.4	10.0	12.5	2.9

①"体育"排在第 7 位

②"体育"排在第 12 位

上表中，最喜欢体育课的人次比例，居于各学科的中间位置。而最不喜欢体育课的人次比例，在各学科中是最少的。

2. 各项运动在青少年心目中的爱好情况。有人调查了青少年学生 8000 人，让他们对田径、体操、球类、武术 4 个项目及其中各个分项作运动兴趣选择。结果表明，对运动项目的爱好顺序，初中、高中男生很类似，依次都是：球类、武术、田径、体操。初中女生依次为：球类、体操、田径、武术。高中女生依次为：球类、田径、体操、武术。

以上调查表明：青少年学生无论男女最喜欢的运动项目都是球类（包括排球、篮球、乒乓球等），其次男生是武术、田径，相对来说选择体操的较少；女生是田径、体操，相对选武术的较少。另外在少女心目中游泳也占有一定位置。

3. 了解少数学生厌恶体育的状况。从参加运动的实际表现看，上体育课绝大多数学生是积极的，少数学生持消极、应付的态度。据对初中女生（13、14、15 岁）调查：积极的（争着练、积极参加、爱比赛）13 岁组占 84.4%，14 岁组占 77.7%，15 岁组占 63.4%；消极的（消极、应付、想练没机会、只看不练、不听不看）13 岁组占 15.6%，14 岁组占 22.3%，15 岁组占36.6%。参加课外活动，初中女生(13～15岁)也有类似表现，积极的依次是84.4%，68.3%，58.5%；消极的依次是15.6%，31.7%，41.5%。以上数字表明，少女随年龄增长，喜欢体育的兴趣有所减退；讨厌运动的表现有所增加。

男生对体育课与课外活动，也有类似女生的情况。调查表明，小学高年级体育课、课外活动诱因性较高，初中逐渐下降，高中降到最低水平，这种情况在课外活动中更为显著。一些技术性较强的器械运动，也是小学时期兴趣较高，至小学晚期出现了下降趋势，初中则呈急剧下降状态。

技能低下的学生学习运动动作，常为失败情绪所笼罩，深感在同学、观众面前有失体面。于是接受自己消极动机的建议，请假、见习，想方设法逃避体育运动。这样做的结果，技术越发低下，情感越发厌恶，有时候“低下”与“厌恶”竟成为一种恶性循环。这种情况，当然是体育教师和教练员最不愿意看到的。

运动技能低下的学生，不一定都厌恶体育运动，但其中大部分是厌恶的。据冈村丰太郎研究证实，运动技能低下与体育运动好恶，有密切关系(见表6—2)。

表6—2 技能高低与运动好恶的相关

	体育课内	体育课外
幼儿园儿童	0.72	0.72
小学低年级	0.79	0.65
小学中年级	0.76	0.65
小学高年级	0.80	0.65
初中	0.81	0.77
高中	0.76	0.58
大学	0.84	0.66

有些男生还会出现喜欢运动活动、厌恶上体育课的现象。那种随心所欲悠然自得的运动活动，使他们的运动需要获得满足，因而喜欢；教师有计划的体育教学，使他们感到约束，因而厌恶。

4．对影响青少年学生体育运动兴趣因素的分析与对策。

（1）体育教师应该明确，普通学校属国民基础义务教育，它以培养全面发展的“四有”新人为基本任务。但社会上有些人传统地习惯地有忽视体育锻炼，着重文化知识学习的现象，这种现象很自然地为正需要文化科学知识武装的青少年们所接受。众多学科相比之下，他们把体育排在数学、语文、物理等学科之后，可能少数人是认识问题，多数人是需要问题，教师应作具体分析，区别对待。

体育教师面对成长发育的青少年，必须进行全面发展的教育。对少部分爱好体育运动的学生，告诫他们切切不可忽视文化科学知识和品德修养；对大部分基本喜欢体育或谈不上喜欢与厌恶的随堂上课者，体教师应本着“抓两头带中间”的精神，带好这中间的大多数。学校体育运动开展的好坏，也与这部分人向上或向下流动有关。他们中间许多人本来有条件成为体育运动爱好者，但因种种原因，暂时滞留于中间地带，这是不可忽视的体育运动爱好者的“后备力量”；对少数厌恶体育运动的学生，应具体分析，区别对待，个别开导与教育。

（2）体育教师应该知道，青少年的运动兴趣是一种意识倾向。它既受社会环境影响，又是对客观环境的对待，故有很大的主观随意性。社会上当前开展什么运动项目，他就可能喜欢什么项目。学校传统运动项目是什么，他就可能喜欢这个项目。

普通学校体育教材内容，田径比重最大，体操武术次之，球类活动仅占 10%。但学生分项运动兴趣，喜爱球类活动的最多，喜欢田径的居中，喜欢体操武术的最少。原因是青少年学生往往喜欢那些自由交往、生动活泼、随心所欲的项目；而不喜欢那些单独练习、困难乏味、单调重复的项目。这就要求体育教师在课外活动、业余训练中组织好球队，还要组织好田径、体操、武术队。学生通过参与、实践与认知，对各项运动的兴趣就会慢慢地建立起来。

(3)对厌恶体育、技能低下的学生要具体分析，个别对待，以求解决。有的学生因为家庭、社会的影响，不知不觉地形成了体育的错误价值观，认为“体育不重要”、“可有可无”等。对这样的态度问题，教师应帮助学生提高认识，让他们了解体育锻炼对青少年身心发展的重要性，了解身体健康、体质坚强对一个人升学、就业、参军的现实意义，藉以让学生明确体育在德、智、体、美、劳五育中的重要地位。有的学生因为身体素质差，体弱多病，缺乏相应的运动能力，运动常常失败，又怕同学讥笑，把参加锻炼看成一种负担，自无兴趣可言。教师对这样的学生，应提出与其运动能力相适应的要求，具体指导，个别对待。同时，在同学中提倡互爱互助。倡导先进的帮助后进的，后进的要向先进的学习。参加身体锻炼，不要怕人讥笑，更不要惧怕困难。体质差些就畏惧运动的正常人，应从“远南”运动会中国残疾人运动员“自尊自信、自强自立、勇夺金牌、为国争光”的精神中受到教育与鞭策。

(4)体育教师教法不当，鼓励少，训斥多，师生关系紧张，也可影响学生的运动兴趣。教师应该懂得，运动能力差的学生，同样期望教师公正的对待，热情的鼓励。不恰当的训斥，解决不了运动能力差的问题，反使学生感到委屈和不平。所以体育教师对自己的教育态度要严加检点，对自己的教法要注意选择。

(四)掌握体育运动兴趣发展的一般模式

体育运动兴趣发展，一般说来经过有机结合的三个阶段。

1. 直接运动兴趣。即指向运动活动本身的兴趣。儿童最初的运动活动兴趣，是与其在跑、跳、游戏活动中接受刺激联系在一起的。刺激具有原始激发性能。运动的比静止的、惊险的比一般的都具有先于经验而引起人注意和兴趣的特征。由这类刺激诱发的注意、兴趣的反应，都带有激情成分。少儿"偶然的一跳"、"意外地获得 60 米第一名"，都可能成为体育运动兴趣的前兆。随着刺激的变化，会引起原发兴趣水平的变化，但潜能中的一部分，能保持终生。如学习舞蹈的人，有人喜欢较快节奏，有人适应较慢节奏，但中等强度的节奏运动所引起的节奏感使人感到愉快舒适，则始终不变。

直接运动兴趣以原发兴趣为出发点。原发兴趣一经产生，即转入联想经验。个体在各种感性经验和身体活动中，需要获得满足，于是个体越发追求这些经验和活动。通过大量的感性经验与具体活动，由于刺激的泛化，直接运动兴趣遂被概括出来。

2. 间接运动兴趣。即指向运动结果的兴趣。"指向运动结果"本身包含着定向发展的意思。如一位短跑运动员，起先参加 100 米练习只是为"战胜身边某某""跑跑身体舒适"等直接运动兴趣驱使，后经教练员的帮助与启迪，"你现在 100 米跑 12.5秒，根据你的身体条件与竞技状态，苦练 1 年可以提高 1 秒，届时，就可以争取进入咱地区的前 6 名了"，于是运动员定向训练，争取先破12秒，然后再向11.5秒进军。间接运动兴趣需要师生结合在对运动员的运动状况帮助分析、启发诱导、明确方向和执行措施之后，才能逐渐形成。

间接运动兴趣已不再停留在运动活动的表面，而是要探索和研究运动现象的本质。它随着体育社会需要在个体意识中的储存与发展而成为运动兴趣发展的中间环节。诸如能满足运动交往、声誉、地位等的事物，都会变为有趣的。

3. 志向运动兴趣。当间接运动兴趣与高尚的体育理想和远大的奋斗目标结合起来时即成为志向运动兴趣。例如，某运动员100米仅跑12秒多，但他幻想着打破世界纪录，立志为国争光，憧憬着世界体坛有一天因其升起五星红旗。虽然，他也知道若想让百米成绩增加十分之一秒，也得经过长期艰苦的训练，没有足够的毅力与汗水是不行的，但他仍日复一日年复一年地乐于刻苦训练，这就是一种志向运动兴趣。

志向运动兴趣以广泛的体育运动兴趣为背景，以个人人格倾向为导向，以体育理想为核心，按照身体发展与运动训练的客观规律，指向运动未来——美好的结果，不管最终目标能否达到，具有志向运动兴趣的人仍会孜孜不倦地创造性地自觉运动不止。

志向运动兴趣受运动员个人社会意识倾向所决定，也与他的人生观、体育观、理想、信念密切相联。凡是那些能使他接近或达到他的理想以及减少现实自我与理想自我之间差异的事物和活动，都将成为有趣的和受到应有的重视。

体育运动兴趣一方面始于直接运动兴趣，经由间接运动兴趣，成于志向运动兴趣。另一方面三者又有机结合，错综镶嵌，密为一体。体育教师了解体育运动兴趣的一般模式，才便于结合青少年运动员的年龄发展与运动水平，培养他们的体育运动兴趣。

第三节　运动动机

一、运动动机简介

运动动机亦称运动活动动机，是指激起一个人从事运动活动的内在动力。

（一）运动动机的分类

1. 按动机的指向性可以把运动动机分为：

（1）直接运动动机。即指向运动活动本身的动机。如：运动员由于肌肉活动而体验到的满足感、因身体动作协调灵活产生的美感、完成高难练习表现出的勇敢果断的意向、显示自己竞争致胜创造新纪录的向往等。

（2）间接运动动机。即指向运动活动结果的动机。如：企图通过运动使身体变得有力和健康、通过运动为升学就业从事劳动作好准备、从中获得义务感、成就感、对运动活动社会意义的认同等。

2. 按动机的来源可以把运动动机分为：

（1）内部运动动机。即由内在动因所激起的运动动机。如：能胜任的自信（能有效地战胜对手，有效地控制环境，有效地争取观众的心态）、运动成就的需求、好奇与兴趣、运动的社会价值和个人价值的认识、交往的需要、声誉的需要等。

（2）外部运动动机。即由外在诱因所引起的运动动机。如：获得奖金奖品的愿望、表彰晋升的激励、父母朋友教练员的期待、团体接纳、组织认同的驱使等。

应该指出，运动动机分类也是复杂的，只能就其主导方面，概括区分，以利研究。但作为运动者心理现象的各类动机，绝不是孤立的，而是相互联系的，随情境变化而转变的。

（二）运动动机发展的阶段性

运动爱好者的成长过程，就是他参加一系列运动活动的实践过程。这种过程若从心理动力角度看，是由一系列发展变化的运动活动动机所构建。前苏联心理学家普尼对运动员运动活动动机的发展过程，按三个阶段（开始从事运动阶段；选项运动专项化阶段；高水平运动阶段）作了研究。60 年代，柴文袖以体院三届“大一”学生 166 人为对象，按四个阶段（开始从事体育运动阶段；体育专业化阶段；选项专项化阶段；高技术水平阶段）作了调查。调查结果各阶段运动活动动机的性质如下：

1. 开始从事体育运动阶段。最初从事体育运动，多在少年期（11～14 岁）占 55%，次为青年初期（15～18 岁）占 32%，再次为儿童期（7～10 岁）占 10%，最少为青年中期（19 岁）占 2%。

开始喜欢从事体育运动，多在少年期和青年初期，诱导他们最初参加运动的动机，不拘其表现形式如何，直接性和受暗示性是其主要特点。据调查材料表明，开始从事运动的动机，有 75%的人与父母教师同学的诱发、环境影响、直接兴趣、具体活动相联系的，这一点是由少年认识水平、个性特点所决定的。另外，有 20%的人运动动机与体育目的、任务、社会义务感相联系，这表明社会主义教育在少年的个性发展上起着积极的促进作用。

2. 体育专业化阶段。随着少年身心发展，他们对体育运动越来越爱好。很多少年到了青年初期便开始走上体育专业的道路。这时，他们在运动动机上表现出更多的自觉性和社会性，而在少年期最初运动动机的直接性、弥散性和受暗示性逐渐减少。据统计有77%的青年运动学习动机具有明显的社会性和自觉性，但仍有21%的人具有直接性。

3. 选项专项化阶段。从事体育专业的青年，对多种运动项目，并不等同看待。在运动学习实践中，逐渐喜爱一些项目、疏远一些项目，最后稳定在喜爱的某一、二项上。

青年接受体育专业教育之后，既掌握了一定的专门知识、技能与技巧，也提高了对体育专业的认识。在广泛掌握运动技术的基础上，对某些运动项目有更多的接触，专项技术掌握得比较充分，专项理论理解得比较深刻，专项成绩也超过中等进入上乘，因此，他们选择专项的动机性质，总是从专项特点、专门素质、专项成绩以及掌握该项的社会意义等出发的。

4. 高技术水平阶段。调查一级、健将级运动员52名，让他们回忆自己创造最好成绩的一次赛前想法，用以标志他们从事体育运动达到高技术水平阶段的运动动机。调查结果表明，高技术水平运动员运动动机的性质，已不像选项专项化阶段的动机那样，多注意技术特点，而是把注意放在“为集体争光”“通过等级运动员”“破纪录”“赛前放松”“思考战术”等几方面，前三项可以导致社会影响，后两项正体现赛前的有效准备。

二、运动动机与运动成绩的关系

运动动机与成就需要紧密联系。从运动员成长过程各阶段的动机发展看，越是高水平运动员，他的动机越大多来源于运动成就需要。运动成就需要是指一个人在竞技运动中想参赛、想赛好、想战胜他人、想克服障碍、战胜自我、高标准地去完成竞赛的艰巨任务。所以，可以认为高水平运动员的运动动机中运动成就动机所占比重最大。

一般成就动机的研究。首推麦克里兰德和阿特金森，他们以主题统觉测验测定成就需要，并制定一套程序，作为对被试“按图讲故事”进行评分的依据。

许多研究表明，用主题统觉测验方法测得具有较高成就需要的人比具有较低成就需要的人，解字谜作算术题时效果要好（见图6—1）。

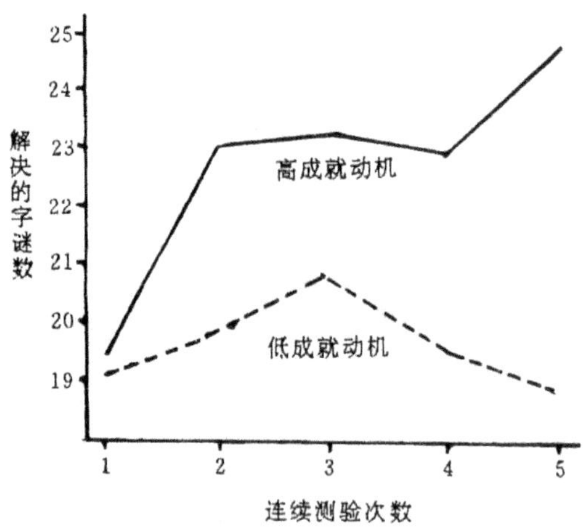

图6—1　问题的解决作为成就动机的函数

图6—1中高成就动机组与低成就动机组，“高”与“低”是相对的。高成就动机组较低成就动机组每次测验解决的字谜数都高。但此图并不表明成就动机增强，就能改进字谜作业。

有些研究还表明：智力相近的学生，成就需要高的比成就需要低的成绩要好。

以上的研究结果，不能简单地说明成就动机与运动成绩的关系问题。因为动机复杂，运动项目多样，致使成就动机与运动成绩的关系也很复杂。目前，这方面的一些研究结果，颇不一致。现介绍几种情况如下：

成就动机与运动成绩在学习早期阶段有关。罗伯特对278名大学男生，通过理解法语测验和考试焦虑测验(TAQ)，选出成就动机高和低的两组被试，然后让他们学习滑动动作，再测验该动作，结果两组成绩无差异。但在练习阶段测到的两组成绩，成就动机高的被试组比成就动机低的被试组好得多。卡伦推论说原先成就动机高的被试到了训练后期讨厌那些相当容易的任务，使他们的成就动机减弱了。相反，原先成就动机低的被试，因受激发而提高了成就动机。在这种特定情境下，两组被试的成就动机变得一样高，所以成绩也就一样了。

考试焦虑高的人平衡动作的学习成绩最低。希利等让成就动机高组与成就动机低组完成一项平衡任务，结果两组无显著差异。但发现考试焦虑分高(Ms<Maf——取得成功因素<避免失败因素)的被试组成绩很低，始终居于原有水平。

竞赛能提高成就动机高组的动作成绩。瑞安等让成就动机高组与成就动机低组完成敲木钉子的实验。发现在竞赛条件下，成就动机高组较成就动机低组成绩更好；在非竞赛条件下，则成就动机低组比成就动机高组成绩更好。特质焦虑水平高的人，在没有威胁放松的情境下比在有竞赛压力的情况下成绩更好。可见，竞赛能够提高成就动机高的被试的成绩，降低成就动机低的被试的成绩。

以上研究初步证实，在竞赛条件下，在训练早期阶段，考试焦虑低者，成就动机高的人比成就动机低的人运动成绩要好。虽然这些研究尚不能充分说明成就动机与运动成绩的关系问题，但也不妨碍体育界多数人的经验认定：优秀运动员，多少年如一日执著进取，不断拼搏，运动业绩显著，是与其持续完成又不断提高的成就动机的推动分不开的。有的人一旦受不到适当的激励，自我心态失衡，控制不力，就会造成动机转移或衰退，出现运动业绩止步不前的现象。

在现实运动生涯中，也会遇到这种情况，两位年龄、身体、技术等条件相近的运动员，一位取得最好成绩之后，仍然“从零开始”，迎接新挑战，给自己订出新目标，继续努力拼搏，力图“更上一层楼”；而另一位刚刚取得最好成绩，运动潜力尚未充分发挥，就“见好就收”，裹足不前，退役改行。威廉·詹姆斯曾指出：一个最优秀的拳击家赢得世界亚军，却“羞愧得要死”，而场场被人打败的“对方那个软弱的家伙”在同样情况下却一点不感到烦恼。出现以上情况，除两人事业心不同外，还与前者成就需要高后者成就需要低有关。

三、运动动机的引起与激发

运动动机的引起与激发，就是把参加运动活动者的心理动力诱导出来，激励起来。

(一)引起、激发动机的意义

1. 有助于青少年树立积极参加活动的意向，使他们产生参加活动的内在需要。

2. 有利青少年进行思维活动，使活动具有创造性。

3. 使不愿参加活动者和运动技能较差者去掉某些主观干扰，集中注意力，树立正确的学习动机，发挥个人的潜力。

(二)引起、激发动机应注意的事项

1. 目标——有力的诱因。目标作为诱因，在人的动机系统中，是较稳定而持久的重要因素。远景目标是具有一定深度的诱因，它要求人们对未来的希望作更远的考虑。为了达到远景目标，必须由近及远地思考一系列近景目标，在头脑中形成一种延迟行动的满足模式，以便安排好为达到远景目标而应该逐步完成的一系列活动。

在体育教学中，确定目标对学生的运动学习有三种作用，即引起学习的热情；发动身心的能量；使他们对学习的结果产生成功感、满足感或失败感、不满感。

目标一般分为远景目标和近景目标，近景目标即现实目标。确定现实目标必须具体、明确，如能用次数、米数、秒数等可测数量来确立目标，效果更好。确定目标的方法与技能的提高有很大关系(见图6—2)。

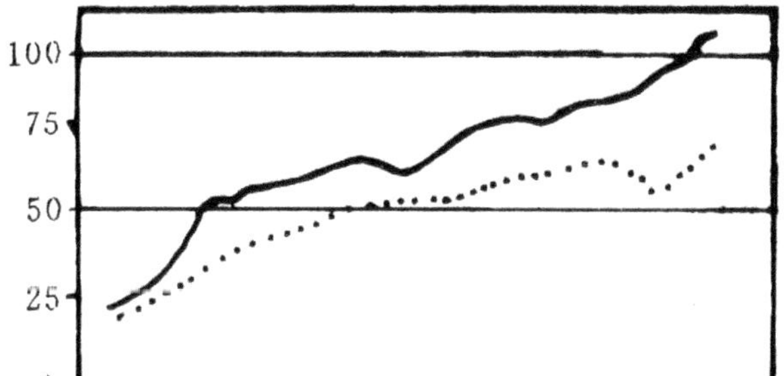

实线——每周确定一次目标

虚线——只确定最后目标

图6—2　确定目标的方法与技术的提高

图 6—2 表明，用握力计练习握力的人，知道最终目标又确定每周目标的一组（实线）较只确定最终目标的一组，技能提高显著。

现实目标定到学习者经过努力可以实现的程度为好。阿特金逊研究表明，目标定的难度在成功确切率的 50%以下时，学习成绩最好。可见，目标定得过分容易，学习者的活动动机就会降低。相反，目标定得过高，再努力也难实现，目标失去了诱因的作用，动机也无从引起与激发。

2. 活动的需要——运动活动动机的潜因。活动的需要，是人与生具来的内部驱力。人参与体育运动活动，虽有各种各样的社会心理动因，但活动的需要总是作为运动活动的潜因渗透其中，起着推波助澜的作用。

人参加运动活动非常必要。但从儿童年龄发展看，什么年龄要求参加运动活动的人数最多？各年龄阶段需要多大的运动量？这是体育教师在制订运动学习计划时应该注意探讨的问题。

赫瑟林顿以美国学生为对象研究生活时间的理想分配，提出了各年龄阶段所必需的大肌肉活动时间，见表 6—3。

表 6—3　不同年龄阶段所必须的大肌肉活动

年龄（岁）	必要的大肌肉活动时间	觉醒时间	年龄（岁）	必要的大肌肉活动时间	觉醒时间
5	4½（小时）	12½（小时）	13	4½（小时）	14½（小时）
6	4¾	12¾	14	4	15
7	5	13	15	4	15½
8	5⅕	13½	16	3½	15¾
9	6	13¾	17	3	16
10	6	14	18	2½	16
11	5⅔	14	19	2	16
12	5	14	20	2	16

从表 6—3 中可以看出，需要大肌肉活动最多的年龄是 9～11 岁。在这个时期，将近一半的觉醒时间(睡眠除外的时间)应当用来进行大肌肉活动，以后的年龄阶段，大肌肉活动所需时间逐渐减少，到 19、20 岁时，减少到每天 2 小时。

另据松井在东京 4300 平方米的一个广场内，对来此作自由活动的 900 人进行年龄调查，结果 11 岁儿童最多(占 14%)，其次是 12 岁(占 12%)和 10 岁(占 12.3%)，再次是 13 岁(占 9%)和 9 岁(占 9.2%)。

从以上两份资料看，因调研方式、对象不同，数字难免有些出入，但都表明 9～13 岁的少年儿童，是最希望参加运动活动的时期，是他们运动活动动机最敏感最活跃的时期。故体育教师对这个时期的少年儿童宣传体育，鼓励他们身体锻炼，指导他们运动学习，是十分必要而有效的。这个年龄阶段(8、9～13、14 岁)相当于小学高年级和初中一、二年级，通常被认为是人们开始爱好体育运动的黄金时期。

3. 教材新颖教法生动具有激励作用。教材陈旧，毫无新意，教法呆板，死气沉沉，自然会动摇学生的学习动机，降低他们的学习兴趣。只有新颖丰富的教材内容，生动活泼的教学方法，才能不断地引起学生的注意，使他们通过新知识新技术的获得，得到身体上和精神上的满足，引起自觉地创造性地探究意向，从而唤起运动学习的主动性和积极性。

4. 自我能动性的确认。所谓自我能动性，是指自己是主宰自己行为的主人。动与不动，采取什么行动，用什么方法完成这种行动，都是由自己的意识决定与控制的。

内部动机及外部诱因内化之后，动机都归于“自我”，都必须通过自我能动性，付诸实践而发挥作用。运动员在运动学习时，运动学习的主体是自己，运动学习的对象（身体操练等）也是自己。学习的动力来源于自身（自我），学习结果的归宿也归于“新的自我”（掌握了技能、增强了身体的自我）。有了这种认识，可以从“质”上，提高人的运动学习动机。

成功的运动学习，要求一个人贵有自知之明、贵有成就需要、贵有善于制订与完成现实性目标和进行自我效能评价的能力，以上种种均可隶属于“自我能动性”范畴。

5. 了解练习结果。学生了解练习的结果，有了反馈信息，才便于进行自我检查与评价。看到运动成绩的进步，可以增加信心，鼓舞斗志；看到缺点和不足，可以激发上进心，急起直追。

6. 利用表扬与批评。教师在教学、训练、竞赛中应以表扬为主批评为辅，多鼓励，少指责。必要批评时，也应实事求是，恰如其分，做到使学生心悦诚服，才有助于激发他们的动机，提高他们的学习效果。

表扬和批评的形式，也是多种多样的。在练习过程中，既需要他人表扬和自我肯定，也需要相互批评和自我监督。除语言外，教师的态度、手势、情感也可以起到强化或抑制动机的作用。

7. 创设学习情境，实施启发教学。学习情境是指学习环境、条件和氛围。人的愿望、动机总是在一定情境中发生。如果创设了很好的学习情境，学生在这种情境吸引激励之下，从心眼里愿意学、喜欢练。这时学习情境就成了学生学习的诱因。

形成学习情境的因素很多。如所学知识、技术的难度，练习的方式方法，教师的启发诱导，同学的竞争鼓励，个人的主观状态等。这里，仅就学生所学知识、技术的难度看，如果给学生的知识、技术过难或过易，就不易引起他们的学习兴趣，只有给他们“似会非会”的东西，他们才会感到所学知识、技术的吸引力，才会主动地去探索，去尝试。

启发是教学原则也是教学方法。启发要由近及远，从已知到未知。启发要推动学生开动脑筋，积极思考。要鼓励学生发现问题，解决问题。要唤起学生的意志和胆量。

8. 利用竞争与协作。在运动学习中，利用个人与个人、集体与集体的竞争意识与协作情谊，可以激发与调动学生的成就动机、荣誉动机和交往动机等。

许多研究证明，在相互竞争条件下学习较单独学习效果要好。当然也有例外，有时内向者在单独练习时，也可能创造好成绩。竞争双方的能力水平，也会影响竞争效果，双方棋逢对手，竞争效果就大；双方相差甚远，竞争效果就小，甚至毫无效果。

竞争在集体间进行，协作效果就会发生作用。平日的协作练习，比赛时的集体配合，也是比赛致胜的重要条件。通过集体合作，协调了人际关系，构建了集体情谊，也积累了平日训练的动力。

过度发展不择手段的竞争，可造成集体内人际关系的恶化，形成小团体和锦标主义，是应该注意防止的。

9. 让学生体验适当的成功感与失败感，也可建立信心，鼓舞斗志，形成动力。

引起、激发动机，是教学、训练过程中的一门艺术。教师和教练员应结合课的任务、教材、对象、环境条件等，灵活运用，才能收到更好的效果。

第四节　运动动机与归因理论

一、归因理论简介

归因，是指人们按因果关系确认成功或失败的原因的过程。

归因理论奠基人海德在其归因模式中，已经明确列出努力、能力、任务难度、运气四个主要因素。后来，韦纳在海德四个主要因素的基础上，归纳为两个主要维度：稳定性（稳定的和不稳定的）和归因点（内部的和外部的）。能力是稳定的内部因素，努力是不稳定的内部因素；任务难度是稳定的外部因素，运气是不稳定的外部因素。1979年他又提出了另一个维度——控制性（可控和不可控）。1982年拉塞尔为避开外部的原因与可控制的原因之间互相影响的问题，把可控制性重新定义为可以被控制的、可变的和受别人影响的原因，即指被本人或被别人所控制的原因。同时，他提出新因子“心境”，放在韦纳提出的四种因子中“努力”的位置上。被韦纳看作是内在不稳定的因子“努力”，拉塞尔把它归于唯一可以控制的原因。这样拉塞尔把能力、任务难度、运气、心境都归于不可控制的原因。把可控制的努力又分为：别人稳定外部可控制的、别人不稳定外部可控制的、本人稳定内部可控制的、本人不稳定内部可控制的四种。根据拉塞尔的分类，使得八种可能性归因类型能够建立在归因点、稳定性和可控制性三个维度上，见图6—3。

二、归因理论与运动动机

在运动训练、运动竞赛中，都有一个成绩提高问题。提高

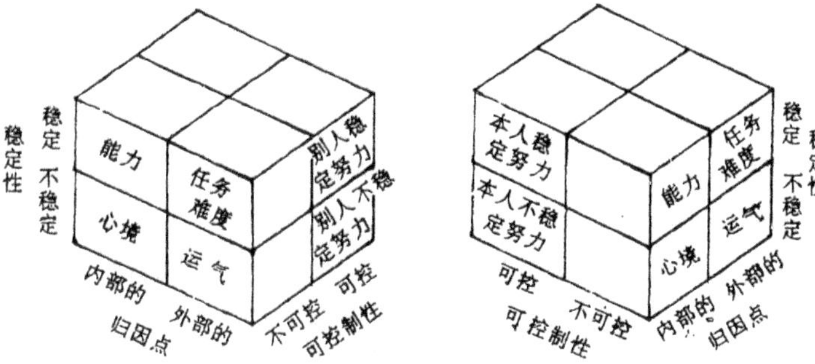

图 6—3　归因三维度模式的两种情况

还是降低，成功还是失败，有经验的教练员和运动员都常常进行事前预测和事后归因，从中获得有利的反馈，以便改善下一步的训练与竞赛工作。

如果预测与归因符合客观实际，对下一步的工作才能起积极作用。倘若不符合客观实际，主观成份过多，则可能产生消极影响，这就不能不联系到预测者或归因者的动机。

（一）胜负归因受运动动机影响

因果属性理论能够深入洞察人们动机的性质和动机产生的根由。为什么经常胜利者与经常失败者归因有不同的基本点呢？研究表明：胜者和胜队通常把稳定可控内部的本方努力和稳定不可控内部的能力，看成是胜负最重要的决定因素。即使偶然失利时，也会把暂时失败归因于稳定可控的内部因素"自己努力不够"或被别人控制的稳定的外部因素"对手超水平发挥"等，预示这种失败会在以后竞争中得到改变；而很少获胜的人或队，则常常以不稳定不可控的外部因素"运气不好”或稳定不可控的内部因素“我方根本不行”作为“输”的理由。归因基本点不同，是因为自我效能感和信心、动机不同所致。

运动员的运动动机，尤其是社会动机，都是在后天运动实践中习得的。一个团结友爱、技术精湛、训练有素的队，或一个团结较差、技术低下、经常失败的队，在他们运动归因的背后，都有自己队的健康的或不健康的基本动机。队集体的基本动机决定着他们归因时的意向。即使在一个队之内，若对每个队员作归因活动的结果分析，也可发现主力队员、非主力队员或场上不同位置不同任务的队员之间，存在着各式各样不尽相同的归因。所有这些，集体归因意向的一致性，个体各自归因的差异性，无一不是队员个体正常的公开的或掩饰的隐蔽的复杂动机的反映。

（二）成就需要、好恶不同归因及其影响也不同

成就需要高热爱运动的人，充分自信，雄心勃勃，总是想方设法战胜对手。如果比赛胜利，通常会把成功归因于稳定的内部因素“能力”或稳定可控的内部因素“本人努力”，导致以后信心更加坚定，成就动机更加提高，深信提高自己，就可以主宰比赛。如果比赛失利，也不会强调客观外部因素，而仍归因于稳定的由自己控制的内部因素，自己努力不够所致。悔恨也深信自己倘若场上再加一把劲，就可能转败为胜。

成就需要低厌恶运动的人，缺乏信心，无所图谋，抱着“试试看”、“无所谓”的心态参加比赛。一旦偶然战胜对手，常常把成功归因于稳定不可控的外部因素“任务容易”或不稳定不可控的外部因素“运气好”。于是沾沾自喜，不作进一步的安排，“守株待兔”，无所事事。如果比赛失败，则归因于稳定不可控

的内部因素，“自己的能力根本不如他人”。于是心安理得，甘拜下风，甚至气馁灰心，一蹶不振。由此可见，个体成就动机的水平和对归因事物的情感，影响着运动归因的认知、模式选择和归因的后继行为。

（三）归因求实性受动机、情感影响

归因时，在现实具体情境下，把事物的因果属性进行系统地实事求是地分析，集中起决定作用的属性，进行科学判断，即归因的求实性。

1. 归因求实的程度受归因者动机的影响

进行赛前预测就是根据赛前所了解到的信息，想象未来胜负可能性的归因。在进行这种归因时，有时候运动员受声誉动机的影响，强调某些外在原因：天气不好、对方某队员难防守、自己过去有伤等，为可能的失败找些借口，以便比赛万一失败了，不致于过多影响队的声誉和个人的面子。有时候运动员这样做的背后，孕育着更大的努力，教练员则应顺水推舟，适度解脱，减却赛前紧张。这种预测归因，失实合理的现象是情有可原的。有时候运动员这样做的意图，是为自己赛时失误、偷懒推卸责任，教练员则应要求他们纠正归因动机，把归因的着眼点，放在决定胜负较大的稳定的内外部因素上或稳定的内部本人可以控制的因素上。通过双方具体对比，进行实战性的相对剖析，使运动员在战略上，要建立信心，全盘规划；在战役上，要件件相争，勇占上风。同时在体力上、技术上、精神上也要作好一切准备。

如果经过教练员与运动员的分析，双方实力差距的确较大，那些稳定的内部、外部因素确实不利于我方，我方成功的概率甚小，这时，教练员协同运动员应重新规定“成功”的含义。可以规定“这次比赛只要相当或超出我方过去最好水平，技战术充分发挥了，就达到了预定的目的。”这既不会产生什么消极影响，也会让运动员知道教练员了解他们的实际能力，借以养成运动员动机正当、归因求实、脚踏实地求上进的健康心理。

2. 归因求实性受归因者情感的影响

人们在归因时不仅带着意向和动机，而且付以巨大的情感和情绪。有时候归因者过于维护“自我”，情绪激化，归因就可能有不同程度的失真。例如，归因者企图从他人处获得社会认可，而把成功归因于自己的努力，而把失败归因于努力以外的原因。因为如果成功是努力的结果，最容易得到他人的赏识。相反，如果失败是由自己怠惰所致，最容易引起别人的指责。“赏识”常常为情感所接纳，“指责”常常为情绪所不容。又如，观众看足球比赛，从胜队地区来的球迷，常把队的胜利归因于内部因素——我队的优势。而支持败队的球迷，多把胜利归因于外部因素——运气、拙劣的裁判等。可见，在一定情境下，归因者的情感和情绪，有意无意地会干扰因果属性的客观性。

一个训练有素、经验丰富的运动员，赛前预测和赛后归因，总是在知己知彼、一分为二、科学求实的前提下，把自己的情绪控制在稳定的中等水平范围内，冷静地提出成熟而实际的看法。相反，一个能力低下、缺少经验的运动员，归因时则强调外部困难，烦躁焦虑笼罩着自己的心绪，而越感不知所措。这时，教练员要细心观察，冷静对待，先帮助运动员走出应激逆境，作好情绪的宣泄与疏导。当运动员情绪趋于稳定之后，教练员就可以根据自己归因的客观分析，剖析双方长短，立足顺境作实战性具体指导，寻觅可能，抓住机遇，问题就会向逐步解决的方向推进。

应该提及的是，归因理论与应用，在国外尚处在初期发展阶段，在国内则刚刚起步，许多问题需要作开拓性的探讨。这一节“运动动机与归因理论”告诉我们：运动领域需要归因理论；归因理论应用于运动竞技将大有可为。

本章小结

动机是指能引起、维持一个人的活动并将该活动导向某一目标，以满足个体某种需要的念头、愿望、理想等。运动动机是指激起一个人从事运动活动的内在动力。

体育运动兴趣是指一个人对体育运动的爱好倾向和对体育信息优先关注的倾向。运动兴趣与运动动机相互联系相互依存。体育运动兴趣的发展一般经历直接运动兴趣、间接运动兴趣和志向运动兴趣三个阶段。

运动动机按照指向性可以分为直接运动动机和间接运动动机；按照来源可以分为内部运动动机和外部运动动机。运动动机发展一般经历 4 个阶段：开始从事体育运动阶段、体育专业化阶段、选项专项化阶段和高技术水平阶段。激发青少年的运动动机有助于他们产生参加活动的需要，有利于他们的思维活动并使不愿参加活动者和运动技能较差者排除干扰、集中注意、发挥潜力。可采用多种方法激发青少年的运动动机。

归因是指人们按因果关系确认成功或失败的原因的过程。海德的归因模式中有四个主要因素：努力、能力、任务难度和运气。韦纳提出了归因模式的三个维度：稳定性、归因点和控制性。拉塞尔发展了他们的理论。运动胜负的归因受到的影响因素很多，其中包括运动动机、成就需要、运动情感等。

思 考 题

1．什么是动机？根据自己的体验谈谈动机的作用。

2．体育运动兴趣与运动动机有何关联？教师在教学中怎样培养学生的体育运动兴趣？

3．怎样理解运动动机的分类？结合自身体验谈谈运动动机的发展问题。

4．你怎样认识成就动机与运动成绩的关系？

5．结合自己的教学经验，谈谈怎样激发学生的运动动机？

作 业 题

1．记一次教学（或训练）中成功激发学生运动活动动机的事例。

2．试拟订一个胜负归因（或运动动机）测试问卷，同时设计好评定方法。

第七章　体育教学心理

自 学 指 导

一、内容简介

本章分三个部分讲述了体育教学心理。

第一部分为体育教学中的反馈问题。主要阐述了反馈的概念和反馈的不同分类，介绍了人为性反馈和内在性反馈在体育教学中的运用。

第二部分为运动技能的形成问题。主要内容为运动技能的各种不同的分类和技能形成各阶段的心理活动特征以及练习曲线。

第三部分为运动学习的迁移问题。主要阐述了迁移的概念、种类以及影响与促进迁移的条件。

二、重点与难点

本章教学的重点与难点是反馈的运用、技能形成的心理活动特征以及促进迁移的条件。

三、学习方法与要求

本章学习内容对学员从事体育教学和运动训练有重要的实际意义。学员学习本章时应密切联系自己的体育专项实际，力求学有所获，从心理学角度改进体育教学工作。

第一节　体育教学中的反馈问题

一、反馈的种类与体育教学

(一)反馈的概念

反馈是控制论的基本概念之一。一般把某一系统输出的信息作用于被控制对象后发生的结果再输送回原系统,并对信息的再输出产生影响的过程叫做反馈。这一概念引入运动学习中,通常被定义为:人们在处理信息的过程中把来自运动器官活动效应的信息再经过感觉器官传导回大脑神经中枢,并对信息的再输出产生影响的过程。例如:当我们练习单手肩上投篮动作时,由大脑向手臂、手腕、手指输出投篮动作的指令,引起有关肌肉关节产生相应的活动,表现出投篮动作。但是,运动器官并非单一被动地接受大脑的指令产生活动,而是在整个活动过程中(包括活动结束)自己或协同其他感觉器官将活动的效应信息(如各部位的用力状况、出手角度、动作的速度和节奏等)不断地返回大脑,以便中枢神经系统对当前正在进行着的动作和以后的投篮练习所输出的动作指令作出调整。这一过程就是反馈,其模式见图 7—1。

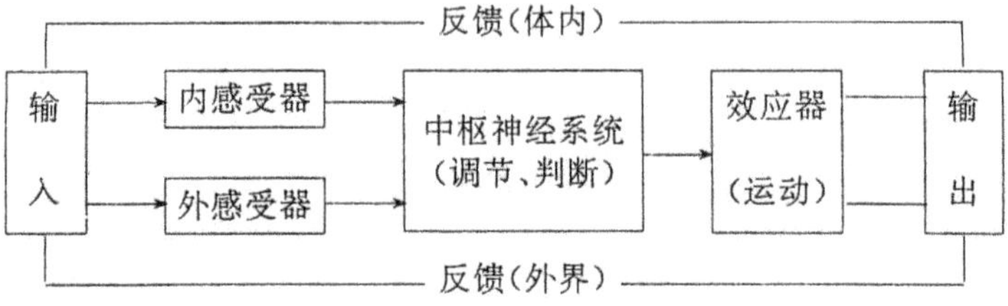

图7—1　运动学习的反馈模式

动作学习中，通过反馈所获得的信息涉及到动作本身的知识信息和动作结果的效应信息两个方面。例如：学习者可以通过完成动作过程中自身的肌肉关节体验以及教师或教练对其完成动作的分析评价获得有关投篮动作本身的知识，也可以通过自己的视知觉获得球是否投进篮圈的结果信息。无论是动作本身的知识还是动作结果的信息，这对学习者在运动技能形成中不断地改进技术动作和实现学习目标来讲，不仅是必须的，也是重要的。因为，人是根据反馈获得的运动器官的活动状况信息和活动效果信息，与预期目标或标准动作进行比较，在不断校正错误中使动作精确起来。人是在反馈中完成动作、学会动作的，不是靠单纯“教会”的。

反馈不仅具有提供信息的价值，而且具有提高学习者练习积极性的功能。教师或教练把学习者练习的成绩返回给学习者，就是利用反馈，激励学习者学习的积极性。

(二)反馈的种类

反馈可以按照接受反馈信息的感觉方式、反馈信息的来源、提供反馈信息的时间和反馈信息的性质等不同的标准进行不同的分类。

1. 内部反馈和外部反馈

根据接受反馈信息的感觉方式，可以把反馈分为内部反馈和外部反馈。进入肌肉运动觉和平衡觉等内部感受器的反馈信息叫内部反馈；进入视觉、听觉等外部感受器的信息叫外部反馈。根据这种分类，动作技能学习的早期阶段主要依靠外部反馈，依靠内部反馈是很困难的。因为初学者的内部感觉处于模糊状态，多数动作比较笨拙，不大明晰动作的顺序和完成动作的时间与节奏。因而，初学者在分析动作误差时不能依靠他自己的“动觉”，而必须依靠视觉、听觉等外部反馈。

运动技能性质的不同，内部反馈和外部反馈具有的意义也就不同。在开放性运动技能中因为必须依据外部环境的变化改变运动，所以外部反馈在这种技能形成过程中就起着重要作用；在封闭性运动技能中因为事先必须决定怎样运动，所以主要以身体位置感觉、主动用力的感觉以及运动方位、运动速度感觉等内部反馈为线索进行动作调节。因此，有必要根据反馈是来自内部或外部来改变动作学习的练习和指导方法。

2. 内在性反馈和人为性反馈

根据反馈信息的来源，可以把反馈分为内在性反馈和人为性反馈。反馈信息是由运动者本身提供的属运动本身具备的反馈叫内在性反馈。例如：学习者通过自己的肌肉运动感觉或视觉接受完成投篮动作过程的信息，这种反馈属于内在性反馈。反馈信息是由他人提供或通过一定的外部条件而提供的反馈叫人为性反馈。例如：通过教师对学习者完成动作的分析评价，或者观看录像等向学习者提供投篮动作信息的过程，这种反馈属于人为性反馈。

按照运动心理学的观点，这两类反馈在体育教学训练中具有十分重要的意义，尤其是内在性反馈。这是因为动作学习过程中存在着两条封闭的调节线路，即：教练员对运动员系统的外部调节线路和运动员自身内部系统的调节线路，外部调节线路最终必须通过或转化为内部调节线路才能起作用，这是由于动作毕竟是由学习者自己完成的缘故。

3. 同时反馈和延缓反馈

根据提供反馈信息的时间，可以把反馈分为同时反馈和延缓反馈。在完成动作过程的同时提供反馈信息的反馈叫同

时反馈。在完成动作以后或间隔一定的时间提供反馈信息的反馈叫做延缓反馈。例如：学习者一边看镜子一边修正自己的动作就属于同时反馈；观看自己完成动作的录像就属于延缓反馈。研究表明：在多次尝试动作之后才开始给予信息反馈，对于初学者来说是不利的，而且反馈信息延缓的愈久，初学者获得运动技能的速度愈慢。如果能恰当而又及时地提供反馈信息，则可把学习者下一次的动作幅度、范围、速度和力量引导到正确的轨道，从而提高练习的质量，加快练习的进程，并能调动学习者的练习积极性。

4. 建设性反馈和非建设性反馈

根据提供反馈信息的性质，可以把反馈分为建设性反馈和非建设性反馈。反馈信息的提供是特殊的、限制在一定范围内的、有利于提高运动技能的反馈叫做建设性反馈。反馈信息的提供是重复的、非特殊性的、对运动技能的改进没有任何用处的反馈叫做非建设性反馈。例如：当教练员在观察了初学者发球动作之后告诉发球者："这个球抛得较高，又在你的前上方，你的重心就要转到前面一只脚上，眼睛要看着球，手臂要伸得长一些……"这种反馈属于建设性反馈。如果教练员对发球者说："你看，你的球又打到场外去了。""你的发球又没过网。"这样的反馈属非建设性反馈，是不能帮助学习者改进发球动作的。久而久之还会引起练习者的烦恼或反感，降低练习的积极性。

二、反馈方法的运用

实践证明，体育教学训练中合理地运用反馈原理，不仅可以有效地提高教学训练的效果，同时也会调动学习者的学习积极性。依据动作学习过程中的两条封闭的调节线路，教学训

练过程中反馈方法的运用主要表现在下述两个方面：

（一）人为性反馈的运用

体育教学训练中人为性反馈的运用，通常是体现教育者教学作用的重要方面。它能有效地调整学习者在完成动作时产生的偏差，减少错误的尝试，加快学习的进程，提高学习的兴趣。体育教学训练中的人为性反馈，具有各种形式，如口头讲述、分析评价、动作示范、手势信息、运动情感以及其他一些辅助手段，如挂图、照片、幻灯、电影、录像等等。合理地运用人为性反馈，必须使上述各种反馈形式同时具有建设性反馈和同时反馈或即刻反馈的因素。

日本的杉原隆探讨了反馈信息的详细程度与运动成绩的关系，以及不给反馈信息对学习效果的影响问题。实验采用掷球命中的课题，实验条件的确定见图 7—2。

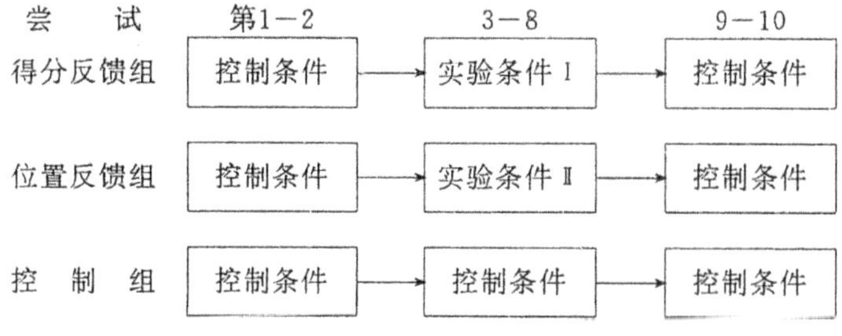

图7—2 杉原隆的实验程序图

实验条件Ⅰ是球一落下即刻向被试者通知得分情况；实验条件Ⅱ是球一落下就把落点的位置显示在图上给被试看；控制条件是不给予知识的反馈，只让其单纯投球。其结果表明：得到正确反馈信息的位置反馈组成绩最好（取消反馈后成绩也比其他两组为佳）；其次是反馈信息比较模糊的得分反馈

组;不给反馈信息的控制组成绩最差。

美国学者比拉等通过对大学生用枪击靶的实验研究证明了练习中学生对自己的练习结果知晓得越具体越准确就越有助于减少错误,提高练习效果。在实验中,教练员将学生分为动作能力均等的两个班:甲班在开始学习时,有电机的响声以示击中了目标物,而乙班则没有电机的响声来报告结果。如此训练了1小时后,两班调换方式,即甲班学生击中目标物不再发出电机的响声;乙班学生击中目标物则可听见电机的响声。研究结果见图7—3。

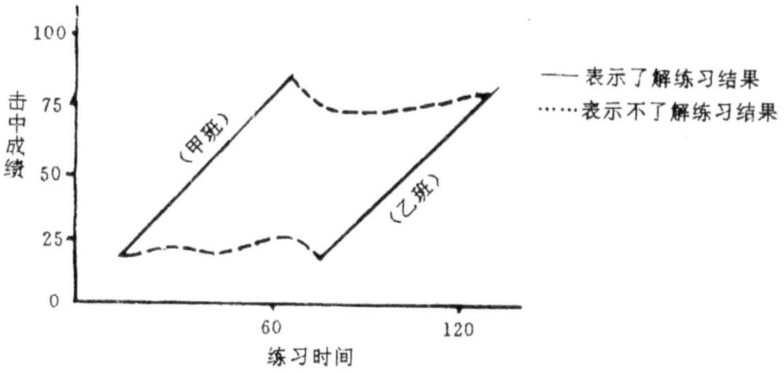

图7—3 动作技能的反馈效应

其他实验研究还表明:提供反馈信息的时间越快,学习进步越快,学习的积极性越高。

该实验是将一个班的学生分为三组,每天学习结束后进行测验,主试对第一组学生每日告知其学习结果;第二组学生每周告知学习结果;第三组学生不告知学习结果。进行8周后,改变做法,将第一组与第三组进行对换。实验结果以每日告知学习结果为最显著，比每周反馈效率高，不告知学习结果最差。可见，学生看到自己所学的知识技能在实践中运用的意义对进一步激发学生的学习动机有重要作用。

此外，在体育教学训练中利用照片、电影或录像是再现学习者练习过的动作的最好方式。它可以把学习者完成动作的优缺点生动而又逼真地再现出来。但是照片、电影在提供反馈信息的即时性方面较差，而录像则具有即时性和动作再现性两方面的优点，可以在人为性反馈中发挥很大的作用，特别是在用视觉方式较难以把握的动作学习中运用录像提供人为性反馈信息的优越性更加突出，有效性更明显。因而运用录像技术的反馈功能自然也就成了高水平运动员动作技术分析和改进技术动作常用的方法。

（二）内在性反馈的运用

体育运动不仅是一种以大肌肉活动为基础的身体操作过程，同时也是一种在大脑控制调节下的随意行动。运动心理学中存在着这么一种观点：动作学习的实质就是学习者依据所学动作的空间特征（如身体各部位活动的姿势、动作轨迹的形式、动作的范围、幅度和方位等）、时间特征（如动作持续的时间、速率、顺序、频率和节奏等）和力量特征（如肌肉用力的方式、顺序和主动用力的程度、肌肉关节的紧张度和对抗肌的放松度等）的参数来学会对有机体相应部位的启制动、控制和调节。具有无限自由度的运动器官，如何在大脑的控制调节下，产生正确的运动活动，主要取决于人的内在性反馈功能——通过内在性反馈，特别是内部反馈获得的动作信息与预期目标或标准动作相比较，在不断地屏弃错误动作、巩固正确动作的尝试练习中使完成的动作精确起来，有机体的自我控制调节能力也从中得以提高和完善。

日本的荒木雅信和佐久间春夫于1982年进行过关于运动学习的内部反馈(肌肉运动觉反馈)实验。课题是对靠肱二头肌力量调整的阶梯波进行补充修正追踪。反馈的方式是以往采用的对目标值和反应值的偏差进行视觉的(偏差程度用两束光线表示)或听觉的(偏差程度用声音大小提示)的反馈,实际上是通过把肌电图(EMG)的振幅变换成声光信号,给学习者提供一般不受意识支配的肌肉感觉的反馈。结果表明,从学习的初期就注重于内部反馈的被试者,成绩得到提高。可见,由运动产生的内部反馈的利用对运动学习是很有效果的。

体育教学训练过程中内在性反馈和内部反馈的运用通常采用的形式有以下几种:

1. 采用自我评价的方式,使学习者对自己完成的动作进行分析与评定,明晰自己完成的动作与标准动作之间的误差,并纠正错误动作。

有人采用对技术动作自我评定和言语调节纠正的方法进行实验,研究证明:在运用内在性反馈后,运动员练习技术动作的错误次数明显减少;无论运动员或非运动员,在采用言语对错误动作纠正后,再次重现错误动作的次数都减少了。其结果如图7—4所示。

2. 采用向学习者提供动作自我调控的内部线索的方式,提高学习者内部感觉和内在性反馈的精确性与敏锐性。体育教学训练过程中向学习者提供动作自我调控的内部线索的方式,通常有以下几种:

(1)缓慢地完成动作以便获得相应肌肉群紧张程度变化的体验。

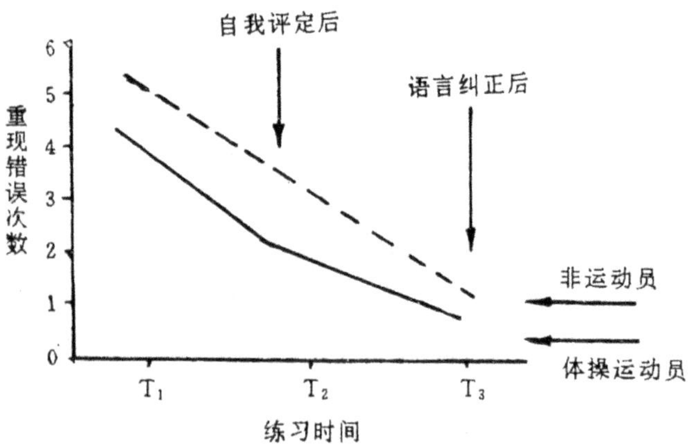

图 7—4　自我评定和言语纠正后动作再现错误的比较

(2)采用不同重量的器械进行练习获得相应肌肉群紧张度变化的感受。

(3)分别完成所学的个别动作,感受各相应肌肉群紧张度变化的差别。

(4)提高相应的肌肉运动感觉使之清楚地意识到正确动作的内部线索。

(5)采用各种辅助性手段如运动表象训练法、生物反馈训练法、动作预先估计法、强制反应法、视听觉回避法等方法,加强一种内部反馈的练习与运用。

第二节　运动技能的形成

一、运动技能的概念

运动技能也叫操作技能,如写字、骑车、打球、体操等。一般是指一个人经过学习和练习,有效地运用运动技术完成相应运动任务的动作活动方式。运动技能是以人的感觉系统和运动系统相适应、密切协调为必要条件的动作活动方式，是由通过相应的神经所支配的骨骼肌运动来实现的一系列外显动作所构成。肌肉运动的精确性和协调性对运动技能的形成有着重要的意义。

运动技能与运动技术是同一体育运动手段不同侧面的两种表述方式。所谓运动技术，一般是指在一定时代背景下，那种能够充分发挥人体运动能力，合理、有效地完成某种运动任务的动作组合，是人们对某种体育运动手段合乎规律性的认识。

运动技能和运动能力是两个既有联系又有区别的概念。运动技能是完成一定运动任务的动作活动方式，而运动能力则是一个人顺利地完成某种运动任务的个性心理特征。运动技能的形成要以一定的运动能力为前题，否则就不能较快地掌握运动技能；反之，运动技能的形成又能促进各种运动能力的发展，并使之充分的体现。

学生学习各种运动知识不能直接转化为运动能力，只有把运动知识运用到运动实践中，经过运动技能这一环节才能形成运动能力。因此，运动技能是运动知识转化为运动能力的中间环节。人们通常说的掌握运动知识是运动技能形成的前提，反复实践与练习是运动技能形成的条件，运动操作达到自动化程度是运动技能形成的标志就是这个道理。

二、运动技能的种类

运动技能可以按照参与完成运动技能的肌肉组织数量、连续性程度和对内外环境的依赖程度等三种不同的标准进行不同的分类。

（一）小肌肉群运动技能和大肌肉群运动技能

根据完成某种运动技能参与的肌肉组织的数量为标准，可将运动技能分为小肌肉群运动技能和大肌肉群运动技能。小肌肉群运动技能，顾名思义是以小肌肉群活动为中心构成的运动技能。如手、指等肌肉与关节的互相协调配合的动作：篮球投篮时的腕力和拨指、射击时的扣动扳机等。这类运动技能是属于精细巧妙的动作，是在比较狭小的空间领域或运动器械的个别细小部位上的操作，动作的幅度不大，也不必要用大力量，但对肌肉关节活动的精确性和协调性要求很高。

大肌肉群运动技能是指运用全身的、大而有力的、明显的肌肉力量所形成的运动技能。如游泳、举重、球类、拳击、武术等都是伴有强有力的大肌肉收缩和全身神经与肌肉的协调动作。大肌肉活动（也包括小肌肉活动）可以促进肌肉形态与机能的发展，保证内脏器官与神经系统的发达，使神经肌肉活动功能协调。体育运动项目中绝大多数运动技能都属于这种大肌肉群运动技能。当然，大肌肉群运动技能中也常常伴有小肌肉群的微妙运动，但此时小肌肉群运动是从属于大肌肉活动的，是与有效完成大肌肉群活动紧密相关的。

（二）连续性运动技能和非连续性运动技能

根据运动技能的复杂程度、动作是否具有连续性为标准，可以把运动技能分为连续性运动技能和非连续性运动技能。如掷铁饼、铅球、举重、射击射箭等都是非连续性运动技能。这类运动技能的特点是一个动作的开始和结束非常明显，具有较短的动作序列，每一次动作都是由不同的刺激发动的。打太极拳、舞蹈、滑冰和体操等都是连续性运动技能。因为这类动作都是由一系列连续动作组成，是一个接一个的连串动作技能，是个体对刺激的结合体作出的一系列连续的动作反应。

（三）封闭性运动技能和开放性运动技能

根据运动技能完成过程中对环境的依赖程度，可以把运动技能分为封闭性运动技能和开放性运动技能。封闭性运动技能多数是靠运动员内部的本体感受器所介入的反馈来调节动作的，完成技能时外部环境在本质上是相对稳定的，要求动作尽可能稳定、精确。例如：射箭射击、体操、游泳、跳水、掷铁饼铅球、跳远以及球类项目中的罚球等均属于封闭性运动技能。学习这类运动技能的关键在于反复练习，直至达到理想的模式和自动化程度。

开放性运动技能的学习和完成动作主要信息来源于环境。这种运动技能一般是根据环境因素的变化来调节和控制自己的动作。开放性运动技能要求完成者对临场情况作出恰当而准确的判断或预测，并随时准备应付各种情况的发生，采用相应的动作适时合理地作出反应。打乒乓球、棒球、排球、拳击、足球、篮球中的防守等均属于开放性运动技能。训练这种技能的目的应达到减少环境变化的不可测性，使完成者能确切地把握环境的变化，并作出恰当合理的动作反应。

三、运动技能的形成过程

运动技能是在领会有关体育科学知识的基础上，将运动知识运用于实践，通过反复的练习而形成的。

任何一种运动技能的形成过程，都可以从专项理论、运动心理学、运动生理学中找到它的依据。从专项理论出发，考察任何一种运动技能的形成过程都表现为是一个局部的、个别的、粗糙单一的动作联合发展为准确协调的、灵活省力的、完善的动作系统的发展过程；从运动心理学角度出发，它则主要表现为一个运动表象的建立、准确、清晰、完整和完善，并且视觉运动表象控制调节作用的减弱，动觉运动表象控制调节作用逐步增强的发展过程；从运动生理学的角度出发，它则表现为是一个在感觉器官、中枢神经系统和运动器官之间建立和确立暂时神经联系系统并经由泛化、分化到逐步稳定、完善和巩固的发展过程。

运动技能的形成过程，在专项理论、运动生理学和运动心理学中一般都分为三个连续但并没有截然不同明显界限的阶段，即：初学阶段、提高阶段、完善阶段。每一阶段中在动作表现与质量、心理和生理等几方面都表现出不同的特征。了解和掌握各阶段的动作特征、心理特征和生理特征，可以帮助我们合理而又有效地组织运动技能的教学过程，提高动作教学的质量和加快运动技能形成的进程。

运动技能形成过程中各阶段的动作特征、心理特征和生理特征详见表7—1。

四、练习

运动技能是通过练习形成的，练习是运动技能形成的基本途径和有效方法。但是练习不等于动作的机械重复，而是以改进运动技能和提高学习效果为目标的一种有意识有目的的活动。只有通过有效的练习，学习者才能发现错误动作与标准动作之间的偏差，才能通过自身内部系统的调节线路控制调节动作，从而提高完成技术动作的熟练性、精确性和稳定性。

通过练习而改进运动技能通常是一个渐进的过程。在这一渐进的过程中，可以采用单位时间内的工作量、完成每次练习所需要的时间以及每次练习发生的错误量等三种指标来衡量练习进步的情况，测定练习发展的趋势和结果。研究表明，

表 7－1　运动技能形成三阶段的各种特征一览表

特征分类	阶段	初学阶段	提高阶段	完善阶段
动作特征	动作质量	时间、空间、用力等参数方面不准确	时间、空间、用力等参数方面比较准确	时间、空间、用力等方面精确合理
	动作表现	神经肌肉活动过分紧张，动作呆板、缓慢、忙乱、不协调，多余的动作和多余的肌肉活动过多	动作之间的相互矛盾和干扰逐渐减少，神经肌肉的过分紧张性降低，动作比较协调，多余的肌肉活动趋向消除	动作协调、准确、迅速、轻巧、合理、省力、灵活，并达到了自动化的程度
	动作错误	不能觉察完成动作的全部情况，不能发现错误	动作完成后或动作完成的当时就能发现错误	一有错误即能发现并合理地排除
心理特征	信号来源	视听知觉获得观察示范讲解动作主要结构的外部信息	视觉与肌肉运动觉提供的内、外部信息的结合	神经肌肉运动及各关节活动提供的内部信息
	注意	注意范围小，不能分配与转移，指向集中于动作的主要特征或方面	注意范围扩大，分配和转移能力增强，指向集中在完成动作的薄弱环节	从完成动作的过程中解放出来，指向集中在完成整个任务的其他重要方面
	记忆与思维	动作的主要结构、特征和个别单一的动作	将局部的、单一的动作联合成整体的动作系统	动作的系统性、整体性与创造性
	感知觉与表象	视听知觉、运动知觉及其留下的表象模糊不清，不准确	视听知觉、运动知觉及其留下的表象逐渐清晰、准确	运动知觉精细分化，并形成专门化知觉，运动表象清晰、准确、完整
	控制调节、反馈	视觉表象控制与调节动作	视觉表象监督下的动觉表象占主导地位	运动觉表象控制、调节动作
生理特征	暂时神经联系	刚刚建立	比较稳定地建立	牢固地建立并形成稳定的动力定型
	神经过程特点	泛　化	分化性抑制	精细分化

练习进程中工作量、练习所需时间、错误量与练习次数之间，具有规律性的联系。把这种联系分别用曲线图表示出来，就是运动技能形成的练习曲线，通常又叫“练习曲线”(图 7—5)。

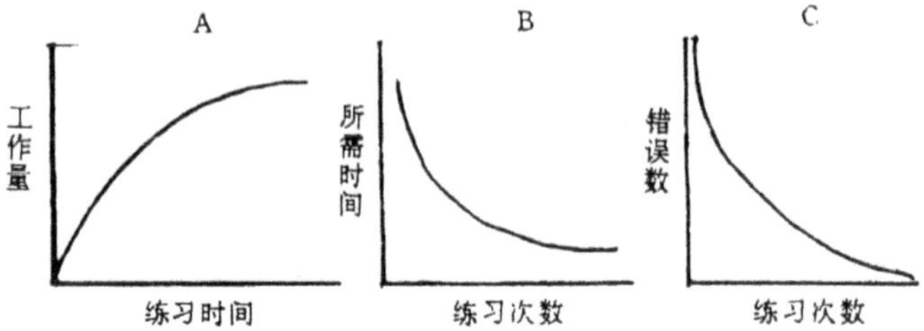

注：A——表示工作量对练习时间的关系；
B——表示每次练习所需时间对练习次数的关系；
C——表示每次练习的错误数对练习次数的关系。

图 7—5　典型练习曲线

图 7—5 表示的三条练习曲线揭示了任何一种技能形成过程中普遍存在着的练习进展情况的一般规律，即：单位时间内的工作量随着练习次数的增加而增加；完成一次练习所需要的时间随着练习次数的增加而减少；每次练习发生的错误量随着练习次数的增加而减少。

就运动技能形成的练习进程而言，一般经历五个阶段，即：初期进步阶段、高原阶段、再次进步阶段、一时不振阶段；生理极限阶段。详见图 7—6。

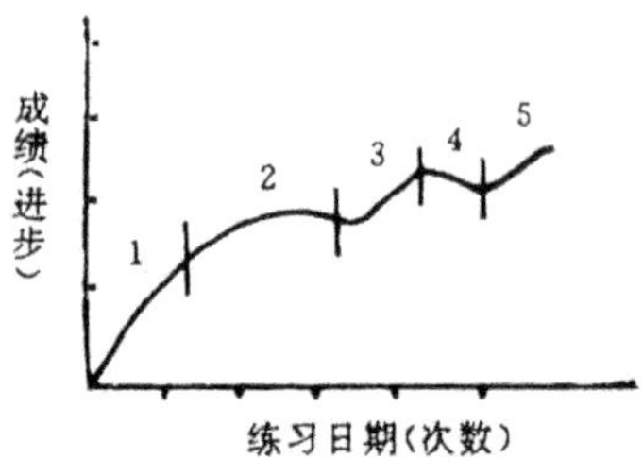

图 7—6　练习效果的进程

1. 初期进步阶段

练习初期，一般地说，由于人的运动浅层潜能被顺利开发，学生进步很快，表现为成绩迅速上升趋势。这是因为：(1)学生已熟悉所面临的一部分任务，致使运动技能的形成发生正迁移。(2)在练习开始阶段，某些动作因素比较简单，容易掌握。(3)学生对新的练习抱有浓厚的兴趣，较强的动机。但是在少数项目，如游泳、武术等教学初期阶段，学生练习进步的曲线有时会产生先慢后快的趋势，其原因主要是这些项目对基本技能的难度要求较高，需要在基本功上狠下功夫，因而导致出现先慢后快的趋势。

2. 高原阶段

高原阶段也叫"高原期"或"高原现象"，是指练习中期出现的成绩暂时停滞现象。在复杂的运动技能形成过程中，学生经过初期努力，浅层潜能被开发而深一层次的潜能尚未开发，于是运动技能由较低级的阶段飞跃到较高级阶段前便会出现练习成绩的暂时停滞趋势。但是这种暂时停滞并不是在所有运动技能形成的过程中都会出现，简单的运动技能练习通常不容易出现高原阶段。产生高原阶段的主要原因是：(1)成绩的提高需要改变现有的动作结构、动作活动方式。(2)身体素质的发展不能适应运动技能形成的需求。(3)练习兴趣降低、情绪低落、疲劳或疾病以及产生各种心理障碍。

3. 再次进步阶段

再次进步阶段的出现是由于经过训练手段的调整、动作结构的改善、身体素质的新发展以及心理调节、训练状态的恢复等，学生的深一层潜能再次被顺利开发，就能突破暂时停滞状况，出现成绩再次上升趋势。

4. 一时不振阶段

再次进步阶段的练习后期，由于深一层的潜能枯竭和更深层的潜能待开发，加上疲劳、运动技能间的相互干扰以及各种心理因素等原因，会出现成绩再次停滞、或短期的拉锯波动趋势。这一阶段就是一时不振阶段。

5. 生理极限阶段

消除了产生高原期和一时不振现象的各种原因后，运动技能水平的再提高可能会受到个体最大潜能的生理极限的限制，此时便是生理极限阶段。但在现实生活中，由于受到当代训练手段与诊断技术的局限，一般不可能达到生理极限。尤其是青少年学生，他们的潜在能力是很大的，个体真正的生理极限是较难达到的。

值得指出的是上述五个阶段是运动技能形成的练习进程中的一般趋势，但并不是绝对的和机械的。由于运动技能的特点、学习者的个性特点、练习方式等诸多因素的不同，有些阶段，如高原阶段、再次进步阶段、一时不振阶段在练习进程中会多次出现或反复出现。因此，在体育教学中教师要针对不同的运动技能，不同的学生，采用不同的练习方法，以便真正做到有效的练习，促进运动技能的形成。

第三节　运动学习的迁移

一、迁移的概念

学习的迁移，简称“迁移”，是心理学的一个专门术语。迁移一词看起来很深奥，其含义却很简明，心理学中通常把它定义为一种学习对另一种学习的影响。这种影响，既可以是先前的学习对后继学习的影响，也可以是当前学习对以前学习产生的影响。就影响的性质而言，既可以是积极的，起促进作用的影响，也可以是消极的，起干扰阻碍作用的影响。例如：形成了乒乓球技能的人再学习羽毛球技术，就比没有形成乒乓球技能而直接学习羽毛球技术的人显得更容易些；熟练掌握了羽毛球技能的人反过来再进行乒乓球技能训练，会显得驾轻就熟。学会了网球技术再学羽毛球技术，会显得比没有网球技能的人学羽毛球技术更难；熟悉了羽毛球技能再去练习网球技术，则会比没学羽毛球技术之前产生更多的错误（见图7—7）。

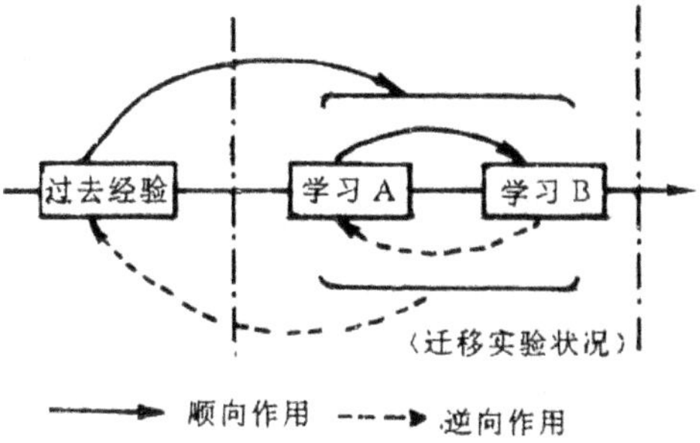

图 7—7 顺向迁移与逆向迁移

迁移是学习和训练过程中必然发生的现象。在日常生活、学习和运动活动中，我们常常可以看到人们在学习了某种基础科学知识以后，就能举一反三，触类旁通，去解决一些类似的或相关的问题；老运动员比新运动员会更快地掌握新的技术动作。这些都属于迁移现象。那么，为什么说迁移是学习和训练过程中必然产生的现象呢？那是因为：在我们的生活、学习和运动训练中彼此孤立、互不影响的学习是不存在的。尤其是教育，更是一种有意识有目的的系统的学习过程，各种学习之间自然也都会发生影响。因此，凡是有学习就会有迁移。

当今世界上教育界普遍流行“为迁移而教”的口号。从教育目标着眼，我们期望的是一种学习对另一种学习的促进影响（正迁移）。学习的正迁移量越大，说明学生通过学习所产生的适应新的学习情境或解决新问题的能力越强，教学的效果也就越好。仅从这一点出发，我们不难看出迁移在学习和教学训练中有着极其重要的意义。

二、迁移的种类

学习的迁移可以按照迁移的作用、迁移的作用范围等不同的标准进行不同的分类。

（一）正迁移、负迁移和零迁移

迁移可以根据对学习产生作用的性质为标准分为正迁移、负迁移和零迁移三类。

正迁移是指一种学习对另一种学习产生积极的促进作用，使学习更容易理解和掌握，更便于保持。例如：棒球选手打高尔夫球，也会很快打出专业队水平；懂得英语的人很容易掌握法语；在欧洲，有许多人懂得法语、英语、德语、西班牙语等，这是由于他的母语与新学习的语言属于同一语系，在文法结构语义系统等方面都很类似，因而容易发生相互促进作用的迁移现象。

负迁移是指一种学习对另一种学习产生消极的干扰或阻碍作用，使学习更为困难，出现更多错误。例如：日本司机在美国驾驶汽车的时候，有驾驶习惯的困难。在日本是“车左，人右”，汽车在左侧行驶；而美国，汽车是在右侧行驶。日本人在美国驾驶汽车时要不断地想着右侧行驶。一有急事或在紧急情况下，往往就无意识地靠左行驶。这样，在日本靠左侧行驶的学习对在美国靠右侧行驶的学习,带来了负迁移。

零迁移是指一种学习对另一种学习没有发生影响,即没有产生迁移作用。

(二)垂直迁移和水平迁移

迁移可以根据迁移作用的范围分为垂直迁移和水平迁移两类。

垂直迁移是指难易程度不同的两种学习间的相互影响。在积累学习模式中,较简易的先行学习对后继承接的较复杂的学习所产生的影响,也有一种自下而上的学习促长现象。教学中遵循的“循序渐进”原则和“深入浅出”的教学方法,就是为了达到垂直迁移的效应。

水平迁移是指难易相同的两种学习间的相互影响。由于两种学习属于同一难度层次因而其影响依水平方向进行。这种迁移经常发生在同一难度同一内容的各项作业或同一难度不同内容作业之中。

除此之外,学习的迁移还可按迁移的内容分为知识迁移、技能迁移和情感态度迁移等三类。本章节主要讲的是技能的迁移。

三、影响技能迁移的因素

(一)技能间的类似性

美国心理学家桑代克和武德沃斯提出的迁移的共同要素理论认为:只有当两种学习情境中含有共同的需要时,才会有迁移现象的发生。大量研究表明,不同的运动技能具有共同的因素和不同的因素,这是运动技能发生正迁移和负迁移的重要条件。

运动技能间的共同因素和不同因素,可从刺激和反应两个方面去分析。理论上说：当两种运动技能学习过程中，刺激与反应方面完全相似时，发生最大的正迁移；当两者间刺激不同反应相同时，产生较大的正迁移；当两者间刺激相同反应不同时，产生负迁移；当两者间刺激与反应都不相同时，则产生零迁移。也有实验表明：两种运动技能在反应方面高度类似性从理论上说应产生正迁移，但所存在的微妙差异如活动范围、动作时间及力量相同的运动技能，若一种学习是朝右方向而另一种学习是朝左方向时，也容易产生负迁移。还有研究表明：刺激与反应的类似性导致迁移与技能学习的阶段有关。在学习新技能的初期，知觉的类似性对迁移有较大的影响；随着练习的深化，该技能特有的运动方面的类似性对迁移起更大的作用。

(二)已有经验的概括水平

贾德通过水中击靶的实验结果——掌握水的折射原理的实验组水中击靶成绩大大好于控制组提出的迁移的概括化理论认为：两种活动之间存在的共同要素，只是迁移的必要前提，产生迁移的关键是学生在两种活动中概括出它们的共同原理。一个人只要对他的经验进行了概括，就可以完成从一个情境到另一个情境的迁移。因为，学生在理论知识背景上理解了实际情况后，就可以利用概括了的经验去解决新问题。因此，学生对已有经验的概括水平，是影响迁移效果的重要因素。

(三)认知结构

一切新的学习都是在原有的学习基础上产生的，不受原有认知结构影响的学习是不存在的。因为在一般学习中并不存在孤立的 A 课题和 B 课题的学习，学习 A 是学习 B 的准备和前提，学习B是学习A的深化和完善。即便是单独一次练习，其效果也能反映原有认知结构的影响，同时，通过一次练习获得的新信息，反过来则又修改了原有的认知结构，改变了的认知结构又会影响下一次练习。因此，认知结构是影响学习迁移的关键因素。

（四）学习时间与熟练程度

迁移与学习两种运动技能的时间和熟练程度有关。实践表明：形成一种运动技能并达到熟练程度时再学习第二种技能，则不易产生负迁移。如果同时学习两种新技能，特别是每种技能都没有达到熟练程度时，就易产生相互干扰。一般熟练技能干扰不熟练技能的情况较多，有时熟练技能干扰新技能的学习，比单纯学习新技能还要困难得多。因此必须注重两种学习的时间与熟练程度对迁移产生的影响。

四、促进迁移的条件

体育教学训练中，促进学生运动技能的迁移有着重要的意义。为了有效地教与学，必须尽可能避免负迁移，最大限度地运用促进教学训练的正迁移。因此，教师必须考虑促进迁移的条件。

（一）合理安排运动学习的内容

两种学习活动间的共同要素、原理和规律是产生迁移的重要条件，各种知识技能之间都包含有或多或少的共同成分、一般原理。因此为了促进迁移，在教学内容的安排上，必须遵循从简到繁、由易到难的原则，确保从已知到未知，尽量防止不当或过分的类比，防止对同一刺激频繁改变反应方式，减少负迁移的产生，充分利用学生已有的知识经验，促进正迁移。

（二）提高学生的分析与概括能力

学生的分析与概括能力是运动技能迁移的重要因素。学生必须具有较高的分析概括能力，并正确地运用比较的方法，才能清楚地认识技能间的共同因素和原理、规律，才能全面、精确和深刻地理解掌握有关的运动知识，也可以明确两种学习活动的异同，充分发挥已有知识经验的作用，将所学到的知识技能灵活地运用到实践中去，从而促进迁移，防止干扰。

（三）把握学习时间和熟练程度

技能学习的时间与技能熟练的程度也是影响迁移的重要因素。教师应合理安排学习时间。切忌同时进行两种新技能的学习。使学生较熟练地掌握一种运动技能后，再学习另一种运动技能，以免相互干扰。美国心理学家布卢姆认为，先前的学习要掌握达到 80～90%的正确率，才能开始新的学习。如果同时安排两种运动技能的练习，必须考虑到新旧技能的搭配。因为原有的运动技能越熟练、越巩固，对新技能的形成产生迁移的可能性越大，反之则干扰新技能的可能性也越大。

（四）加强学习指导

练习是提高教学效果、掌握运动技能的基本途径，但它必须有意识有指导地进行。教师应充分利用人为性反馈的作用，启迪和帮助学生迅速地形成正确的运动技能，指导学生掌握正确的练习方法，提供学生内在性反馈的线索，帮助学生及时地发现错误，纠正错误动作，以减少技能间的互相干扰，促进正迁移。

本章小结

反馈是指人们在信息处理过程中把来自运动器官活动效

应的信息再经过感觉器官传导回神经中枢并对信息再输出产生影响的过程。人是在反馈中学习动作和完成动作的。反馈可以分为内部反馈和外部反馈、内在性反馈与人为性反馈、同时反馈与延缓反馈等种类。其中内在性反馈，特别是内部反馈是动作学习的重要机制。人为性反馈在体育教学中应用时必须给予多种反馈形式，使之具有建设性反馈与即刻反馈的功能；内在性反馈在体育教学中的应用必须以有机体的自我控制调节能力为基础，提高运动感觉能力的条件，结合运动表象的功能来进行。

运动技能是一个人经过学习和练习，有效地运用运动技术完成相应运动任务的一种活动方式。运动技能可以按不同的标准进行不同的分类。运动表象的形成与完善，视觉表象调控作用的减弱与动觉表象的调控作用的增强是运动技能形成的心理方面的主要特征。练习是运动技能形成的基本途径和有效方法。练习的进展过程既有规律性特点又有动态的各种不同阶段的组合。

一种学习对另一种学习的影响叫做迁移。迁移具有可逆性。“为迁移而教”是当今世界上普遍流行的一句正确口号。技能间的类似性、已有经验的概括水平、认知结构以及学习时间与技能的熟练程度是影响动作迁移的主要因素，合理安排学习内容、提高学生分析概括能力、把握学习时间和动作熟练程度和加强学习指导是促使技能迁移的主要条件。

思　考　题

1．如何运用人为性反馈、内在性反馈来提高动作学习的效果？

2. 影响和促进动作迁移的因素什么？

作 业 题

1. 反馈的种类有哪些？体育教学中运用反馈应注意哪些方面？

2. 以一个具体动作学习为例，分析说明初级阶段的动作特征、心理特征与生理特征。

3. 什么是迁移？其种类有哪些？举例说明体育教学中的正迁移和负迁移。

第八章　体育运动心理卫生

自 学 指 导

一、内容简介

本章分为四个部分介绍了体育运动心理卫生领域里的主要内容。

第一部分着重从理论上阐述了心理卫生的概念、心理健康的标准、体育运动与心理卫生的关系。

第二部分重点介绍了运动应激的概念、影响运动应激的因素。运动员情绪失调的四种神经机能疾病，以及这些疾病产生的原因、行为特点和调节、治疗的方法。

第三部分讲述了与情绪障碍、心理卫生密切相关的挫折、动机冲突和自我防卫机制的问题。

第四部分讲述青少年学生和运动员的心理卫生，介绍了青少年心理不健康的几种表现形式、形成原因和增进青少年心理健康的基本途径。

二、重点与难点

本章重点在于使函授学员掌握心理卫生的基本概念，了解体育运动与心理卫生的关系，从而重视体育运动中的心理卫生问题。难点是运动情绪障碍和运动员情绪失调疾病问题，因为这方面的内容既涉及到心理社会因素，也与生理、医学方面的知识有密切关系。

三、学习方法与要求

学员学习本章应以自学为主，教师讲解为辅。教师着重讲述第一、二节。第三、四节可在学员自学基础上联系自己工作的实际展开课堂讨论。

第一节　体育运动心理卫生概述

体育运动的宗旨之一就是促进人们的健康，然而，对于健康的概念，人们有不同的理解。很多人认为，没有生理疾病就是健康，这种理解并不全面。健康的概念既包括躯体上无疾患，也包括心理上无缺陷。因此，身体健康和心理健康具有同等重要的意义。二者是相互联系、相互制约而又相辅相成的。

一、体育运动心理卫生的概念

人们一般说到心理卫生，往往包括着三重含义：一是指保持心理健康的科学；二是指个体的心理健康状态；三是指为了保持和促进心理健康所采用的各种措施和活动的总称。在不同的情境中，运用心理卫生这一术语，其含义的侧重点有所不同。

心理卫生的概念有广义和狭义之分。广义的心理卫生主要是使个体在心理上得到完善的发展，形成健全的个性，以积极的、平衡的、正常的心理状态适应当前发展变化的客观环境，使个体的心理倾向和行为与社会现实的要求形成和谐的关系。

狭义的心理卫生是指预防各种心理变态和心理疾病，改善、缓解和矫治心理疾病患者的失调状态，恢复心理健康。

体育运动心理卫生主要涉及体育运动参与者，尤其是运动员的心理健康问题。它研究体育运动与心理卫生的关系，体育活动对心理健康的影响，身体健康与心理健康的关系；使用专门的方法评价和判断体育运动参与者的心理状态和个性特征；分析造成运动员心理失调的原因和条件，提出并实施维护运动员心理健康、防治心理疾病的有效手段和措施，以提高体育运动参与者的心理健康水平。

二、心理健康的标准

为了使体育活动能够有针对性地促进人们的心理健康，首先必须明确什么是心理健康，即心理健康的标准是什么。心理卫生学认为，人的心理健康与不健康，是常态还是变态，只具有相对的意义，并无严格的界限。这也就是说，某一个人在某一特定时期或者在某一特定场合之中，心理状态的某一个方面处在"很正常"与"很不正常"这一连续体的某一点上。或者靠近于"很正常"一端，或者靠近于"很不正常"一端，只是相对而言的。虽然如此，但这并不妨碍我们制定出心理健康的标准。综合国内外学者的研究，我们认为心理健康的标准应有以下六条标准：

（一）智慧能力正常

智力是指人的感知、观察、记忆、思维等认知方面的能力。智力正常的人才能对客观事物作正常的反映，才能将他的智慧和能力反作用于客观事物，从而获得成就，得到满足感，达到与环境的平衡与适应。而智力低常者心理发展不健全，很难积极地适应环境，很难与变化着的客观环境相协调。同时，低智者往往具有较强的自卑感和失败感。

（二）自我评价适当

心理健康者能够正确认识自己与客观世界的关系，能正确地自我评价，既不妄自尊大、也不过分自卑。给自己定下的奋斗目标切合实际，既不强求解决超过自己能力的任务，也不推辞通过自己不懈的努力能够胜任的困难工作。心理不健康者自我评价则往往是不正确或不稳定的，忽而极端自尊，忽而又非常自卑。他们的行为常常是矛盾的、分裂的。语言支离破碎，做事有始无终，注意力容易分散，工作效率很低。

（三）情绪愉快稳定

心理健康的人总是情绪稳定，心情愉快的。情绪稳定表明一个人的中枢神经系统总是处于相对平衡状态，意味着机体功能的协调和心理活动的协调。心情开朗、愉快，表明他的身心活动和谐一致，身心皆处于健康状态。有些心理学家认为，快乐表示人的心理健康同体温表示身体健康一样准确。心理健康者既对未来充满信心和希望，又能随遇而安，处变不惊，遇事不慌，善于控制和适度表达情感。心理不健康者不善于控制自己的感情，常因小事而激动、紧张，以激情代替理智。

（四）意志品质坚强

在人生的道路上，困难和挫折在所难免。一个心理健康的人，能够不避艰苦、不畏繁难，以坚韧、顽强的意志品质克服种种困难，从而达到既定的目标。他们在采取决定时是主动的、果断的，在执行决定时是坚定的、勇敢的。遇到障碍能够努力克服，遭受重大挫折也不致产生过度焦虑。做事情拿得起放得下，有条不紊。心理不健康者则表现为行为矛盾，优柔寡断，做事情前怕狼后怕虎，畏首畏尾，顾虑重重，稍遇挫折则气馁、沮丧。因此，意志薄弱也是心理不健康的一种表现。

（五）人际关系融洽

一个心理健康的人善于同多数人保持和谐融洽的人际关

系。乐于人际交往，与人交往中心胸坦荡、热情真诚，互相帮助，共同进步。这样既增强了个人的归属感和安全感，又有助于个人在事业上的进步和发展，提高自己的进取心和成就感。如果一个人总是离群索居、沉默寡言、心胸狭窄、不能容人，常以刻薄、挑剔、怀疑、憎恶甚至嫉妒仇视的态度对待别人，总以为人人和自己过不去，那就不能说他的心理是健康的。因此我们说，建立和谐融洽的人际关系不仅是维持心理健康的一个必不可少的条件，也是获得心理健康的重要途径。

（六）环境适应力强

与人际关系密切相关连的是一个人的环境适应力。心理健康的人具有较强的社会环境和自然环境的适应能力，特别是在社会政治制度、经济制度大变动、大改革的时期，对于社会变革给自己切身利益带来的种种变化，心理健康的人具有较强的心理承受力，能很快地适应生活、工作等环境和条件的变化，使自己的心理活动与外部环境之间具有统一性和一致性，心理活动自身具有完整性和协调性。这也就是说，心理健康的人对外部环境能以社会认可的方式进行适应，因而内部环境就具有安定感。心理不健康者很难适应新的改变了的环境，对于变革的心理承受力很低。对于环境的变化或不知所措，怨天尤人，或举止失当，行为越轨。正如一位心理学家所说："心理健康是指一种持续的心理情况，当事者在那种情况下能作良好的适应，具有生命的活力，而且能充分发挥其身心的潜能，这乃是一种积极的丰富的情况，不仅是免于心理疾病而已"。

三、体育运动与心理卫生的关系

（一）心理健康与身体健康的关系

人的本质是社会实体和自然实体的综合体，社会环境引起的各种心理活动与身体的生理功能、身体健康的关系，自古就受到人们的注意。2000 多年前，古希腊的希波克拉特就强调了心理因素对疾病和身体健康的作用，我国古代医学著作中对此亦有许多论述，如“心者五脏六腑之主也……故悲哀愁忧则心动，心动则五脏六腑皆摇。”并用“因郁而致病”，“因病而致郁”来概括心理健康与身体健康的相互关系。苏联生理学家巴甫洛夫也曾说过：“愉快可以使你对生命的每一跳动，对于生活的每一印象易于感受，不论躯体和精神上的愉快都是如此，可以使身体发展、身体健康。”还说：“一切顽固沉重的忧悒和焦虑，足以给各种疾病大开方便之门。”巴甫洛夫这些话阐明了保持心理卫生对身体健康起着良好的促进作用，而不讲究心理卫生，心理不健康则可能诱发身体疾病，或使疾病加剧。

俄国的外科医生曾经报道说，战斗结束之后，胜利者的伤口愈合比失败者的伤口愈合得快而且好。外科临床上也发现，那些心情抑郁悲伤的患者，手术后容易得并发症。

美国一医生调查了 250 名癌症患者，他发现其中 156 人在患病前受到过沉重的精神打击。因此他得出结论：情绪压抑易生癌。

还有人发现，风湿性关节炎患者悲痛忧愁、恐惧烦恼之时，关节疼痛加剧，情绪平和以后疼痛感减轻。

由此可见，长期的和严重的心理不健康状态，会造成生理的异常和病态，从而影响身体健康。心理健康也易使患病之躯较快康复，这是问题的一个方面。另一方面，健康的心理寓于健康的身体之中，人的身体不健康，患有躯体疾病、生理缺陷都能影响人的心理特征,使人处于焦虑、忧愁、烦恼、抑郁等心理状态,既影响人的认识、情感和意志等心理过程,又阻碍个性的和谐发展和良好的人际关系的建立,导致心理不健康。

美国心理学家谢尔顿根据人的躯体形式和组织,将人分为内胚叶型(肥胖型)、中胚叶型(运动型)、外胚叶型(瘦弱型),这三种人躯体的差别显示着心理上的差别。身体肥胖者情绪喜怒无常,软弱而依赖性强,易患躁郁症;肌肉发达的运动型的人,对于新事物反应快,易于适应新环境;身体瘦长的外胚叶型的人严重内倾,敏感而孤僻,易患焦虑性神经症。虽然很多人对他的理论表示怀疑,但一些学者从大量精神病的临床观察中确实发现:约三分之二的躁郁病人属于肥胖的内胚叶型,约三分之二的精神分裂症病人属于瘦长的外胚叶型,而运动型的人则较少患精神疾病。

综上所述,我们说,心理健康与身体健康是紧密联系,相互制约而又相辅相成的。这是因为人的心理过程以及对躯体生理、生化过程的调节,都是由人脑来实现的。大脑的机能主要是一种反映机能或者说是信号活动,它接受来自外界环境和身体内部的各种信号,脑对这些信息加工的过程中,根据各种信号的信息量作出适当的反应。人的本质首先是社会属性,所以社会情境和社会事件是最重要的信息源泉,具有最大的信息量。当人脑对内、外刺激即对信息作出有主观意义的评价时,就成为激发情绪的条件,同时伴随着某些生理、生化的反应。情绪和这些反应又会反作用于认知过程和行为活动。在整个过程中,既是心理过程,也是生理、生化过程。这两种过程紧密联系在一起,而心理过程起着主导作用。各种有意识的和无意识的心理活动构成一系列影响体内平衡、身体健康的因素。而身体器官的障碍与心理活动的异常也是难以分开的，身体障碍往往会在心理上留下痕迹，而心理上的异常也同样会在身体上留下痕迹。心理健康和身体健康是辩证的统一过程。

在这里我们还应强调指出，心理健康和身体健康二者并不是直线相关的。也就是说，即使是体力强、运动技能好的人也可能在某些条件下患心理疾病，心理不健康。同样道理，心理健康人的不一定人人身体都很健壮。对于这一点，应当有明确的认识。

(二)心理卫生对体育运动的作用

我国体育运动的重要目的是增强人民体质提高运动技术水平，而要达到这一目的，就必须重视心理卫生。如上所述，心理卫生对增进身体健康，增强体格、体能有着重要的意义。同时心理卫生又可提高运动效率。

现代体育运动技能的水平愈来愈高，难度愈来愈大，运动比赛愈来愈紧张、剧烈、复杂，运动训练中吸收和应用的其他科学技术也愈来愈多。这就要求运动员在训练和比赛中有锐敏的观察能力，精确的记忆能力，丰富的想象能力和敏捷的思维能力。运动活动正是在认识能力即智力的基础上产生的，而智慧能力正常恰恰是心理健康的第一标准。过去有不少人认为体育运动只要运动员四肢发达，体力强健就行了，这是一种偏见和误解。现代运动中，智力对比赛成绩的影响愈来愈大，运动员的时间知觉、空间知觉、运动知觉、战术思维、分析判断、随机应变迅速反应的能力要求也更高。有位篮球教练员认为，在篮球比赛中60%是用脑子，40%是用体力，否则不能在剧烈、复杂的比赛中跑位得当，呼应及时，与同伴配合默契。

耶克斯—多德森定律揭示的情绪激活水平及运动成绩的

关系已在前文讲述，一位运动员倘若心理不健康、情绪不稳定、情绪的自我控制、自我调节能力很差、赛前忧心忡忡、赛中心慌意乱，很难设想能够取得好成绩，因为胆怯、慌乱会使运动员对随意肌的控制力降低，以致使已形成的熟练技术动作因幅度过大或过小而变形失误。一个心理健康的运动员能够将自己的情绪适时地调节到最佳激活水平上，他总是充满自信，以愉快的心情来认真准备和参加比赛，动作或轻松自如，或灵活洒脱，或迅疾如风，或稳重如山。所以我们采用心理训练方法，目的就在于通过心理训练来克服运动员的心理障碍，促进心理健康，从而提高运动成绩和效率。

体育运动的特点除了竞争之外，重要的还在于团体内部的合作和友谊。前中国女排夺得“五连冠”经验之一就是女排队伍里的人际关系十分和谐。如果一个运动团体内有那么几个人心理不太健康，与别人心理不相容，甚至格格不入，对别人的成绩不是诚恳地赞美，虚心地学习，而是心中嫉妒、讽刺挖苦，弄得人人心情不佳，那么在运动场上就不可能配合默契、步调一致。团体项目如此，个人项目亦然，因为任何运动项目，总是要与人交往的，都存在着人际关系。心理不健康，人际关系不和谐，总会从这方面或那方面影响运动成绩。

（三）体育运动对心理卫生的影响

体育运动是一种积极的主动的活动过程，它可以有效地塑造人的行为方式，促进个体的心理卫生。

麦京尼等人认为，游戏和竞技体育具有下述心理卫生价值：

1. 能增强安全感和自发性；

2. 能提高独立性；

3. 能解除紧张；

4. 有助于形成友谊、声望和领导地位；

5. 能提高自己的价值观。

恩格斯也指出，通过军事远足等体育活动锻炼了学生的身体（身体健康）并使他们充满了饱满的情绪，可以在很大程度上促进中小学生的智力发展（心理健康）。

拉瑞克等人曾以小学三年级学生为对象，通过学生的教师和父母等人的评价，研究了运动技能好的儿童和运动技能差的儿童的适应能力。他们发现，运动技能好的儿童适应能力较强，活动表现得积极；处理问题冷静、办法多；人际关系协调，容易与人合作。而运动技能差的儿童则适应能力较差，做事胆怯畏缩，紧张消极，孤僻而不合群。其他研究者对幼儿、初高中生以及大学生所作的调查也得出大致相同的结论。运动技能好的男子，从幼儿到大学生，在集体中有威信，容易获得同伴的承认和尊敬。总之，运动技能好的个体，心理卫生也较好。

我们认为，体育运动之所以能够促进心理卫生，主要是因为：

1. 坚持体育运动可使人体格强健，耐心持久，充满力量。这样可以改变一个人的身体概念，使得精力更为充沛，完成工作更有耐心，从而增进他热情积极、勇敢坚强等个性品质，克服懒惰散漫、胆怯懦弱等消极个性品质和行为习惯。

2. 体育运动常以竞赛的形式开展，竞赛中获得成功可以提高自信心和抱负水平，可以获得同伴和集体的承认，可以正确地认识自己的社会价值。成功感和自信心又可成为一种强化力量使他更加努力来获得更大的成功，这种积极进取精神对于那些常受挫折，经不住困难考验，不能始终如一的人来说，又可迁移到他的生活的各种情境中，促使生活的各个方面积极努力进取。

3. 在体育运动中所进行的身体活动，具有和人的日常生活活动不同的特点，不必牵涉更多的其他方面的问题或利益，不必借助于更多的语言为媒介进行交往，可以使人与人之间少有戒心彼此容易接近，产生亲近感。通过有效的合作，教练员与运动员之间、教师与学生之间可以敞开胸臆，消除隔膜，融洽关系，对彼此的心理健康有益。

4. 参加竞技体育可以为郁积的各种消极情绪提供一个发泄口，尤其可以使遭受挫折后产生的冲动通过竞技体育运动得到升华或转移，可以消除轻微的情绪障碍，减缓和治疗某些心理疾病，如抑郁症等。特别是诸如健美操、跑步、游泳、骑自行车等持续性有节奏的运动项目，效果更好。

此外，体育运动对人的智力发展，社会适应能力的提高都有积极的作用。体育运动对心理健康的促进作用，并非是自然而然产生的，还要受到其他条件的制约，例如，从事体育运动的目的、动机，学生或运动员的个性特征以及体育运动的组织安排要求，都在其中起着重要作用。

另一方面，如果在体育运动训练和竞赛中忽视了对某些条件的控制，违背了心理卫生教育的原则，不但对学生和运动员的心理健康没有促进作用，反而有损于他们的心理健康。特别是在竞技体育中，随着运动技术水平飞速提高，竞赛中的激烈对抗程度日益加剧，与比赛胜负相联系的价值取向也有了极大的变化，运动员能否经受得住巨大的心理压力和体力负荷，是对他们的严峻考验。如果一些条件控制不当，超限的心理压力和体力负荷就会成为心理创伤的主要因素，这不仅有损于他们的心理健康，而且有可能造成严重的心理疾病。

第二节 运动应激与运动员的情绪失调

一、运动应激

人的情绪按照发生的强度和持续时间的长短，可分为心境、激情和应激三种状态。应激一般是指出乎意料的紧张与危险情境下引起的情绪状态。运动应激则是指人在参加运动训练和竞赛活动时，由于社会的、生理的和心理的刺激因素作用而引起的紧张情绪状态。

随着当代体育运动的飞速发展和运动技术水平的不断提高，运动员受着越来越大的心理压力和体力负荷。训练场上，训练的强度日益增大，技术改变日新月异，难度和危险性也随之增高；竞赛场上，频繁的比赛，激烈的角逐，起伏跌宕的战局，出乎意料的失利，社会赋予的责任，自己承担的义务等等，都可能导致运动员处于应激状态。

当运动员处于应激状态时，内脏器官会发生一系列变化，大脑中枢接受外界刺激后，信息传至下丘脑，分泌促肾上腺激素释放因子，然后又激发脑垂体分泌促肾上腺因子皮质激素，使身体处于充分动员的状态，心率、血压、体温、肌肉紧张度、代谢水平等都发生显著变化，从而增加机体活动力量，以应付紧急情景。

应激既有积极作用也有消极作用。一般应激使有机体具有特殊防御排险机能，它可以激化活动，使人精力旺盛，思维清晰，动作敏捷，反应迅速，从而使人在紧急关头化险为夷，转危为安。但是，在长期的高度的应激状态下，会使人全身过度兴奋，注意和知觉范围缩小，行为动作紊乱，智力活动和运动活动都可能受到抑制和破坏。

加拿大生理学家谢尔耶 1974 年提出，一个人如果处在较长时间的应激状态，就会破坏和摧毁人体的生物化学保护机制，导致胃溃疡、胸腺退化等严重的心因性疾病，甚至发生临床休克或死亡。他将应激反应分为三个阶段：惊觉阶段、阻抗阶段和衰竭阶段。运动应激也具有相同的过程，运动员在赛季之初，感到精力旺盛，非常兴奋，运动效能也很高，这是因为运动员处在运动应激的惊觉阶段，如果运动量持续增加，运动竞赛时间过长，竞争过分激烈，这时运动员的身体就会动员体内的保护系统去抵抗这种应激，如促进抗体的增长和代谢水平的提高，血液中增加肝脏中糖元的释放等，这便是阻抗阶段。这一阶段持续的结果可以引起身体能量储存过度消耗，或者下丘脑、垂体和肾上腺系统的过度活动，这就会给内脏结构的物理特性带来损伤。运动员在此阶段可能感到疲劳、厌倦和体力逐渐不支，运动效能开始下降，紧接着便会出现身心交瘁、伤病增加的衰竭阶段，这对运动员的身心健康将构成严重的威胁。因此，长期的运动应激对运动员是很不利的，必须尽可能避免此种情况的发生。

（二）影响运动应激的因素

影响运动应激的因素很多，大体可分为客观外在因素和主体内在因素两个方面。

1. 客观外在因素：包括训练和比赛的社会条件和自然环境等许多方面，如训练和比赛的地点、气候、饮食、居住、交通、习俗等生活活动条件；场地、器材、设备等运动活动条件；对手水平高低、竞争激烈程度等比赛实力条件;裁判员和观众的公正与倾向性等比赛社会性条件;与教练员、领队、队友之间的人际关系条件;训练中的运动负荷、比赛中的比分变化、时间进程以及比赛最终结果对运动员的影响等其他条件和因素。

2. 主体内在因素:包括运动员的生理状态,如伤病、疲劳、失眠等;运动员的技术水平、熟练程度、比赛经验等;运动员的心理因素,如运动员的个性品质、动机、态度、责任感、自信心、特别是运动员的情绪自我调节能力等。

在以上两方面的因素中,相对而言,主体内在因素更重要,因为外因是要通过内因起作用的。内外因素的相互作用,决定了运动员应激水平的高低。因此,对这些因素的控制具有重要意义。

二、运动员的情绪失调

长期的高强度的环境刺激引起运动员的过度应激反应,其直接后果之一便是导致运动员的情绪失调,破坏运动员的心理健康,引起多种神经机能疾病。

前苏联运动心理学家古梅纽克等人对300名不同等级的运动员进行多年考察研究发现,在参加国际和国内大型比赛的运动员中有50～55%的人有不同程度的情绪失调疾病,而且情绪失调疾病反应的最常见的表现形式通常要经受过度的身心负荷,感受到自己肩负的特殊责任和自己上场的重要性。

他们经过大量的生理心理实验和临床观察,将情绪失调划分为四种神经机能病态反应:焦虑性神经症、厌倦性神经症、反抗性神经症和疑病性神经症。

（一）焦虑性神经症

焦虑性神经症又称“惊慌期待性反应”或“运动焦虑症”。这是由于运动员在比赛中偶然失利，引起心理和生理某些机能的暂时失调，继而对自己能顺利完成动作产生怀疑，临赛时感到极度紧张、不安、焦虑。

随着焦虑性神经症的发生，运动员的行为也会发生显著改变：

1. 极度兴奋，手忙脚乱，多余动作产生；

2. 脸色变化，说话声调不同往常，有时会口吃；

3. 思维混乱，语无伦次，缺乏完整性和逻辑性，答非所问；

4. 离群索居，不愿与人交往；

5. 对教练员的忠告漫不经心，心不在焉；

6. 临赛前失眠，食欲不振；

7. 小便频繁。

进行神经机能检查时可发现患运动焦虑症的运动员四肢肌腱反射和腹壁反射增强，手心和脚掌多汗，发冷，眼皮、舌头和伸出的手指明显颤动。症状持续时间有较大的个别差异，有的几分种，有的几小时甚至数天、几个月。

运动焦虑症的产生除了以往比赛的挫折之外，还有许多原因，如对运动员的期望值过高而同时运动员的自信心不足；比赛的意义重大，规模较大；与难以对付的对手比赛；运动员的比赛经验不足，教练员的指导行为不当等。有些运动员对暗示的感受性很强，对比赛能否取胜的“兆头”很敏感，例如有的运动员在重大比赛时要穿某双鞋子或某种颜色的衣服，一位拳击运动员在重大的搏斗前，必先在家中摔碎一只盘子以示

"走运"。还有的运动员会因为具有强迫观念而出现强迫动作，例如有位运动员赛前每隔5至10分钟就必须看看手表指针，如果秒钟在表盘的右半部，他就认为比赛能够取胜，反之必输。他也知道这种动作很荒谬，然而他无论如何也摆脱不了这种怪诞的念头和动作。对于患有运动焦虑症的运动员可采用合理情绪治疗、脱敏疗法、放松训练、暂时转移注意力、催眠疗法以及使用安定、利眠宁等抗焦虑药物进行治疗和调节。

（二）厌倦性神经症

厌倦性神经症是由于过度训练和频繁参赛引起的身心衰弱状态和对体育活动消极的心理反应状态。患有厌倦性神经症的运动员有以下反应：

1. 参加训练和比赛的动机不强，甚至厌恶训练和比赛；
2. 比赛中毫无斗志，竞争意识很低；
3. 全身衰弱，容易疲劳；
4. 食寐不佳，轻度头疼，容易激动。

临床检查，发现运动员情绪波动大，眼皮和手指震颤，舌干，舌苔白。

在绝大多数情况下厌倦性神经症产生的原因是过度训练和心身负荷过大；内脏有病；饮酒、吸烟过多等。由于厌倦性神经机能病具有暂时性和可复原的性质，对患者可在心理治疗中说明。治疗和调节的方法应该从训练至比赛周期的正常化开始，以较小规模的负荷开始，在个别情况下，在训练一、两周后转换其他运动项目，如让球类运动员去游泳、划船，让田径运动员进行体育游戏等，也可配合物理疗法和药物治疗。

（三）反抗性神经症

反抗性神经症也有人称之为"抗议性反应"，这是指在重大比赛中，运动员由于情绪极度紧张、神经机能过度激奋，他们常常不能对比赛的各种情势以及对手的动作做出完全相符的反应，从而表现出较强的不合理的攻击性行为。这些失调行为主要有：

1. 蔑视权威，不服从领导，无组织纪律性；

2. 对人态度粗暴，容易发怒，惹事生非；

3. 对周围的人多带有敌意和攻击性动作。

患有反抗性神经症的运动员在运动竞赛中指向比赛对手时，表现为粗暴的反抗，侮辱对手，有意无意地采用比赛规则禁止的动作；指向裁判员时不服从裁决，指责裁判员是外行；指向观众时向观众示威性呐喊做出挑衅性动作；指向自己的教练员和队友时态度粗暴，不执行队里的决定，侮辱他们。

有人认为，反抗性神经症反应属于“冠军综合症”的一种表现，是在运动狂热和激奋状态下产生的一时冲动行为，一般是在比赛中突然发生的，持续时间几秒钟到一、二分钟，它与运动员的个性特征与道德修养有关。治疗和调节的方法主要采用道德教育和心理调节法，不宜用药物治疗和理疗。

(四)疑病性神经症

疑病性神经症是由于运动员对自身健康过分关注，导致害怕或相信自己已患严重疾病的先占观念。患疑病性神经症的运动员往往有以下表现：

1. 对自身的正常感觉或不适感作疑病性解释，他们常常感到全身无力，极易疲劳；因而频繁求医，虽经重复检查未发现任何相应的躯体疾病，仍不能打消其疑虑；

2. 他们对身体的不适感到害怕和不安，经常向他人形象地描述此种感觉，以寻求同情；

3. 他们对自己所从事的运动项目感到厌倦，有时无条件地拒绝参加比赛。

出现疑病反应通常会导致运动成绩停滞不前，在某些情况下运动员甚至会停止从事体育运动。据研究资料表明，疑病性神经症与患者的个性有很大的关系，许多人既往可能有过电击、溺水等创伤史。研究也证明，沉重的运动训练和竞赛负荷是运动员疑病性神经症的重要原因。疑病性神经症的治疗和调节方法大致与厌倦性神经症的治疗调节方法相同。

据古梅纽克等人调查，在运动员所患的四种神经症中，焦虑性神经症约占 35%～55%，厌倦性神经症占 25%～30%，反抗性神经症占 15%～20%，疑病性神经症占 5%～10%。此外，还有少数运动员患有不同程度的抑郁症或癔病。

以上所述的运动员所患的神经症，在我国一般称之为神经官能症，属于心理社会因素即所谓精神因素引起高级神级活动的过度紧张，致使大脑机能活动暂时失调而造成的常见病。患者既有躯体症状也有精神症状。神经症一般没有任何可以查明的器质性病变，但确有心理上的异常表现，有时甚至表现得很严重；但神经症患者与精神病患者不同，患者对自己所患疾病有相当的自知力，并能主动求医，愿意接受各种检查；不具有精神病人的感知和思维障碍；某些行为虽然不同于正常人，但一般仍能为社会所接受；患者的情感反应鲜明，能与周围环境保持联系，一般能适应现实生活，没有人格上的病态。神经症虽可称之为“病”，但一般却达不到必须住院治疗的程度。虽然如此，运动员患有神经症，既有害于运动员的身心健康，也有碍于运动效能的发挥和运动成绩的提高，对运动员神经症的防治必须引起高度重视。

第三节 挫折、动机冲突和防卫机制

为了便于了解心理社会因素对心理健康的影响，我们在本节简要地介绍有关挫折、动机冲突和自我防卫机制的问题。因为这些问题对人的心理健康以及心身疾病的产生有密切的关系。

一、挫折

人生前进的道路并非总都是阳光和煦、平坦如砥，有时也会坎坷崎岖，遇到荆棘。成功与挫折同在，顺境与逆境交替，每个人只有通过不懈地、艰苦卓绝地奋斗，才能取得辉煌的胜利。

人们对未来总是充满美好的理想和憧憬，希望能万事如意，这是一种积极的心理倾向，但还必须要有应付各种困难和遭受挫折的准备，否则，当遇到困难和遭受挫折时就会束手无策或产生焦虑，有碍心理健康，也对工作无益。

什么是挫折?挫折有两种意义，其一是指阻碍个体动机性活动的情境；其二是指个体动机受阻后所引起的情绪状态。我们这里主要是指后一种意义。也就是说，挫折是个体在从事有目的的活动中遇到障碍难以克服时出现的情绪状态。

造成个体挫折的因素大体可分为两大类：一类属外在因素，另一类属内在因素。

(一)外在因素(主要指客观存在的环境因素)

1. 自然环境因素。自然的或物理的环境限制，使个体的目标难以达到，动机不能满足。如运动员到外地参加比赛，气候、气压不适应而造成成绩下降，地震危害造成的亲人负伤死亡而使学业中断等。

2. 社会环境。指个体在社会生活中所遭受到人为因素的限制而引起的挫折，其中包括政治的、经济的、种族的、宗教的、家庭的因素以及一切风俗、习惯的影响和限制等。如运动员参加国际比赛，某些裁判以不友好的态度有意压分；因父母离异造成儿童的经济失持等。社会环境所造成的较自然环境所造成的挫折多而且大，影响也比较长远。

（二）内在因素（主要指个体生理的、心理的条件限制造成的挫折）

1. 个人的心理因素。因个人的抱负水平、智力水平、个性特点（自卑、羞怯等）造成的挫折。如一个智力卓越、能力很强的人，对某项新工作本可胜任，但自惭形秽而踌躇不前，失去了贡献自己才能的机会。一个本来运动技能很高的运动员，初次参加大型比赛，看到高手云集，惧怕比赛失败，造成情绪紧张而使动作失误。另有相反情况，有些人抱负水平很高而资质平庸，又不肯努力学习和训练，所谓“好高骛远，志大才疏”，虽外在条件很好，终不能取得大的成就。

2. 个人生理因素。这是因个人生理缺陷或身体条件的限制造成的挫折。如某些中学生想考体院却身材过于矮小，酷爱绘画却是个色盲患者等。

造成挫折的外在因素和内在因素常常不单独起作用，而是交织在一起。在某一特定的挫折情境中，或者是外在因素或者是内在因素起的作用大一些。

挫折作为一种情绪状态和个人体验，人与人的挫折耐受性有很大的差异，同样比赛失利，没有取得名次，有些运动员并觉不得是怎样沉重的打击，有的运动员却痛苦异常，甚至心灰意懒，一蹶不振。造成这种差异虽然和挫折的强度、次数、挫折的久暂性有关，但更重要的是和个人的人生观、性格、气质、经验等有密切联系。

既已遭受挫折，态度至关重要。采取积极态度者，会以大局为重，不气馁，不沮丧，缜密思考原因，总结经验教训，突破难关，重创新机，就可能变逆境为顺境，化失败为成功。相反，采取消极态度者，陷入个人的小圈子里，或怨天尤人、或迁怒他人、或畏缩退却，结果往往反倒愈陷愈深，不能自拔，甚至招来更大的挫折。所以挫折并不可畏，可畏的是从此消沉而不知奋发。

二、动机冲突

我们以前讲过，动机是激励人们去行动的主观原因，是个体发动和维持其行为一种心理状态。动机冲突，是指个体同时存在着两个或更多个相互对立和排斥的需要，从而引起个体内心处于矛盾冲突的心理状态。

个人的动机是多种多样，非常复杂的，所追求的目标和需要也未必尽如人意，某一目标和另一目标之间，某一需要和另一需要之间，很可能互不相容，产生冲突。在这种情况下可以使人取舍不定，或顾此失彼，造成强度不等的挫折情境，引起焦虑。

动机虽然复杂，但人总是想接近有益的目标或回避有害的事物(有益或有害都属于个人的主观评价)，所以德国心理学家勒温将动机概括为三种类型：

(一)双趋式冲突

一个人同时对两个或两个以上目标发生积极需要，它们对个体都具有吸引力，而又不能同时都选择，使个体处于为难的境地。例如高中毕业生面临高考选择志愿时常会出现此类冲突。既想考体育学院，又想考音乐学院，哪个也舍不得放弃。

（二）双避式冲突

两个具有消极作用的目标同时存在，二者都想回避，却又不得不选其一，而使个体产生焦虑。如有的学生既不愿意刻苦进行体育锻炼，又怕体育不及格。

（三）趋避式冲突

同一个目标同时具有积极引诱作用和具有消极引诱作用：既想接近，又想回避，例如许多项目要求运动员节食，减轻体重，而某一运动员特别馋肥肉，既想吃，又不敢吃。

解决动机冲突的方式有两种，一是顺应，即放弃个体的需要，按照社会需要加以调节，以获得社会的效益和认可。二是同化，即不放弃个人的需要，而是利用社会现实的条件去改变现实以符合人们的需要。在现实中，动机冲突总是不可避免的。如果能用与社会需要相符合的方式来解决，结果又与社会道德规范相一致，则不会影响个体的心理健康。如果动机冲突迟迟得不到解决，或者解决的方式和结果与社会道德规范相违背，那么，冲突仍会存在并可能激化，或出现新的冲突，遭受一系列挫折，使自己长期处于痛苦的焦虑之中，有碍心理健康。

三、自我防卫机制

个体在动机冲突和遭受挫折后的情绪反应很复杂，一般表现为不愉快甚至是痛苦的体验。还包括自尊性、自信心的丧失，失败感和内疚感的增加，从而形成一种紧张、不安而兼有恐惧感的情绪状态，这就是焦虑。

在现实生活中，挫折、失败、动机冲突经常会发生，都会引起焦虑。因此，个体在日常生活中，学会了在遭受到挫折时尽量避免或减低焦虑的发生。换言之，个体由生活经验中学到了某些消极的适应挫折的方式，因为这些适应方式是保护自我不受焦虑的侵害，所以一般称之为“自我防卫机制”，其目的在于掩饰自己的失败和缺点，以保护自我不受伤害，以免被别人认为无能。防卫机制有许多种，我们择其要者简单介绍如下：

(一)攻击

这是对挫折的一种特殊反应方式，也可以说是对怨恨与愤怒的发泄。攻击有口头的、面部的或武力的；被攻击对象可能是人，也可能是物；攻击方式可能是直接的，也可能是间接的。在大型足球比赛中球迷闹事，往往是失利一方的球迷因挫折造成的攻击。有的儿童在家庭中受到体罚，出了门就寻衅打别人也属于挫折后的攻击。这类攻击往往不能解决问题，不能消除挫折、焦虑，而且会造成更多的问题，遭受更大挫折。

(二)幻想

这是非现实的应付挫折的一种方式。如鲁迅小说中的阿Q，屡受赵老太爷的欺侮与剥削，他幻想造反以后的种种情景，从中得到精神上的满足。幻想可以是逃避现实的消极行为，但是于事无补，如果一个人终日沉湎于幻想之中求安慰，则是心理上的病态。

(三)文饰作用

在某些情况下，个人的动机或行为与社会的价值标准不相符合或不能达到个人所追求的目标时，以种种不真实的理由为自己辩护，甚至曲解事实，文过饰非，以维护其“自尊”。如有的运动员没有努力夺得金牌，反说自己本来就不想争那金牌；学生学习成绩不好，就说自己喜欢60分，“60分万岁”；有的还将自己的过失归咎于客观原因，借以推卸责任、减轻内疚；考试成绩不好，怨老师出题太难；竞赛输了，归咎裁判不公等等。

（四）认同作用

按照精神分析学派的观点，人格发展中要经过“认同”过程，即指儿童与他人交往过程中，将自己比拟为自己崇拜的成人。从挫折适应的观点看，也是一种防卫机制，这是个体在现实生活中无法获得成功和满足时，将自己比拟成其他成功的人或者某位名人，以消除个人因挫折而产生的焦虑并维护个人的自尊心。如有些所谓“追星族”崇拜某位“歌星”或“影星”，搜集他的自传或轶事，处处模仿他的作为，甚至模仿他的衣着发式，或者向别人炫耀说他与某名人握过手，某名人是他的同乡等。认同作用在一定程度内有其积极意义，认同英雄模范人物，学习他们的优秀品质，有助于人格的良好发展。但不加分析地认同于不值得认同的人，或者认同作用纯属幻想而脱离现实，那么这种认同作用并不值得提倡。

（五）求得注意

当某些个体屡遭挫折，或感到自己不为人所重视时，就会以一种与众不同的方式来显示自己的存在，以求得人们的注意，表现自己的价值。例如，有些学习成绩极差的学生，上课时故意发怪声，做怪相或恶作剧，以引起别人的注意。因为他在学习上落后于人，只有以无聊的行为来显示自己。这类学生发展下去就可能成为自我中心主义者，也属于心理不健康。对他们应特别加强教育。

（六）升华作用

这是指个体遭受挫折以后，将其不为社会所承认的动机或不能实现的愿望加以改变，使之成为积极的、建设性的、符合社会要求的动机行为，从而获得社会的赞许和成功的满足。例如在中学有些班级中的“小霸王”专门与教师对抗，破坏班级纪律。对这样的学生如果教育得当，将其攻击性、破坏性的行为疏导到正道上来，像代表班级参加校运动会，信任他，让他代替教师组织同学搞义务劳动等，就可以促进其向好的方向转变。

（七）补偿作用

当个体从事某种有目的的活动受到挫折，或因某个方面的缺陷使目的不能达到时，以另一种活动中的成功对挫折加以弥补。如盲人虽然丧失视觉，听觉与触觉的感受性大大强于常人，以听觉、触觉补偿视觉。一个患小儿麻痹后遗症的少年，腿脚虽不灵便，不能在田径场上崭露头角，却在器乐演奏方面脱颖而出，以手补偿脚。这就属于积极的补偿作用。

以上我们简介了主要的防卫机制，从自我防卫机制的效果上看，有积极意义的，也有消极意义的。前五种虽然在减轻焦虑方面有些作用，但基本上是消极的、带有自我欺骗的性质，是不可取的。不在树立正确的人生观方面下功夫，过分地运用防卫机制来保护自我，结果只能适得其反，无益于社会，也有害于自己的心理健康。

第四节　青少年学生和运动员的心理卫生

社会中的不同的群体，个体发展的不同年龄阶段，都有其不尽相同的心理卫生问题。对于处在青少年时期的学生和运动员来说，心理卫生尤为重要。如果家长、教师和教练员的教育方法得当，就有利于他们的身心健康地发展；如果对他们的心理卫生不加注意或教育方法不妥；就可能有害于他们的心理健康，甚至引起心身疾病或心理变态。因此，作为教师和教练员，应当了解学生和运动员心理健康方面有哪些问题，产生的主要原因是什么，从而采取有效的措施维护和促进他们的心理健康。

一、青少年学生和运动员的心理健康问题

心理卫生具有浓厚的社会性。我们的国家和人民为青少年的心理健康发展，提供了良好的社会条件。当前，我国的青少年学生和运动员的心理一般来说是健康和比较健康的，他们朝气蓬勃，乐观开朗，聪明智慧，勇敢坚强，团结友爱，富有理想，遵纪守法，自信自强。但仍有一部分学生和运动员程度不同地存在着心理不健康，其表现形式多种多样，产生原因也十分复杂。在此我们仅择其要者分析如下：

（一）心胸狭窄，抑郁寡欢

有些人心胸不够开阔，心情不太开朗，少言寡语，不爱谈笑，这一般属于个性特点，对生活和学习并无太大妨碍，人际关系也不会有太多的问题。但严重的心胸狭窄，不能容人，敏感多疑，抑郁寡欢，常为一些小事而耿耿于怀，甚至对别人善意帮助也以为是居心叵测，心中形成“意结”难以解脱，终日忧心忡忡，孤独无言，严重者食欲全无，不能入眠，则属于心理不健康或心理变态了。

形成这种心理不正常的原因比较复杂，涉及许多方面，有人可能是早期家庭生活或社会生活中遭受过重大挫折，不公正对待；或者因身体有病，生理缺陷，各方面照顾不周；自尊心受到伤害而无处诉说等。对这类学生和运动员，教师和教练员

应多给予关怀和帮助，与家长配合，尽力创造一个愉快、温暖的学习、运动、生活的环境和氛围，同时用心理诱导法化解开其“意结”并使其抑郁情绪得以宣泄。

（二）自卑怯懦，退避畏缩

自卑感是自我评价偏低，同时又感到无能为力，失去自信心的心理状态。由于过分自卑，总觉得自己处处不如人，所以表现为不愿意甚至害怕与人交往，说话吞吞吐吐，行动遮遮掩掩，做事畏畏缩缩；喜欢独往独来，幽然独处；经常沉湎于幻想之中，从幻想中求得自我满足。

这类人在学生中不少，在运动员中不多。有一部分学生是由于儿童期在家里娇生惯养，以致于操作能力和处理问题能力很低，对成人的依赖性很强，缺乏独立性且意志薄弱。上学以后，他们的社会适应能力差，在学习其他活动中遇到的困难就大，挫折和失败的体验也比较多，家长对孩子的期望值与孩子的实际水平差距很大时，家长又可能以粗暴的训斥和羞辱对待孩子，如果教师的教育方法不当，学生就益发加重其自卑感，为了回避与别人相比较，就限制了自己活动和交往的范围，心理活动的“隐蔽性”比较强，显得无可奈何而退避畏缩。对于这样的学生或运动员，教育者应提供和创造多种情境和机会，使他们不断地完成他们力所能及的任务，每当他们取得进步时，及时予以表扬、鼓励，使他们体验到成功的欢乐。这样的社会性强化效果会使他们逐步树立起自信心，降低自卑感。

（三）对立破坏、自暴自弃

这种学生类似于运动员的反抗性神经症，在纪律较差的班级中，总有个别“捣乱分子”，他们性情暴戾，冷酷无情，破坏纪律，损坏公物，捉弄老师，欺侮同学，甚至表现为“虐待狂”，野蛮毒打、戏弄别人，以别人的痛苦寻求自己的快乐。这样的学生容易导致学校和社会的不安定，当他们受到惩罚时也满不在乎，采取自暴自弃，甚至自我施虐(如用香烟头烧烫自己的皮肤)的态度和行为。

我们已知，攻击是个体应付挫折的一种特殊反应形式，所以这些学生的对立与破坏属于屡遭挫折后的心理变态反应，而且这种变态比较复杂。表面看来，其中有些人表现为毫无自尊心，把自己等同于“社会渣滓”，“破罐子破摔”；有的人表现为“自尊心”极强，“老子天下第一”，谁都说不得，但他们内心都是非常自卑的。为了掩饰自卑，使把对自己的不满投射到外界，投射到他人身上，变责己为责人，于是便对立破坏，自暴自弃，我行我素。究其原因，除不良的个性品质外，与家庭教育，社会上的不良影响关系极大。家庭破裂，父母离异，得不到应有的温暖与教育，或家庭管教不得法，动辄施以体罚或责骂，因而造成他们信奉暴力，养成以暴抗暴，动手打人，张口骂人的恶习，加之近年来公开的与不公开的文化传媒中不健康的内容的污染与毒害，对他们心理不健康的影响作用不可小视。这类学生内心其实是很孤独的，他们渴望得到别人的信任、理解与尊重。家长和教师首先要有爱心与耐心，要理解他们，真诚地接近、关心、帮助他们，使他们逐渐消除对立和敌意，相互取得信任，然后耐心教育他们明辨是非。这些学生并非一无所长，一般来说他们的精力比较旺盛，社会活动能力比较强，影响范围也比较大。可以利用他们在其他方面的特长和成绩迁移到学习和纪律上来，在团体中应创造出信任和欢迎他们的气氛，同时要允许他们在进步过程中出现小的反复，在反复中耐心诱导，切忌急躁和急于求成。

（四）精神萎靡、对异性敏感

青少年处于性成熟开始时期，对异性好感或产生爱慕之情，属于正常的自然现象。但有个别学生或运动员出现过早的性爱行为，过分热衷于性的诱导，沉湎于性的想象，被原始性欲所控制，课堂上经常走神，发呆，注意力分散，记忆力衰退，精神萎靡不振，学习和训练成绩急剧下降。严重的还会发生性变态或性罪错。

产生这种心理反常的原因主要是缺乏正确的性教育，受黄色书刊、音像制品的不良影响，社会上坏人的引诱教唆以及青少年自己缺乏道德观念等。对于这样的青少年首先要加强正面的性教育和社会伦理道德教育。同时帮助他们树立正确的人生观、价值观和恋爱观，还可针对青少年的特点开展体育、文艺、科学教育等兴趣活动，丰富他们的精神生活，满足他们的精神需要，使他们巨大的无意识的本能冲动能够转移、升华到有益于身心健康的活动中来，在这些方面得到发泄和补偿。

二、增进青少年心理健康的基本途径

以上简述了青少年学生和运动员中心理不健康的表现，产生的主要原因及针对性矫正措施。但是我们知道，心理健康和身体健康一样，重要的问题不仅在于“治”而在于“防”，也就是要通过各种途径，创设良好的社会心理环境来促进青少年的心理健康。

（一）树立正确的人生观

人生观是对人生的意义、目的、价值及人生道路的基本看法。其内容包括幸福观、苦乐观、荣辱观、恋爱观等，有了正确的人生观，才能真正懂得人生的价值，才能正确地对待和处理个人与客观现实中的矛盾与冲突，才能做到心胸开阔、豁达大度、从个人的狭小圈子里摆脱出来，使自己的思想境界达到较高的水平，从而保持乐观的态度和愉快的情绪。

（二）确定合适的抱负水平

抱负指一个人在学习、工作或运动成绩等方面希望达到的目标，是个人的志向、理想的体现；抱负水平是指一个人对自己的抱负所规定的高低的标准。每个人都应该有超越现实的远大理想，同时也应有在现实条件下，通过自己的努力可以达到的具体的奋斗目标。教育者应帮助青少年正确分析主客观各种条件，将奋斗目标定在合适的水平上，既有较高的向往目标，通过自己不懈的努力，争取达到最满意的结果，又有可以接受的最低的水平，由于难以预料的或自己无法控制的因素起作用，自己虽经努力仍得不到令人满意的结果，甚至得到相当糟糕的结果。即使在这种情况下，个人也不致于引起很强的挫折感。

（三）建立融洽的人际关系

人际交往是个体社会化的必经之路，人总是在和别人交往中调整自己的活动的。建立和谐融洽的人际关系，可以增进相互了解，交流情感，互相关心，互相帮助，扩展自己的生活经验，有助于建立自我形象和增强安全感，有益于彼此的心理健康。而人际关系不融洽，必将导致情绪紧张，抑郁孤僻，社会适应不良。

建立融洽的人际关系就必须教育学生和运动员关心他人的需要，尽可能帮助别人满足其合理的需要；做事光明磊落，严以律己，宽以待人；对别人的优点、长处、荣誉、成绩诚心实意地赞扬，对其缺点、错误、挫折、失败给予实际的和善意的帮助；尊重他人，认真倾听他人的意见，不在他人面前炫耀自己，对人彬彬有礼。这样做了，才有发展良好的人际关系的基础。

（四）学会调节控制情绪的方法

教给学生和运动员控制调节自己情绪的方法，使之保持开朗愉快的情绪，在心理冲突激烈之时，能用理智驾驭情感，而不被情绪冲动所左右。对于郁积于心的情绪，可采用合理的方式予以宣泄；通过其他有益的活动来转移自己的注意力，暂时离开引起不良情绪的环境。避免恶性刺激，利用积极遗忘，不想不幸的和不愉快的事情等。

（五）适当的休息与放松

“张而不弛，文武弗能也；弛而不张，文武弗为也。一张一弛，文武之道也。”这是比喻人们在生活和工作中要善于调节，应有节奏地进行。为缓和运动、学习的过度紧张，减低心理压力，学生和运动员应适当的休息和放松。学校、教师和家长应该密切配合，指导学生和运动员有规律、有节奏地生活，合理地安排学习、训练、娱乐和睡眠。同时应加强他们的饮食营养，因为膳食结构不合理，营养不良会造成学生全身乏力，烦躁不安、思维迟钝、记忆力减退等心理障碍，严重的还会引起神经衰弱等心理疾病。因此，学习、体育锻炼、娱乐、睡眠、饮食营养都应合理安排，任何一个方面都不可偏废。

青少年的心理卫生是一个社会性问题，心理不健康的原因既来自个人，也来自社会环境，所以心理卫生工作应受到社会各界的重视，从社会各方面做起。作为体育工作者，在自己力所能及的范围内，做好促进青少年心理健康的工作，也是我们义不容辞的责任。

本 章 小 结

广义的心理卫生主要指个体在心理上得到完善的发展，形成健全的个性，以积极的、平衡的、正常的心理状态适应当前发展变化的客观环境，使个体的心理倾向和社会现实的要求形成和谐的关系。狭义的心理卫生是指预防各种心理变态和心理疾病，改善、缓解和矫治心理疾病患者的失调状态，恢复心理健康。

体育运动心理卫生主要涉及体育运动参与者尤其是运动员的心理健康问题。它研究体育运动与心理卫生的关系，体育活动对心理健康的影响，身体健康与心理健康的关系；使用专门的方法评价和判断体育运动参与者的心理状态和个性特征；分析造成运动员心理失调的原因和条件，提出并实施维护运动员心理健康、防治心理疾病的有效手段和措施，以提高体育运动参与者的心理健康水平。

心理健康有六条标准：(一)智慧能力正常；(二)自我评价适当；(三)情绪愉快稳定；(四)意志品质坚强；(五)人际关系融洽；(六)环境适应力强。

心理健康与身体健康是紧密联系、相互制约又相辅相成的。正常的体育运动对心理健康起着积极的促进作用，但是如果一些条件控制不当，体育运动中超限的心理压力和体力负荷不仅有损于运动员的心理健康，还可能造成严重的心理疾病。

长期高强度的环境刺激会导致运动员过度的应激反应和情绪失调。运动员的情绪失调主要可划分为四种神经机能病态反应：焦虑性神经症、厌倦性神症、反抗性神经症和疑病性神经症。少数运动员还可能患有抑郁症或癔病。

挫折有两重意义，其一是指阻碍个体动机性活动的情境，其二是指个体动机受阻后所引起的情绪状态。造成个体挫折的因素一类属客观存在的环境因素，另一类主要是个体内在的生理、心理因素。

动机冲突主要有三种：双趋式冲突、双避式冲突和趋避式冲突。个体的自我防卫机制主要有攻击、幻想、文饰作用、认同作用、求得注意、升华作用和补偿作用等。

有一部分青少年学生和运动员存在着心理健康问题，主要表现为心胸狭窄，抑郁寡欢；自卑怯懦，退避畏缩；对立破坏，自暴自弃；精神萎靡，对异性敏感。增进其心理健康的基本途径有：帮助青少年树立正确的人生观，确定合适的抱负水平，建立融洽的人际关系，学会控制调节情绪的方法，适当的休息与放松。

思 考 题

1. 简论体育运动与心理卫生的关系。
2. 结合实际论述青少年心理健康的重要性。
3. 谈谈防卫机制的利与弊。

作 业 题

1. 什么是心理卫生？心理健康有哪些标准？
2. 什么是运动应激？影响运动应激的因素有哪些？

3. 运动员神经机能病主要有哪几种？患者行为有何特点？产生的主要原因是什么？可采用哪些方法调节或治疗？

4. 什么是挫折？造成个体挫折的原因有哪些？

5. 举例说明动机冲突有哪些类型。

第九章 运动训练心理

自 学 指 导

一、内容简介

本章分三个部分讲述了运动训练心理。

第一部分阐述了训练中的运动知觉规律。主要内容有运动知觉的概念;运动知觉在体育教学、运动训练中的意义和在运动技能形成中的特点;运动时间知觉和运动空间知觉的一般规律。

第二部分为身体素质训练的心理学基础,分别阐述了速度素质、力量素质、耐力素质和灵敏素质训练中的心理因素。

第三部分阐述了运动反应的概念、种类;运动员反应的类型以及提高反应速度的条件。

二、重点与难点

本章重点是运动训练中的运动时间知觉和运动空间知觉问题。由于这部分内容较为抽象,也是学习的难点。

三、学习方法与要求

学员首先应弄懂本章所涉及的基本概念、分类和基本规律,然后理论联系运动训练实际,全面了解身体素质训练中的心理因素,学以致用,提高运动训练效果。

第一节 训练中的运动知觉规律

一、运动知觉概述

(一)运动知觉的含义

运动是一切事物存在的基本形式,它必须在一定的空间和时间范围中进行,表现为一定时间内的空间位置变化。一个运动着的事物总是通过诸如方位、距离、形状、大小的变化等表现出物体的外部空间关系;同时也通过诸如位移的速度、快慢、顺序、延续、间隔、节奏的变化等表现出物体的时间关系。离开了空间和时间这些事物存在的外部关系,就无法表现为运动。人们对物体表现在一定时间内的空间位置变化方面的反映就是运动知觉。心理学中通常把它定义为人脑对外界事物和人体自身的运动状态的反映。

运动知觉是一种复杂知觉。从其反映的对象看,既包括外界事物的运动,又包含有机体自身的运动。人脑对外界事物运动状态的反映叫做客体运动知觉。人脑对有机体自身运动状态的反映叫做主体运动知觉。从其反映对象的存在的特性看,既包含运动物体的空间特性,又包含运动物体的时间特性。反映运动物体空间特性的知觉叫做运动空间知觉。反映运动物体时间特性的知觉叫做运动时间知觉。因而心理学中常说运动知觉是主体运动知觉和客体运动知觉的统一,是空间知觉与时间知觉的有机综合。

作为复杂的运动知觉,是各种分析器联合活动的产物。在运动知觉形成中,不仅有运动分析器的活动,而且还要有视觉分析器、听觉分析器、触摸觉分析器、皮肤觉分析器、平衡觉分析器以及机体觉分析器参与。运动分析器是形成运动感觉和知觉的主要分析器。运动感觉属于本体感觉，它是构成运动知觉的基本成分，在形成主体运动知觉中，起着特殊的作用。当然各种运动感觉在形成客体运动知觉中也起作用。视、听、肤、触摸觉分析器的参与，不仅在形成主体运动知觉中是必要的，而且在形成客体运动知觉时起主要作用。因为对外界物体运动的空间、时间变化特点的认识，离开视觉、听觉和触摸感觉是很困难的。

（二）运动知觉的意义和特点

体育运动是以运动员自身动作和客体（运动器械或其他运动员）的运动为活动对象的，如果离开了运动知觉就无法控制自身的动作和把握客体的运动，也就无法从事体育运动。因此，运动知觉在体育教学训练中具有重要的意义。

人是通过知觉技术动作的空间、时间和力量用力时的运动要素来感知和掌握动作的，人也正是通过技术动作的时间、空间和肌肉用力时的运动要素的知觉来学会控制、调节自己的动作的，没有运动知觉的感知与调控，任何运动技能都不能习得和完成。体育活动并不是单纯的外部肌肉骨骼的活动，而是在心理活动控制和调节下的意志行动。运动知觉及其在脑中留下的运动表象是控制、调节各种技术动作的学习和完成的最直接的心理过程。

体育运动活动过程中的运动知觉，多数是主体知觉和客体知觉合二而一的运动知觉。这种运动知觉在各种运动技能形成和完成的过程中具有以下的特点：

1. 体育运动中的各种运动知觉是以内部运动感觉的机能活动为主要成分，并由视觉、听觉、平衡觉、触摸觉、肤觉以及机体觉等多种感觉机能的联合活动有机地组成的。除内部运动感觉之外，其他各种感觉机能活动在主体运动知觉形成的初期和运动技能形成的初级阶段起作用，以后逐渐让位于运动感觉。

2. 运动感觉属于人体的内部感觉，具有欠明确的特点，通常被人们称为“黑暗感觉”或“模糊的内部感觉。”它在各种运动技能的形成过程中或完成过程中处于经常被掩盖的位置，不能和意识经常联系。体育运动中经常可以看到许多运动员完成运动技能的过程中出现了不少的动作错误或错误动作，而运动员自身却始终没有意识到。其主要原因是完成动作时运动感觉被其他感觉成分所掩盖。例如练习排球的扣球动作，由于对球的视觉在脑中处于优势地位，掩盖了扣球时自已上身和小臂的运动知觉，所以他感受不到自已的错误动作。因此，转化内部运动感觉这一特性，使其由被掩盖位置或模糊状态上升为意识控制的明确状态，是加速运动技能形成的必然环节。

3. 由于运动感受器本身的构造与机能活动特点，导致运动感觉直接伴随动作反应，受到动作反应的限制。所以运动感觉除了受到其他感觉成分的掩盖外，更易受到动作反应的掩盖，这对运动技能的形成与完成是不利的，它也是产生错误动作的主要内部原因。因此，完善运动员的内部运动感觉的机能活动和反馈机制，是减少错误动作的根本保证。

二、运动时间知觉

(一)运动时间知觉的概念

运动时间知觉是人脑对运动物体的顺序性和持续性的反映。

时间同样是客观事物存在的基本形式。没有时间，事物的存在和发展变化是不可想象的。物体的运动总是在一定的时间范围内，以它的空间位置的变化（顺序性或持续性）为标志的。反映运动着的事物的顺序性和持续性的知觉就是运动时间知觉。

运动时间知觉主要是通过肌肉运动觉、视觉、听觉、触摸觉、机体觉等众多分析器的协同活动形成。运动时间知觉可以分为反映运动物体持续时间长短间隔的运动时间间隔知觉，反映运动物体节奏的运动时间节奏知觉，以及反映运动事物运动快慢的运动速度知觉。

（二）运动时间知觉的分类

1．运动时间间隔知觉

运动时间间隔知觉是人脑对当前运动客体或本体运动持续时间长短关系的反映。在体育运动中，各种运动活动（包括客体与主体运动）都占有一定的时间，人必须准确反映这一时间关系，才能高质量地完成运动技术动作。客观事物或人体运动的持续时间有长、有短。太长、太短的持续时间不能引起准确的运动时间间隔知觉。低于 1/1000 秒的时间间隔人们不能形成时间知觉；太长了，超过了人们对时间的直接反映能力，也不能形成明确的运动时间间隔知觉。刚刚能引起知觉的最小运动时间间隔称为运动时间间隔阈限。人的运动时间间隔阈限越小，则人的运动时间间隔知觉能力越大，两者成反比关系。在不同的感受器中形成运动时间间隔知觉的阈限是不同的，在同一感受器中对不同运动客体或动作的时间间隔知觉阈限也有差异。详细情况见表 9—1。

表 9—1　各种感觉中的运动时间间隔知觉阈限比较

感觉领域	刺激物种类及呈现方法	时间 1/1000 秒	备考
听觉	电火光音	2.0	
听觉	物体下落音	5.6～6.7	
触觉	给予手指下压	27.7	
触觉		45～150	
视觉	中央视觉	22～66	
视觉	周围视觉	49.0	
视觉	中央视觉与外周	76.0	
听与视觉		60.0	
视与触觉		71.0	

各种体育运动项目，都要求技术动作在特定的时间间隔内完成，这些不同的运动时间间隔知觉实质上是反映了人们在完成运动技术动作时能否把握时机的能力。例如排球的扣球和接扣球动作都要求运动员形成准确的运动时间间隔知觉能力，起动早了不行，晚了也不行；尤其是打时间差的扣球动作时，更要有精细的运动时间间隔知觉，准确而又适时地把握时机，否则将会造成技术动作的失误。因此，必须结合专项技术训练对运动员进行不同的运动时间间隔知觉能力的训练，提高其准确把握时机的能力，以适应比赛的需要。

2. 运动时间节奏知觉

把客观上相等的各种时间间隔，有规律地配合并连续呈现，就会组成各种运动时间节奏，人脑对这些运动时间节奏的直接反映就叫作运动时间节奏知觉。在一个运动的时间节奏中，可以由某一种时间间隔组成，如每隔 1/10 秒出现一次动作，每次动作持续 3/10 秒；也可以由两种或多种时间间隔和持续时间组成有规律的时间节奏。不同项目对运动时间节奏的要求不同，因此对运动员的运动时间节奏知觉能力的要求也不同。球类项目的运动时间节奏与田径跳跃项目的运动时间节奏不尽相同；跳高、跳远项目的助跑运动时间节奏与短跑项目的运动时间节奏也不尽相同。所以各运动专项对本项目运动员的运动时间节奏知觉及其能力的要求也不尽相同，因为完成和表现动作的运动时间节奏是以准确的运动时间节奏知觉为前提的。

人在知觉各种运动时间节奏方面，不同感觉领域的最适宜的运动时间节奏是不同的。听觉方面最适宜的节奏是 0.5 秒至 1 秒之间；视觉方面最适宜的节奏是 0.5 秒至 0.75 秒之间，视节奏知觉的阈限 0.3 秒（下限）至 2.4 秒（上限）。

运动时间节奏知觉能力的发展是不断训练的结果。许多研究表明：8～10 岁阶段的儿童节奏能力有了明显的发展，9 岁儿童已开始表现出男女差异。

在体育运动中必须分清节奏知觉与节奏反应这两个不同的概念。前者是人脑对运动时间节奏的反映，后者是身体对运动时间节奏的反应；前者是认识，后者是动作。不能简单地说节奏认识灵敏的人必定节奏动作也灵活。因为对于运动时间节奏知觉可以通过听觉、视觉形成，但对于节奏反应必须通过本体感觉的作用，即通过身体动作练习，学会节奏反应；通过对节奏反应的反馈，可以提高节奏知觉的水平。

3. 运动速度知觉

运动速度知觉是人脑对运动客体或本体运动持续时间快慢的反映。

外界运动着的物体与我们自身的活动在不停地运动着。

但是，并不是所有的运动物体或自身的活动都能被我们直接感受到，我们能够知觉到的只能是其中的一部分，这就是运动速度知觉阈限问题。根据我国心理学家的研究证明，人的运动速度知觉的下阈为 0.6 毫米/秒，人的运动速度知觉上阈为 600 毫米/秒。运动速度知觉差别阈限为 20%。运动速度知觉能力的大小依据运动速度知觉阈限为标准，其具体表现为：运动速度上阈越大，运动速度知觉能力越大，反之则相反，呈正比关系；运动速度知觉下阈越小，运动速度知觉能力越大，反之则相反，呈反比关系。因此在运动训练中，要提高运动员速度知觉能力，必须降低运动速度知觉下阈，提高上阈。

下列因素影响着人的运动速度知觉：

(1)运动对象的大小和形状

不同大小和形状的物体以同样的速度运动时，运动的物体与动作的大小和形状同运动速度知觉快慢成反比。例如，当两种球以同样的速度运动时，我们会感到篮球的运动速度比乒乓球的运动速度慢；当两个人以同样的速度运动时，我们会感到矮个运动员比高个运动员的速度快。这是由于体积、形状较大的物体或动作，在视网膜上的投影较大，占据视野的时间较长的缘故。

(2)照明条件

光线越亮，觉得对象的运动速度越快；在暗光下移动的对象，看起来运动速度比较慢。

照明度的强弱与物体的大小结合起来，又会对运动速度知觉产生不同的影响：一般是照明强度高、体积较大的物体比照明强度低、体积较小的物体更容易产生运动速度知觉的误差。

(3)训练或比赛场地的背景

在有装饰(如有各种广告牌)的背景上感知运动速度比在无装饰的运动背景上感知运动速度更准确。另外,运动场越宽广,知觉对象的运动速度越慢。所以,排球运动员在能容纳四个球场的正式比赛场上赛球时,比只能容纳一个球场的狭窄的场地上赛球时的运动速度知觉误差大,从而影响其扣球或接球动作的反应速度。

(4)物体或自身运动的方向

同样速度的物体沿水平方向移动时比在垂直方向运动时的主观速度慢一些。但是相对地说,人对沿水平方向移动的物体的运动速度知觉比作垂直运动物体的运动速度知觉更为准确。人们对垂直运动的物体的运动速度低估的误差大些,对从近向远移动的物体比从远向近移动的物体的主观速度更快些。

知觉者自身的位置、姿势也影响着运动速度知觉:一般在45°视角观察运动的物体时,运动速度知觉的误差最小,超过此限,误差增大。

眼球在追踪某一物体运动的条件下要比在凝视的条件下所知觉物体的运动速度快1.4～1.7倍。

除此之外,人的表象、记忆、思维、情感等心理过程和心理状态也会影响一个人的运动速度知觉的主观判断。

三、运动空间知觉

(一)运动空间知觉的概念

运动空间知觉是指人脑对运动物体的空间特性(包括运动物体的大小、形状、方位和距离等)的反映。

空间也是一切事物存在的基本形式,它是由事物的大小、形状、方位、距离等外部关系表现出来的。反映运动物体的大小、形状、方位、距离等空间外部关系的知觉就是运动空间知觉。

在体育运动中，不仅要涉及各种相对静止的物体（如球场、网、靶、篮架等）的空间关系，更要涉及到各种运动物体（如球、其他队员）的空间关系，以及外界运动物体与自身运动的空间关系。研究表明，人的主观运动空间知觉与实际存在着的客观运动空间关系之间存在着一定的差异。研究这种差异并找出缩小这种差异的训练方法，是提高人的运动空间知觉能力的重要课题。

运动空间知觉是通过肌肉运动觉、视觉、听觉、肤觉、触摸觉、平衡觉等多种分析器的协调活动而形成的。运动空间知觉可按照运动物体的空间特性分为运动空间方位知觉、运动空间大小知觉以及运动空间距离知觉等。

（二）运动空间知觉的分类

1. 运动空间方位知觉

运动空间方位知觉是人脑对事物和自身动作运动时的位置与方向的反映。

人的运动空间方位知觉是以自身为中心定位的。前、后、左、右的方位是就运动物体与自身的相对关系而言。上、下两个方位则既以自身为标准，又以天地的位置为参考。当人直立于地面时，主要依靠视觉来定向；当人运动时，就必须依靠身体的感觉（即感知重心方向的平衡觉和肌肉运动觉）来补充视觉定向。

体操和跳水运动员需要具备较强的运动空间方位能力。这两项运动的专项技术训练也是培养运动员准确地辨认身体运动方位能力的最好的训练。但不能只靠视觉，也要提高内部运动感觉的功能。

研究表明：在无照明或照明不足的条件下，运动员的运动空间方位知觉主要依靠的是内部运动感觉系统的功能。在暗室排除视觉的条件下，身体正直姿势的定位，主要通过内部运动感觉系统的功能活动获得，其平均误差在1.20°～1.61°之内，不超过2°；在亮室有视觉参与的条件下，误差值为0.88°，不超过1°，并均出现低估的趋势，例如身体倾斜30°时，被估计为20°，身体倾斜60°时，被估计为40°，当身体倾斜75°时误差最大。有关资料表明：在正直姿势定位中，头部的位置（正直或倾斜）对身体位置的判断有明显关系；头部与身体各自分别向相反方向倾斜时，会产生较大的误差。“奥尔贝特”法则（Laws of Orbite）表明：在身体倾斜度较小时，对身体倾斜有低估的倾向，这种低估现象称为E现象；当身体倾斜度较大时，对身体倾斜度有高估的倾向，这种高估现象称为A现象。两种偏离现象被人们合称为奥尔贝特法则。这种现象在竞技体操运动员与非运动员实验结果中得到证明，前者容易显示E，后者容易显示A。这对有关项目的运动空间方位知觉训练，提供了重要的参考指标。

2. 运动空间大小知觉

有关研究表明：对运动物体的运动空间大小知觉，是依靠视觉、触摸觉和运动觉的协调活动产生的。视觉对运动大小知觉具有重要意义：如果在不同的距离知觉运动物体时，大小知觉与距离远近成反比，即同一运动物体，处于远处，视象小；处于近处，则视象大。如果当人处在离运动物体距离相等的条件下，视象与运动物体的大小成正比，即运动物体越大，视象也就越大，反之则相反。

在一定距离内，运动物体的大小知觉不完全随其实际的大小、远近而变化，它保持相对稳定，这种相对稳定就是运动空间大小知觉的恒常性。运动空间大小知觉的恒常性，对于准确地判断周围事物及自身动作的实际大小具有重要意义，它可以保证人们迅速准确地反映周围环境条件，及时做出恰当反应。

对运动空间大小知觉来说，双眼知觉比单眼知觉更能保持恒常性；有照明比没照明更能保持恒常性；无限制视野比有限制视野更能保持恒常性。必须指出的是恒常性是后天环境条件下通过积累丰富的感知经验形成和保持的。

3．运动空间距离知觉

运动空间距离知觉也称运动空间深度知觉，是人脑对运动着的事物和自身动作的各种距离关系的反映。距离知觉不限于对事物平面空间距离的反映，立体物体各部分之间的深度也是距离知觉的反映内容。然而关于运动物体的空间距离关系、关于自身动作之间以及活动范围的知觉也属于运动空间距离知觉范畴。

运动空间距离知觉主要通过视觉分析器的活动，但必须有运动知觉分析器的参与。尤其在体育运动中，来自本体感受器官的动觉是不可缺少的因素。双眼视差是获得深度知觉的内部信息源，双眼聚合则是获得距离知觉的内部信息源。

运动空间距离知觉的准确性不仅取决于视觉的双眼视差、双眼聚合的功能作用，同时还有赖于其他主客观因素。属于客观因素的有运动物体的清晰度、物体的相互掩盖关系、周围背景中存在的较为熟悉的参照物等。属于主观因素的有：知觉远近运动事物时眼球肌肉的紧张度、自身运动的位置变化、个体经验等。例如身体位置的变化会对实际距离知觉带来较大的误差。研究表明，采用胯下目测运动物体距离时，通常具有高估的倾向。

对运动员进行运动空间距离知觉的训练是形成各种运动技能的心理基础。当然，各种不同的运动项目必须有针对性的运动空间距离知觉训练，其中明晰自己专项运动空间距离知觉主要依靠哪些分析器的活动，是提高运动空间距离知觉训练效果的可靠保证。

第二节　身体素质训练的心理学基础

一、运动能力与训练

（一）运动能力的概念

运动能力是制约着一个人获得运动知识、形成运动技能、顺利地完成运动活动的生理心理特征。人的运动能力的基本表现形式，一般可从跑、跳、投掷、攀登、支撑等活动中了解。在竞技体育运动中，高水平运动员的运动能力是以身体素质特点与心理品质特点的高水平结合为特征的。

运动能力是在不同运动项目的运动活动过程中表现出来的，具有多样性和复杂性；是在专门训练下形成的，以适应该项活动要求的生理心理特征。其生理心理特征的主要成分是：属于个性倾向性方面的如动机、需要、兴趣和提高专项运动水平的愿望等；属于认知心理过程方面的如注意力、运动感觉反应的速度和准确性、运动时间知觉与运动空间知觉能力以及运动表象、运动记忆、思维和想象等；属于情感、意志方面的如情绪的稳定性、责任感、道德感、荣誉感、事业心以及目的性、坚强勇敢、机敏果断等。这些心理因素构成的能力与人的精神运动特征密切相关。在运动个体发展过程中，为运动技能奠定基础的时候，精神运动的特征明显地影响着人的专项运动能力的形成。

人的运动能力是由多种因素组成的有机的整体活动。多因素的最佳发展和协调活动，才能有高水平的运动能力。所以，运动能力又是一种潜在的能力，它有赖于运动训练加以开发。开发的结果，既取决于先天的素质条件，又取决于后天的训练。依据人的心理活动规律，有针对性地进行科学的合理的专门训练，就是为了最大限度地发掘运动潜能以表现出高水平的运动能力。

（二）运动能力的获得

一个运动员运动水平的高低，取决于这一运动员自身身体素质与心理品质结合水平的运动能力的高低。运动训练正是为了探索身体素质与心理品质最完善结合，从而促进运动能力的高水平发展。

大量研究事实表明：运动能力的获得、发展与完善，一般来说，受到下面两方面因素的影响。

1. 生物学因素

一个运动员的运动能力的形成与发展，主要与人的形态、构造与机能活动密切联系。形态的主要指标包括身高、体重、上下肢的比例、手长、腿长以及各种内外感觉器官的机能构造。机能的主要指标是指各种肌肉、器官和精神运动的特性等方面。它们是运动能力形成的生物学基础。而这些生物学基础又往往受遗传因素的制约。人们不能超越生物学的这种制约去无限制地发展运动能力。但这些以生物学为基础的运动能力决不可能自发地开发与发展，它必须在运动训练过程中与相应的心理品质有机地相结合，才能得到最好的运动能力的表现方式。

2．心理因素

人的一切基本运动能力都是在生物学因素的基础上，通过与人的多种心理因素的合理组合经过训练的产物。以跑为例：人的跑不是天生的，而是幼儿在与大人的交往中学会的。这也是儿童由生物人向社会化人的过渡过程。在跑的过程中，除了以一定的肌肉、骨骼发育为物质前提外，是从学习“人的跑”的模式开始的，通过改变其认知结构，进行模仿练习，逐步掌握依靠运动感觉调控身体，感受自身活动的时空特点，明晰反馈信息，才能从步履蹒跚到学会跑动动作。跑动动作的学会过程导致了自身力量、灵敏、耐力、速度等身体素质的发展，而这些身体素质的发展又促使跑动的动作向更高层次的发展——稳定、合理、省力、灵活。所以，跑的能力是以生理结构机能的发育为物质前提，又必须通过社会的、心理的诸因素协调组合才发展起来的。从心理因素来说，在形成人的跑的运动能力中，既有运动觉、平衡觉、触摸觉、视觉、听觉、机体觉的作用，又有方位知觉、速度知觉、节奏知觉、距离知觉、运动表象、运动记忆、思维、情感、意志，乃至于动机、需要、兴趣等因素的参与。可见，多种心理因素的协调组合，是形成跑的运动能力的必不可少的条件，也是跑这一动作的特点，更是人的基本运动能力发展的普遍规律。

二、速度、力量、耐力、灵敏素质训练的心理学基础

人的各种身体素质都与相应的心理品质的发展密切联系

着。人们发展某种身体素质，必然也发展着相应的心理品质；同时，人们在发展身体素质过程中，也只有遵循相应的心理品质发展的规律，人的身体素质才能更好地获得发展。

（一）速度素质

速度素质是指一个动作的持续性、频率和节奏等全部时间特征的总和。

速度素质包括反应速度、动作速度和移动速度等三大类。不论何种运动速度，都由下列四种因素组成。即：对环境信息的感知速度，中枢神经系统的加工、转换和发出指令的速度，效应器官的应答（动作）速度，活动结果的反馈、再决策速度。提高速度素质的根本所在是：缩短接受信息到开始作出反应的潜伏期中对刺激物的判断、选择、决策应答动作的时间至最低限度；缩短完成单一动作所需时间至最佳限度；加快动作频率至最大限度。所有的这些提高速度素质的根本所在，都与运动员的选择反应时间、感知的准确性、注意等心理品质相联系。

1. 感知的精确性。善于精确区分微小的时间间隔是提高动作最大频率的心理学前提。研究表明，人们在思想上习惯用时间标志作为估量运动速度的参数，它比空间参数知觉运动速度误差较小。人们感知速度，必须有个参照系，才能正确评价运动速度。用时间间隔来作为参照系，将使人们获得运动速度知觉能力的较好发展。这对速度素质的发展具有重要意义。

2. 运动定向。完成任何一种动作，都有注意这种心理活动参与。注意力是指向集中在感知信息上还是在即将完成的动作上，这对于动作的快速起动有很大影响。有关研究表明，形成相应的运动定向（即注意力集中指向在即将面临的动作上），比感觉定向（注意力集中在感知刺激信息上）更有助于动作的快速起动。

此外，提高运动感觉的准确性，减少和消除多余的肌肉活动是缩短单一动作时间的主要方法；运动表象的完整性、清晰性和丰富性以及再认再现的迅速性、准确性是缩短接受信息到开始反应的潜伏期中对刺激物的判断、选择及其决策应答动作时间的可靠保证；保持必要的增力的情绪体验，消除减力的情绪状态，是保证速度素质充分发挥的主要因素之一。发展和完善这些心理品质对运动员速度素质的提高，起着明显的促进作用。

（二）力量素质

力量素质是指完成运动动作时肌肉用力的情况。力量素质表现为对某种重量的负荷或驱动，如举重的肌肉用力；对躯体的支撑、翻转、伸展、扭动等的肌肉用力，如跑步、体操；对抗运动中的相互挤压、碰撞等的肌肉用力，如球类、技击项目等。不论哪一种形式的用力，都有最大定量和等量的肌肉用力。根据肌肉用力程度的不同，又可分为三类：第一类肌肉用力是要求最充分地发挥自己的肌肉力量能力，如举起最大限度的重量等。人们要有意识地控制这类肌肉用力是很困难的，它受到每一个人的生理与心理机能范围的限制。第二类肌肉用力是反映最大肌肉用力中的一部分，如用三分之一、二分之一、四分之一的力量去完成各种动作。第三类肌肉用力则要求严格的分配力量，这类肌肉用力可以保证投掷的准确性和握牢一定重量的器械。无论是哪一类肌肉用力的力量素质的提高，都是与运动员的肌肉运动感觉、注意力和一系列的意志品质紧密地联系在一起的。

提高第一类肌肉用力方面的力量素质，通常是在完成极限或次极限负荷的“爆发性”练习中进行的，它需要凭借运动员注意力的高度集中和各种顽强的意志品质去克服和完全摆脱练习前所有无关刺激的影响，其中包括关于练习的困难性、危险性、疲劳性、单调性以及不能完成动作的可能性和容易产生错误的可能性等种种想法或心理障碍，并将注意力集中在面临的主要动作上，集中在准备开始做动作的关键时刻，集中在为了充分发挥体力和意志力所必须表现的情绪振奋方面，从而实现对自己身心状态的控制。因此，在完成极限或次极限负荷的“爆发性”练习中，由练习引起的生理和心理上的极度紧张，必须依靠坚定的目的和顽强的意志力去克服、去承受、去坚持。也正因为这样，运动员的注意力、自我控制力和一系列的意志品质也可在力量素质训练中得到培养和提高。

提高第二、第三类肌肉用力方面的力量素质，也需要坚强的意志。因为这类素质的提高，通常是在多次重复负荷量不大的练习中进行的。多次重复单调的周期性动作，更容易引起生理和心理上的疲劳，没有意志品质的支持是不能顺利地完成预定的任务的。

第二、第三类肌肉用力方面的力量素质训练，从心理学的角度看，其实质就是培养运动员肌肉用力感觉的精细分化能力。形成运动员对各种技术动作肌肉用力感觉及其表象的准确性、清晰性、稳定性能力。因此，这两类肌肉用力方面的力量素质训练，除了保证发展和提高有关肌肉群的绝对力量素质的专门训练外，还必须结合专项的技战术训练来进行，这样方可收到事半功倍的效果。

此外，进行力量素质训练在需要顽强意志品质支持的同时，运动员还可以用自我命令、自我刺激的方法，这样做容易收到明显的效果。

（三）耐力素质

耐力素质是指运动中身心持续有效地工作的能力。耐力素质是以肌肉用力的量和时间的综合表现为前提的。因此，它可以分为力量耐力、速度耐力、力量——速度耐力等。每一种耐力又有许多力量和速度及其相互作用的特点。

耐力素质的发展是在活动引起疲劳而被克服的进程中获得的，必须使运动员充分地认识到运动疲劳的特征不是危险的征兆，而是在完成练习中达到必要的训练效果的信号。发展耐力的练习是在长时间内完成的，一般是与多次重复单调的周期性动作相联系，因此，这种疲劳的感觉不仅是由内部肌肉器官的疲劳引起的，而且也可以是由于单调无味的重复工作引起的。因此，提高运动员的耐力素质，必须与运动员的意志品质紧密联系在一起。

1. 坚定的心理定向

明确完成一定负荷量和一定强度的必要性，自觉地接受和执行提高耐力的计划，形成在任何条件下坚决实现目标的决心，对发展耐力素质是极为重要的。正是这种坚定的心理定向（即事先有必须全面认真完成规定负荷量的准备），有助于克服疲劳，完成训练任务。有关研究资料表明，如果把这种坚定的心理定向改为假定条件的定向（假如不感觉太累就完成这个任务等）完成任务的比率就下降70%。

2. 随意控制意识和注意力

为了克服疲劳，为了减少疲劳对工作能力的副作用，为了抵抗单调无味的负荷训练，必须使运动员学会随意控制意识和集中注意力。运动员应该养成把注意力从疲劳产生时的不舒服感觉上转移到和当前所要完成的活动无关的思想上去，或者相反，自觉地检查完成所规定练习的数量和质量，这样做有助于与疲劳作斗争。

3. 采用自我命令、自我刺激的办法

在提高耐力的过程中，特别在训练的最困难的时刻，利用自我刺激，如"跑过那棵树"，"还有两圈，坚持住"，自我命令和自我鼓励，如："注意速度"，"快，不要降低速度，步子再大点"的办法，有助于提高效果和完成训练任务。

(四)灵敏素质

灵敏素质是一个人掌握技术动作能依据环境变化的要求而迅速改变活动的能力。灵敏素质的表现与完成专项运动活动密切联系在一起。

反映灵敏素质的心理因素有：

1. 反映客体的准确性。运动活动中，运动员要准确地掌握技术动作以及准确地评估各种情况，才能准确地反映客体。这取决于：一是再现已掌握动作的准确性，二是判断周围情况的准确性。因此，发展和提高运动员的观察力、运动表象和运动记忆能力，有助于提高灵敏素质。

2. 提高应变能力。灵敏素质的高低，取决于运动员自身的协调性和对环境的适应性方面，以及技术动作与周围情况的协调性方面。因此，灵敏素质训练的心理因素除了准确地反映客体之外，还与运动表象的丰富性、准确性、清晰性以及动作系统的动力定型密切相关，提高运动员的思维、想象和注意的分配、转移能力以及开发右脑功能、应变能力的提高有助于灵敏素质的发展。

值得指出的是，身体素质并不是孤立表现出来的，它总是通过技术动作直接或间接地表现出来；各种身体素质之间也不是彼此孤立的，因此只有结合专项运动的技战术训练以及运动竞赛进行发展与提高，才能有效地取得成效。同时身体素质的发展与提高依赖于各种心理品质，而心理品质也在身体素质的发展中得到发展，它们是互为条件的。

第三节　运动反应

一、反应的概念

有意识的意志行动，在运动技术训练中占有重要地位。这种行动经常以反应过程的形式表现出来。所谓反应，就是有意识的应答行动。在进行有意识的应答行动时，运动员事先就知道即将到来的刺激是什么，并且事先就准备以一定的方式去回答它们，起跑可以作为反应过程的典型例子。

反应过程的一个显著特点，就是它的时间很短，是在最短的时间内做完一定的动作系列。反应过程不仅反映了神经过程的速度特点，同时也反映了完成动作所需消耗的能量特点。

反应过程在时间上虽然是一个短暂性的过程，但在心理结构上则可分为反应的预备期、中心期、结束期等三个时期（见图 9—1）。

反应的预备期　这个时期是从预备信号（“预备”）到执行信号（“跑”）之间的一段时间。反应的预备期包括等待信号和准备应答动作两个内容。

反应的中心期　这个时期是从执行信号到应答动作开始的一段时间。这段时间不论多么短暂，但它在反应过程的心理

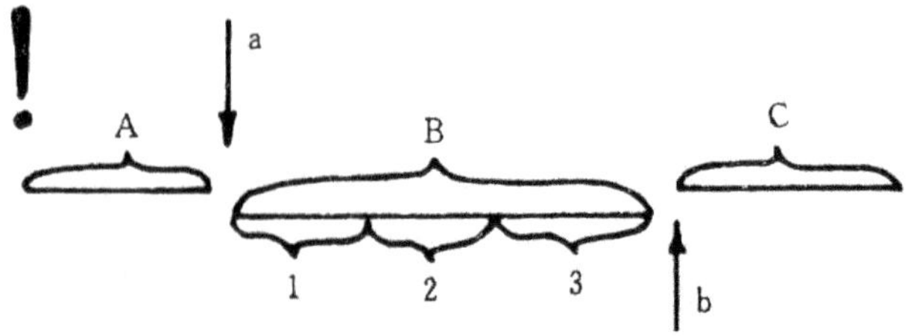

说明:A. 预备期　B. 中心期(潜伏期)　C. 结束期(效应期)

1. 感觉阶段　2. 联想阶段　3. 运动阶段

! 预备信号(“预备”)　a. 执行信号　b. 动作开始

图 9—1　简单反应模式图

结构中起重要作用。这个时期运动员虽然处在不动状态,但在大脑中却进行着强烈的神经活动过程,并准备完成起动动作。这期间包括有感知信号刺激阶段、联想阶段和运动反应阶段。

反应的结束期　这个时期是从应答动作开始到效应动作结束为止。这时期所实现的应答动作,是由前两个阶段所准备出来的,其全部特点完全受前两个时期中大脑皮层所进行的神经过程的性质和强度所制约的。

二、反应的类型与种类

(一)反应的类型

根据每个运动员在反应时候的感觉、注意指向以及大脑皮层兴奋与抑制过程的相互关系上的不同特点,可以把反应分为三种类型。

1. 反应的感觉型。这种类型的特点是:在反应预备期中运动员的注意力指向与集中在感知执行信号上,听觉中枢强烈兴奋,运动中枢则处于抑制状态。这时运动员的意向,是想更快更好地不失时机地感知信号刺激,并发动起动动作,但对完成动作的准备则很不充分。由于运动中枢的神经冲动过程是在感知信号刺激以后才开始产生，而且往往要付出巨大的努力，才能使原来处于抑制状态的运动中枢转入兴奋状态。其间既要耗费一些附加时间，又要耗费一定的能量。因此感觉型的反应速度要比其他类型更慢，其潜伏期平均持续 160～175 毫秒。

2. 反应的运动型。这种类型的特点是：在反应的预备期中，运动员的注意力是指向与集中在准备应答动作上，皮层运动中枢因而产生强烈兴奋，听觉中枢则处于一定程度的抑制状态。这时运动员的意向是想更快地起跑，起动动作因而有着充分的准备，感知信号刺激放在注意边缘。一旦信号刺激发生时，听觉中枢的兴奋便很快地传到联想中枢而至运动中枢，相应的神经冲动就会立即传至运动器官。由于运动中枢对完成应答动作作好了充分准备，反应潜伏期的运动阶段不仅进行很快，而且耗费能量也少。因此运动型的反应最快，其潜伏期时间只有 100～125 毫秒。

3. 反应的中间型。这种类型的特点是：以大致相同的强度同时指向集中于等待信号和准备应答动作上，大脑皮层感觉区和运动区的兴奋程度大体是平衡的。因而中间型的反应速度优于感觉型，次于运动型。在实验室条件下，中间型的反应潜伏期持续时间为 140～150 毫秒。

(二)反应的种类

1. 简单反应　这种反应的特点是：在这种反应中，只有一个早已熟悉的必须反应的刺激物(信号)和一个早已熟悉的、完全学会了的必须用以回答这个信号刺激的应答动作。起跑就是简单反应的例子。

简单反应的速度和神经活动的速度密切联系。一些研究资料表明,少年期简单反应速度已达到较高水平,青年期以后的发展并不明显。

2. 复杂反应　这种反应的特点是:在反应过程中同时具有几个可能出现的刺激物和几种可供选择的应答动作,而且事先并不知道实际要出现哪种刺激物,也不知道选择哪种动作去作出回答。球类、拳击等项目的反应动作就是复杂反应的例子。

复杂反应的心理结构是具有特点不同而又相互联系的几个阶段,即:(1)感受刺激物的感觉阶段;(2)从其他同时起作用的刺激物中将所感知到的刺激物加以区分的区分阶段;(3)再认阶段,即把当前的刺激物纳入已知类别中,它常与第二信号系统活动相联系;(4)选择有利的应答动作阶段;(5)反应潜伏期的运动阶段(图 9—2)。

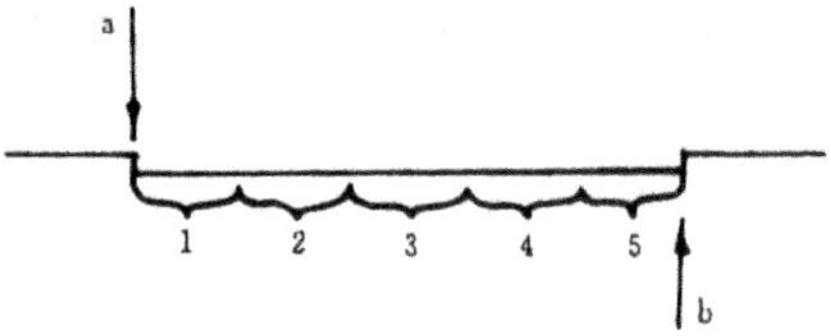

a. 刺激物的出现　1. 感觉阶段　2. 区分
3. 再认　4. 选择动作　5. 运动阶段
b. 应答动作开始

图 9—2　复杂的选择反应模式图

由于反应过程复杂,复杂反应的速度进行的比较缓慢。在实验室的条件下,反应的潜伏期延长至 300 毫秒或更长一些。在自然条件下由于运动员对已有的活动具有丰富的实践经验，对某种刺激物作出反应已形成了相应的动力定型，因而复杂反应的潜伏期几乎接近于简单反应时。如果一旦不熟悉的刺激物出现，复杂反应时间又会大大增加。

三、提高反应速度的条件

分析和掌握运动员对外界刺激的反应过程和特征，在运动训练中有着十分重要的意义，它可以提供培养运动员快速反应和应变能力的心理依据。

培养运动员快速反应和应变能力可以从以下几方面做起：

首先，运动员对外界刺激的反应过程告诉我们，反应时间与动作时间是两个不同的概念。反应时间是指从接受刺激到开始作出第一个动作之间的持续时间，而动作时间则是指第一个动作开始直至完成整个动作所耗费的时间。区分这两个概念的现实意义是：反应快的运动员不一定动作速度快；反应慢的运动员则可利用动作速度快来补偿反应慢的弱点。掌握这个区别，有助于我们在技术训练中有目的有针对性地进行技术训练。

其次，提高运动员快速反应和应变能力的速度，可从两方面着手。其一是缩短反应时间，根本的条件是提高运动员对外界刺激的判断速度和抉择应答动作的速度和培养运动员的运动定向能力。其二是提高动作速度，根本的条件是加快动作的频率、消除多余的动作或多余的肌肉活动、改进技术动作的合理性，特别是动作衔接的合理性。

再次，提高运动员应答动作的准确性。关键在于反应过程中运动员对外界刺激作出判断的准确性和抉择应答动作的准确性，其基本条件是形成运动员丰富、正确、完整和清晰的运动表象以及提高运动员对各类复杂情况的适应能力。

最后，控制和调节大脑皮层处于适宜的兴奋状态以及提高神经过程的灵活性也是提高反应速度的基本条件之一。

本章小结

运动知觉是指人脑对外界事物和自身的运动状态的反映。这是一种复杂的知觉：它是主体运动知觉与客体运动知觉的统一，是运动时间知觉与运动空间知觉的综合。

运动时间知觉和运动空间知觉各自可分为运动时间间隔知觉、运动时间节奏知觉、运动速度知觉、运动空间方位知觉、运动空间大小知觉和运动空间距离知觉。各种运动知觉的形成机制以及影响因素不同。

运动能力是制约着一个人获得运动知识、形成运动技能、顺利地完成运动活动的生理心理特征。运动能力的形成与发展既受生物学因素的影响，又受心理因素的影响。速度、力量、耐力、灵敏素质训练的心理因素是各不相同的，重视各类身体素质训练的心理因素，提高各种相应的心理品质是发展运动员身体素质的可靠保证。

反应是指有意识的应答行动。反应过程的显著特点是它在最短的时间内完成一定的动作系列。反应类型有三类，即感觉型、运动型和中间型。反应又可分为简单反应与复杂反应两大类，其心理结构各不相同。提高反应速度的条件是缩短反应时间中的判断、抉择速度和加快动作速度，形成正确、合理的技术动作的动力定型系统。

思 考 题

1. 运动活动中运动时间知觉、运动空间知觉各有哪些规律？

2. 意志品质在身体素质训练中的意义何在？

作 业 题

1. 以一个具体的技术动作为例分析并说明运动知觉形成的机制及其意义。

2. 分析影响速度知觉的因素。

3. 举例说明如何从心理学角度去发展和提高运动员的速度素质和耐力素质。

4. 举例说明区别反应时间与动作时间这两个概念的意义。

第十章　运动员的心理训练

自 学 指 导

一、内容简介

运动员的心理训练是体育运动心理学很重要的一个组成部分。本章分为两部分讲述了运动员的心理训练问题。

第一部分着重从理论上阐述了心理训练的概念和作用，心理训练的种类和任务，以及对运动员进行心理训练时应遵循的基本原则。

第二部分着重从实际应用的角度有选择地介绍了几种常用的主要的心理训练方法。它们是：模拟训练、放松训练、想象训练、注意力集中训练、生物反馈训练、催眠训练、暗示训练、意志训练以及心理适应调节法。这些方法的形成是以运动员的生理、心理特点和运动训练规律为依据的。因此在具体训练方法的选择时，应根据运动员的训练水平、比赛经验、心理生理特点以及年龄特征等选择适宜的方法。

二、重点与难点

本章教学重点有二：一是使学员了解心理训练的原理、原则，为实际应用奠定理论基础；二是掌握运动员心理训练的主要方法。难点是每种心理训练方法的具体操作和实际运用。

三、学习方法与要求

要求学员深入理解教材内容。学习中尽可能做到理论与实际相联系，了解方法与操作演练相结合，以达到学以致用的目的。

第一节　心理训练概述

一、心理训练的概念和作用

运动员的心理训练，是现代运动训练的重要组成部分，它同身体训练、技术训练和战术训练相结合，构成了现代运动训练的完整体系。运动员的心理训练，就是有目的、有计划地对其心理活动施加影响的教育过程。通过心理训练改善运动员运动专项所需要的心理因素和个性特征，学会调节心理状态的各种方法，最大限度地挖掘心理潜力，以便在训练和比赛中促进身体和技术水平的正常和超常发挥。

现代科学研究证明，运动员的心理因素，影响着身体、技术和战术的发挥程度。运动员要完成高难复杂动作和承受大强度训练，不仅要有良好的身体素质，娴熟的技战术，而且还要有一个卓越的内心世界，即思想充实，精力充沛，情绪稳定，意志顽强，个性完善以及身心高度协调统一。如果运动员缺乏必要的心理训练，在平时训练和激烈比赛时，情绪低落，意志消沉，信心不足，紧张怯场，即使有较好的身体和技术，战术也难以得到充分的发挥。

运动实践证明，运动员卓越高超技术和战术的发挥，是各种肌肉群在中枢神经可靠地控制下得以进行的。而中枢神经不断地对肌肉群进行精细地调节，运动员才能掌握技术和发挥出优异的技能水平。心理训练就是对运动员的大脑进行的专门化训练，通过第二信号系统的作用，提高大脑和中枢神经系统的功能，提高对内脏器官和思维过程的调节支配作用，并直接影响人体生理机能，使运动员的情绪和行为发生良性循环，在训练和比赛中发挥出理想的水平。

所以，大凡有才能有发展前途的运动员，不仅要具备身体和技战术方面的优势，而且还应具备心理方面的优势。即通过心理训练发展他们在训练和比赛中专项运动所需要的心理品质和个性特征，提高心理活动水平，提高他们的适应和抗干扰能力，消除心理障碍，在训练和比赛中促使最佳竞技状态的出现，为创造优异成绩奠定良好的心理基础。

二、心理训练的分类和任务

运动员心理训练分为一般心理训练和准备具体比赛的心理训练两类。

（一）一般心理训练

一般心理训练是指平时经常进行的心理训练，又叫作长期心理训练，它有一个较长时间的训练计划和系统完整的训练过程。一般心理训练的任务是，培养适合专项运动的良好个性特征，促进专项运动所需要的心理品质不断完善。

培养运动员良好的个性特征，对提高运动员的工作能力和训练效果具有十分重要意义。具有良好个性特征的运动员，在训练比赛过程中，他们渴望提高自己的成绩并在比赛中获胜，对专项运动具有浓厚的兴趣，在认识、情感和意志过程方面具有较高的活动积极性，并提高了心理过程的效率。这样的运动员有较充分的心理能量储备，可以承受大运动量训练，从而提高工作能力和训练效果。所以，在一般心理训练中，应把运动员的个性特征培养视为首要任务。

在运动员个性培养中，应特别注意加强良好动机和态度的培养，因为这是发挥运动员积极性的核心因素。运动员只有在良好动机支持下才能有发展专项运动稳定的兴趣和能力，在良好态度的前提下才会对参赛具有充分的信心和责任感。

加强心理过程训练，促进专项运动所需要的心理品质不断完善，是发挥运动员智力水平的重要因素。运动员合理地、完善地掌握技术和战术并充分发挥出应有的水平，与从事专项运动所需要的心理过程的良好品质密切相关。形成良好的心理品质，包括改善知觉过程、发展注意力、想象力、记忆力以及发展情绪、意志品质等。如果运动员专项运动的心理品质较差，不仅影响他们掌握技战术动作的质量和速度，而且也难以在比赛中发挥较高的技战术水平。

（二）准备具体比赛的心理训练

这种心理训练是针对既定的比赛任务进行的一种训练，目的在于使运动员能在较短时间内学会自我调节心理状态的方法，以便形成最佳竞技状态，因而也称短期心理训练。

准备具体比赛的心理训练又可细分为每次比赛的心理调节，两次比赛间的心理调整。这种训练的具体任务是：

1. 明确比赛任务，激发比赛动机，树立取胜信心。

2. 掌握具体的心理训练方法，学会控制和调节自己的心理状态，消除心理障碍，形成最佳竞技状态。

3. 提高心理适应性，在千变万化的比赛情况下，保持积极稳定的心理状态，正常或超常发挥自己的运动水平。

4. 帮助运动员积累和分析比赛过程中出现的新情况，及时修订比赛行动计划。

上述两类心理训练并不是各自孤立的，它们是相互依赖互为条件的。如果没有一般心理训练，准备具体比赛的心理训练就没有可靠的基础，就难以取得良好的效果。反之，如果不对运动员进行准备具体比赛的心理训练，一般心理训练就失去了针对性，运动员不掌握有效的办法和措施解决当前的心理矛盾问题，也就失去了一般心理训练的意义。

三、心理训练的原则

运动员的心理训练是有意识地对运动员心理活动施加影响的教育过程，实现这一教育过程，必须遵循一系列原则，才能使心理训练取得良好的效果。因此，在训练中应坚持自觉积极性原则，循序渐进与专项训练相结合原则以及个别对待和重复性原则。

（一）自觉积极性原则

运动员心理训练的效果，首先取决于运动员的自觉积极性，如果运动员不相信心理训练的作用，对待心理训练持观望、怀疑甚至否定的态度，在教练员的强迫命令下接受心理训练，不仅不会产生良好的效果，甚至还会起反作用。因为任何心理训练手段的掌握和运用，都不可能脱离人的主观态度而起作用。如果没有对心理训练的自觉积极态度，被动地接受心理训练，就失去了内部动力，甚至产生厌烦、对立情绪。

为了提高运动员对心理训练的自觉积极性，首先必须使运动员深刻理解心理训练的意义和作用，掌握心理训练的知识和方法，使运动员树立起信心。其次要注意做好启发诱导工作，帮助运动员分析他们的个性特点和心理品质发展的特点，使其逐步学会自我分析、自我检查、自我评定、自我调节和自我控制的方法，促进自我心理品质的不断发展和完善。

（二）循序渐进与专项训练相结合的原则

所谓循序渐进，就是在对运动员提出的心理训练任务和要求时，应该由易到难逐步提高，使之有计划、有步骤地进行。

所谓与专业训练相结合，就是要把心理训练同专项运动的身体训练、技术训练、战术训练有机地结合起来，把心理训练的内容巧妙地贯穿到身体、技战术训练中去，贯穿到每个动作的正确掌握和对错误动作的纠正中去，使专项训练中渗透着心理训练的内容，达到心理训练的各项要求。

（三）个别对待与重复性原则

个别对待原则是指在进行心理训练时要根据运动员的个人心理差异区别对待。例如，有的运动员属于活泼型，他们注意的特点表现为灵活性高，转移能力强，但稳定性较差。有的运动员属于安静型，注意则表现为稳定性好，灵活性不足。教练员应根据运动员注意特点的差异，对前者应加强注意稳定性训练，对后者应加强注意转移和分配的训练。又如在比赛训练中运动员经常产生恐惧、胆怯的心理状态，有的可能是由于技术上的原因而引起的，有的可能是由于经验不足而引起的，有的是由于困难的存在而引起的等等。这就必须根据不同原因，采取不同的方法或措施，区别对待，帮助运动员克服恐惧、胆怯的心理状态。

重复性原则就是心理训练要反复实践，反复进行，使运动员的心理品质在反复实践中得到发展和提高。因为有些心理训练方法，运动员不是轻而易举就能掌握的，特别是中枢神经系统对植物神经系统的控制和调节，必须经过长期重复训练和实践才能奏效。

第二节　运动员心理训练的主要方法

心理训练的效果，是通过中枢神经系统对行动的控制和调节作用来实现的。人体各器官系统的活动机能是否正常，都是依靠中枢神经系统的控制系统调整得是否适当及与各器官系统是否持续接通有关。通过心理训练，能够对这些复杂的机能系统发生影响，使中枢神经系统与外周器官之间的控制路线固定下来，并且经过系统的训练，影响植物性神经系统的功能，使其得到改善。

心理训练方法很多，主要介绍下列几种：

一、模拟训练

模拟训练是一种适应性训练，模拟训练就是针对比赛可能出现的情况或问题，创设与比赛条件相似的环境进行实战演练，促使运动员与比赛环境间保持心理协调，为运动员参加比赛作好适应性准备。

模拟训练主要作用在于提高运动员临场的心理适应性，提高在复杂比赛情况下的抗干扰能力，赛前在心理上建立起应付环境变化的反应模式和合理的动力定型结构，以便使技战术在千变万化的激烈比赛条件下得到正常发挥。如果不进行模拟训练，运动员往往在比赛情况发生变化或遇到意外刺激没有相应的准备时，他们就会被意外的情况搞得心烦意乱或焦虑不安，使理应取得的成绩化为泡影。

中国女排和我国乒乓球队，在准备参加重大国际比赛前，经常进行有针对性的模拟训练。实践证明，模拟训练对于解除运动员赛前紧张情绪，适应比赛竞争气氛和习惯比赛各种条件大有裨益。

模拟训练可分为实景模拟和语言、图象模拟两大类。实景模拟是人为地设置比赛情境和条件对运动员进行的训练。它包括模拟对手的特点和可能采用的技术和战术，模拟比赛场地设施、气候、观众的倾向性等等。语言、图象的模拟，是利用语言或图象描述实际比赛的情境，如使用语言描述比赛的情境，使用图象展示对手的某些技战术特点和自己所采用的行动。

通过精心设计的模拟比赛，可以使运动员在紧张的比赛气氛中自觉地控制自己的心理状态。模拟比赛失利或比分落后，可以使运动员在不利条件下，克服困难的意志品质得到锻炼和提高。并通过调节形成自己最佳情绪状态，使自己的潜力得到充分发挥。

模拟训练还可以改善运动员知觉过程，发展注意、记忆、想象及思维能力。有针对性地进行比赛中对手模拟，不仅能够熟悉对手技战术特点，提高分析综合判断能力，而且还能够促进运动员集中注意力，提高对技术动作的记忆力和丰富想象力，真正做到知己知彼。

在比赛中，运动员心理状态稳定与否，是否学会运用自我调节手段，往往成为成败的重要条件之一。在秘鲁举行的第九届世界女子排球锦标赛上，中国女排与秘鲁女排在利马的冠军之争，当时中国女排在秘鲁强大的啦啦队震耳欲聋的呼喊声、口哨声中，仍然沉着镇定应战，表明了很强的心理调节能力，发挥了高超的技术水平，最后以 3 比 0 大胜秘鲁队而取得冠军。于此同时，在预赛中曾以 3 比 0 胜中国队的美国队，由于心理状态欠佳，缺乏模拟适应性训练，在秘鲁啦啦队“攻势”下，表现出束手无策，队员急躁、埋怨造成大量失误，最后以 0∶3失利而告终。

中国女排非常重视心理训练，每次参加大赛前从适应坐飞机、吃西餐，到适应两地穿行比赛，不睡午觉比赛，适应异国观众等都进行了大量的模拟训练，所以，“五连贯”时的中国女排是一支技术高超，心理品质好的高水平球队。

运动员模拟训练的方法很多，主要方法有下列几种：

1. 超量模拟。它是对比赛项目进行的一种超量训练，如果运动员在比赛时 1 天得做 6 次成套动作，那在练习时就做 12 次。如果比赛时要完成 5 分钟滑冰项目，练习时就连续滑两个 5 分钟。如果比赛持续 1 小时，训练时就赛 2 小时，使运动员在模拟比赛中习惯于完成超量负荷，在正式比赛时已在心理和身体方面作好准备，并对自己能力具有充分的信心。

2. 对手模拟。主要是模拟对手的技战术特点，从而熟悉和借鉴对手身上积极的行为的一种训练。这些特点可能是技战术方面的，也可能是身体或心理方面的，通过模拟对手，并设身处地观察分析研究，可以汲取别人长处，熟悉对手某些技战术特点，研究出扼制方法，使其不能有效地发挥作用。

3. 转败为胜模拟。通过这种模拟，增强运动员在比分落后时能转败为胜的信心。如设置从 14 比 3 的比分开始比赛。强手从 3 分开始，弱手从 14 分开始。强手的目标是追上比分，打赢该局。弱手的目标是阻止对方得逞。通过这样训练使运动员具备在比分落后情况下不惊慌失措，沉着应战转败为胜的心理能力。

4. 观众叫喊模拟。目的是让运动员将来参加正式比赛时，在观众偏袒喧嚷声中能够泰然处之，头脑清醒，注意集中并信心十足。此外，还有气温模拟、器材模拟、环境适应模拟、生活制度模拟等训练方法。

在对运动员进行模拟训练时，首先要明确模拟的目的，根据目的精心设计模拟条件，在进行模拟设计前，要在收集大量资料和情报的基础上，经认真分析比较，制定出最佳模拟方案。

模拟比赛要求逼真，情景要生动，使运动员犹如亲临赛场一样，才能从心、技、体三方面使他们得到锻炼和提高。因此，在进行模拟训练时要精心周密地考虑，尽量排除影响模拟效果的各种因素。模拟的次数要适当，过多的模拟会引起运动员心理超量负荷和反感情绪，过少的模拟又往往不能提高运动员抗干扰能力和促进心理过程的改善。

在模拟训练中，实景模拟与语言、图象模拟可交替使用。此外，还要注意模拟效果的分析，在运动员进入模拟状态后，应不断提高运动员心理状态的控制和自我调节能力。

二、放松训练

放松训练是在一定的套语的导引下，改变运动员的肌肉的紧张度，导致肌肉放松，心理平静，从而使植物性神经系统机能得到调节的一种训练方法。如果运动员在临场需要心理动员，在放松后还可以运用带有一定愿望的套语进行心理动员，使其重新振作精神，进入最佳竞技状态。所以运动员学会放松和心理保持镇静，使心理和肌肉活动协调一致，对比赛取得优异成绩和出现最佳竞技状态具有重要作用。

目前，虽然对于放松训练的原理和程序各种观点还存在着分歧，但共同看法是放松训练可以降低运动员交感神经系统的活动水平，减低骨骼肌的紧张及减轻过分焦虑，具有良好的抗应激效果。

运动员在进入放松状态时，大多表现为全身骨骼肌紧张度下降，呼吸频率和心率减慢，血压下降，并有四肢温暖，头脑清醒，心情轻松愉快，全身舒适的感觉。

近年来放松训练发展较快，目前已形成五大类：渐进性肌肉放松、自身放松、自我催眠放松、静默放松、生物反馈辅助下的放松。在现代体育运动实际应用中，普遍认为“渐进性放松”是一种行之有效的方法。

渐进性放松法是由美国生理学家雅克布松于 20 年代提出的。它通过对肌肉进行的反复收缩放松的循环练习，使人觉察到什么是紧张，从而提高消除紧张的放松能力。这种放松不仅能够影响骨骼肌系统，它还会使大脑皮层处于低唤醒水平，并且能够调整其他器官系统的功能。

运动员做一次渐进性放松训练大约需要 20～30 分钟，渐进性放松基本步骤如下：

（一）做 3 次深呼吸，每次呼吸要持续 5～7 秒钟，达到完全放松。

（二）紧握你的右手，慢慢地从 1 数到 5，然后很快地放松右手，注意体会放松的感觉。再重复一次，把注意力集中在手指、手掌、手腕和前臂的紧张和松弛上。

（三）弯曲你的右臂使右上臂紧张、放松、再紧张、放松……。注意体会放松后的温暖感受。

（四）紧握你的左手，放松，注意放松的感受，再重做一次。

（五）弯曲你的左臂使左上臂紧张、放松再重复一次。现地，你的两臂放松地放在身体两侧，两臂都已放松，你的两臂应感到很温暖，心中觉得很平静。

（六）做几次深呼吸，去感受双臂的松弛，享受放松后的乐趣。

（七）尽量抬起前额，使额头肌紧张起来，持续 5～7 秒钟，体验紧张的感受，然后很快地放松，注意放松后的感觉，重复做一次，让身体的热流从手部流到脸部。

（八）紧紧地闭住你的双眼，然后放松，体会松弛的感受，再重复做一次，你应觉得很松弛、很温暖，也很沉重。

（九）使你的下腭肌肉紧张起来，然后放松，注意放松后的感受，并重做一次。

（十）做几次深呼吸，注意你的手臂及头部肌肉都已放松，体会放松后的愉快感受。

（十一）做几次深呼吸，吸气屏住几秒钟，然后慢慢地呼气。

（十二）试着让你的下巴抵住胸口，然后放松。同时比较紧张与放松时的不同感受，重复一次。

（十三）试着让你的头后仰，尽量向后仰，体会这种紧张的感觉，然后很快地放松，体会松弛的感受。再重做一次，使你的颈部肌肉更加放松。

（十四）将你的双肩尽量向后张，并注意整个肩膀的紧张感觉，这种感觉应扩张到脑部，然后放松。比较紧张和放松的差异，重复一次。

（十五）向内缩紧你的双肩，尽可能的向内缩紧，放松。再重做一次比较紧松的差别。

（十六）向上耸起你的双肩，使它们接近耳朵，然后放松，再做一次。注意你的背部、肩部及颈部肌肉的沉重和温暖感受。

（十七）做深呼吸，慢慢体会放松后的舒适感。重做一次，注意你的全身开始有松弛感了。

（十八）缩紧上腹部的肌肉，保持这种紧张，然后放松，注意腹部的松弛感。重复做一次你会感觉到胸部及腹部的肌肉都已经松弛了。

(十九)使你的臀部肌肉紧张起来,放松。体会放松感觉,再做一次。

(二十)绷紧你的大腿肌肉,然后很快放松,重复一次体会感觉。

(二十一)将你的脚趾头尖用力向下压,注意脚背肌肉紧张情况,放松后,再做一次注意放松后的感觉。

(二十二)将你的脚趾头翘起,尽量上翘,体会这种紧张感,放松恢复原状后重做一次,注意放松后的感受。

(二十三)把你的双脚摆成外八字状,注意小腿肌肉的紧张,然后放松,再做一次。

(二十四)把你的双脚摆成内八字,紧张,放松,注意你的双腿和双脚已经放松了,你会觉得很轻松、温暖、很平静。

(二十五)让你的全身继续放松几分钟,体会你所感受到的放松、温暖、沉重和平静,享受这种舒服愉快的乐趣。当你决定起来参加训练和比赛时,你会感到身体非常轻松,头脑非常清醒。

在全身各部分肌肉都放松和变暖后,下一步就是学会全身放松法,具体做法如下:

在深吸气时使全身各部分肌肉(臂肌、颈肌、面部肌、躯干肌、腿肌)收紧,屏气持续 2~4 秒钟,马上放松,轻轻吸口气,在慢慢呼气的同时默念:“我的全身放……松……”。

接着再轻轻吸口气,然后在慢慢呼气的同时默念:“我的全……身……安……宁”。这时脑子里体会全身肌肉放松、变暖的感觉。也可以同时默念:“我的全身放松,安宁”,“我的全身肌肉都充分放松……变暖……一动不动了……”,“我的情绪非常平静，轻松……”。

如果在放松后紧接着要完成训练和比赛任务，那还要采用下列暗示语：“我的情绪非常安宁……”，“我休息好了……”，“我全身充满活力……”，“我的感觉非常好，非常好！”，“我非常高兴去完成训练、比赛任务！”。在默念：“我自我感觉非常好”时，为了唤起这种感觉，要想象或回忆过去自己心理和身体处于最佳竞技状态时的形象。在默念：“我非常高兴去完成训练、比赛任务”时，要想象你所要完成的具体任务和完成任务的过程。尽可能想象出当时的情绪和姿态，要把暗示语积极的富有意义的词与有节奏的身体活动结合起来，使放松后的中枢神经系统重新兴奋起来，使情绪高涨起来，这样，运动员才能进入最佳竞技状态。

三、想象训练

想象训练是指运动员在过去感知的基础上，利用在头脑中回忆出的动作表象、比赛或表演情景、身体感觉和情绪状态，强化运动技能的一种心理训练方法。确切地说，它是运动员没有动作行为的练习，或者说是在没有真正体力活动参与下的体力活动练习。

想象训练是运动员通过想象出的情景和动作表象，引起神经肌肉系统（肌腱、关节神经末梢）的相应变化，从而促进运动技能的形成、巩固与提高。

美国奥林匹克跳高选手斯通斯在参加比赛前经常用脚量出助跑点，然后站在这个位置准备做助跑动作。时间一分一秒地过去了，人们忧心忡忡地等待着他开始起跑，可是他却不慌不忙地做着他的事情。事后，当人们问他为什么那么长时间才开始起跳时，他解释道，他每次开始起跳之前，都要在脑子里想象一下自己正在成功地跃过横杆的动作。当人们问他一定要化很长时间进行想象吗？他说，是的，因为有的时候，用他“心灵的眼睛”并没有“看见”他跃过横杆的动作，所以，他要继续进行这种内心跳跃演练，直到他能“看见”自己成功地跃过横杆的动作为止。

一位优秀高尔夫球运动员说：“在我每次击球之前，我都要在头脑里看“电影”。在这里我能“看到”所要看的一切。首先我“看到”了我把球放在了一个专门良好的场地上，是标准赛场的容易打的位置上。接下来我“看到”了球可以从任何地方运动到那个位置，包括“看到”它运行的轨迹及落地变化情况。最后我“看到”自己正做挥杆动作。通过这些“过电影”，使我每次击球时都能够集中注意力和建立积极的态度。

一名滑雪运动员站在山顶的起点上，准备在即将开始的奥运会比赛上夺取金牌。赛前这位运动员在内心中已无数次地演练了比赛的路线，就在他开始出发前的片刻，他再次在脑中演练了一遍整个比赛路线。在演练中他能够“看清”每一个障碍，对于出现的每一个标杆，他都能够感觉到身体的反应及所要移动的方向。

可见，运动员在想象训练时通过演练比赛时的成功行动方案，可以建立起自信心，集中注意力，控制唤醒水平，减少紧张焦虑状态，增强心理能量的储备，有助于比赛时技术水平的发挥。同时，想象训练还有利于动作技能的掌握和巩固，美国心理学家瑞卡特经实验证明，运动员在进行身体训练的同时，又坚持想象演练所取得的成绩比只进行身体训练成绩要好。因为，通过想象演练可以使这运动员的身体与心理融洽地结合为一个整体，从而使动作各环节和整套动作在头脑中形成深刻清晰的印象，提高运动记忆和形象思维能力。

想象训练通常要求先放松，然后对比赛情景进行心理演练，因此它可以使运动员在赛前做好心理和身体上的准备，对比赛良好的发挥十分有利。在训练时，每当完成一套动作之后，马上进行回忆及时强化，可以帮助运动员将动作进行系统编码，使其程序化、系统化，对掌握运动动作，控制运动知觉，加深正确动作在大脑皮层留下的痕迹和确立正确表象具有极为重要的作用。

想象的种类，由于其性质和部位的不同可分为内部想象和外部想象两种。内部想象是运动员利用动觉进行想象，这时运动员想自己身体在做动作，也感觉到自己做动作。外部想象是运动员运用视觉表象，通过想象从外部看到自己做动作的姿态。一般认为，内部想象能够引起肌肉活动，在训练中如果将内部想象和外部想象两者结合起来运用效果最好。

尽管视觉表象通常是想象的一种主要形式，但是运动员的想象是以视、听、触和运动感觉等参与下，多种感觉所产生的一种体验。

世界上许多教练都运用想象来训练运动员，并取得了显著效果。因为想象的刺激与"真实"的刺激在人的意识里，存在着某种性质相同的状态。它能够在人的神经系统里，在人的身体上产生与实际体验一样的效果。但是，在训练过程中任何想象训练必须与专项运动的身体训练、技战术训练有机结合在一起才能发挥重要作用。

为了提高想象训练的有效性，在进行想象训练时应注意以下几点：

（一）放松是有效想象的前提。运动员在进行想象训练时，要在安静环境中身体放松状态下进行(但不能入睡)。要把注意力集中在要想象的对象上,因为人在紧张状态时会抑制想象力的效能。

(二)想象的生动性对想象的有效性起决定性作用。想象的动作要尽量逼真,生动和清晰,想象得越清晰生动,想象能力越强,效果就越好。

(三)想象训练要与技术训练、战术训练相结合才能收到良好的效果。

(四)想象练习时,运动员将内部想象与外部想象两者结合起来使用其效果更为明显。运动员可以从外部想象分析错误动作,然后再采用内外结合方法纠正错误动作,这样有利于正确动作的形成和巩固。

(五)想象训练的效果也取决于想象者的心理控制能力。进行想象时应全神贯注于被想象的动作、情绪上,注意力要高度集中不能产生分心现象。

(六)进行想象时,要激发起获得成功时的情感体验,对想象持怀疑或否定态度的人,是不会收到预期效果的。

在运动训练中进行想象训练的步骤如下:

首先要使运动员了解掌握想象训练方面的理论知识。其次,要通过问卷测验评价运动员现有的表象能力,主要是了解运动员视、听、运动觉及在相应的情绪状态下的清晰程度,以此来决定运动员进行想象训练的形式和次数。再次,进行想象技能基础训练,其中包括生动、清晰的想象能力练习,控制想象能力练习,自我感受性练习等。

四、注意力集中训练

(一)运动员注意力集中状态

注意力集中训练，就是使运动员学会全神贯注于一个确定目标，不受任何外来刺激影响和内心杂念干扰，始终把心理活动指向和集中在当前活动任务上的训练。

注意高度集中能力是运动员完成训练任务，创造优异成绩的重要条件。善于适时适度地把注意力集中指向所面临的目标，是优秀运动员高超训练水平的具体表现。因为，运动员高度集中注意力，才能促进思维处于积极活跃状态，保持适度的情绪激活水平，达到提高训练和比赛效果的目的。

东京奥运会军用步枪射击冠军美国运动员安捷尔松，当他射出最后一发子弹即将获得胜利桂冠时，他呆呆地站在射击场上，几分钟丝毫没有为自己获胜而高兴的表情，在朋友们和观众为他祝贺时，他甚至不明白这是为谁祝贺。他呆若木鸡地站在那里，过了一段时间才恢复正常状态。这说明运动员比赛时注意力高度集中在动作完成过程，全神贯注于发挥上，排除了一切内外因素的干扰，丝毫没有感到观众和裁判的存在。有些优秀运动员说，当他们在比赛中注意力高度集中时，知觉明显地产生一种无所不能的“出神入化，心醉神迷”的动作流畅自如感觉。这时头脑清醒，动作协调，视、动觉协调，情绪高昂稳定，这种状态的出现往往是运动员预兆超常发挥的心理特点。

但是，大多数运动员并没有将他们的注意集中能力发展到如此高超水平，也不可能将自己引导到动作流畅自如状态。这可能是由于分心现象的产生，消极思维的出现，也可能是一心致力于击败对手而忘掉挖掘自己的潜力并投入比赛。

在运动竞赛中，许多运动项目从不同角度要求运动员集中注意力。射击、射箭运动员注意力高度集中在靶心上，而球类项目多数要求运动员注意范围广，或把注意分配到几个不同对象上，速度滑冰选手的注意力要集中在身体重心转移、捕捉弯距最佳实效及“抢上”的最好时机上。在激烈竞赛时，随着攻防形势不断变化，运动员的注意力应根据需要随时加以调整，就象照相机上可变焦距镜头那样，根据需要可随时调整焦距。

但是，无论何种运动项目，运动员将自己的注意力引向动作的流畅自如状态都是非常重要的。疾跑运动员如果出现流畅自如状态，运动员就会感觉两臂好像插上双翅奔跑如飞，跳高选手就会感到腿上好像绑上弹簧，体操运动员会感到自己不是在参赛而是在进行动人的表演。有时运动员对出现的这种状态也莫名其妙，惊讶不已。

许多运动心理研究资料表明，运动员出现动作流畅自如状态，经常是在情绪激活水平适当，没有紧张应激，注意力高度集中状态下出现的。比赛时虽然运动员进入“出神入化，心醉神迷”境界，但头脑极为清醒并及时获得清晰、准确的反馈信息，动作控制自如。所以，运动员赛前应控制好自己的情绪，设法消除紧张应激，排除一切内外刺激因素的干扰，注意力高度集中在完成动作上，这是获得最佳成绩的心理基础。

（二）培养运动员注意力的原则和方法

注意是人们意识指向于可感觉到的信息过程，人们是通过注意去接受环境各种信息的，但在周围环境多种多样信息中，以什么作为注意的对象，人是有所选择的。另外，不同的运动项目对运动员的注意能力提出独特的要求，虽然他们之间还存在着某些共同因素。

这就需要了解运动员注意的模式。罗伯特·奈德费经多年研究提出一个运动员注意两维度模式。

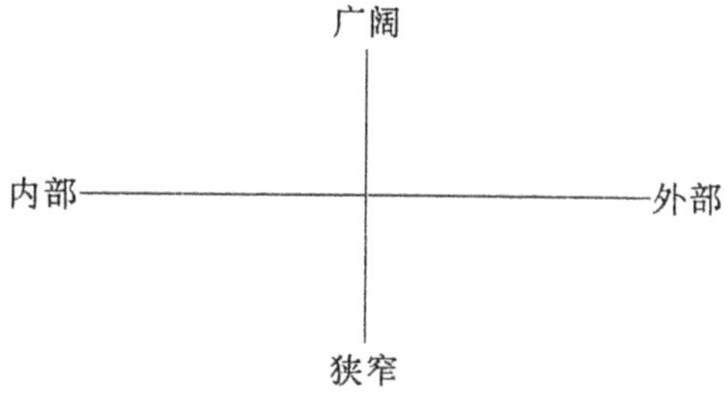

图 10—1　运动员注意两维度模式

上表两个维度注意的广度是狭窄的还是广阔的；注意的方向是外部环境还是自身内部状态，对某些运动项目来说，要求运动员要有非常广阔的注意，如篮球、足球，而狭窄的注意更适合于射击、射箭、高尔夫球等项目。注意的方向指的是注意是指向运动员内部的思维和情感状态，分析内部刺激调节身体反应等，还是指向于外部环境各种刺激。

奈德费以此理论为基础又划分出运动员注意的四种类型：广阔—内部类型，广阔—外部类型，狭窄—外部型，狭窄—内部型。在分析任何运动项目或运动活动对运动员注意能力要求时，都需要考虑注意类型特点，以便更好地发挥运动员专项注意能力的功能。

培养运动员注意能力，应遵循一定的原则和了解制约人的注意力发展的主要因素，方能取得较好的效果。这些原则首先是在同一时间里应避免给予运动员过多注意的新信息，待他们理解后再加入另一个新信息，否则会造成信息量超载。其次是如让运动员同时进行多项注意时，应有主有从，主要线索应是一个，并制订一个注意程序，最后进行总结使他们的注意信息由短时记忆转入到长期记忆中去。第三，当运动员的注意指向外部时，应告诉他们应该注意什么，不理睬什么，按什么顺序去注意什么问题。当运动员注意内部时，应集中注意积极而有建设性的思维活动，不要捕捉消极思维信息。第四，运动员在训练比赛时要注意当前动作的完成，不要注意比分高低和比赛结果的成败。第五，运动员不仅要注意稳定、集中，而且还要掌握好注意转移的时机，因为过快、过慢的注意转移都会影响动作变形、姿势改变或耽误时机。第六，切不要注意那些与比赛无关的刺激（观众叫喊等），把注意集中在动作完成的肌肉感觉或本体感觉上，有助于提高比赛成绩。

关于培养运动员注意力的方法，应注意做到以下几点：

1. 在运动员注意集中时，大脑首先要作好准备，降低紧张应激度，情绪处于适宜状态，这对提高专注水平有一定影响作用。

2. 通过制订一个心理程序帮助运动员避开外部环境和内心杂念的干扰，或降低运动员的怀疑性和不确定性，这对发展运动员注意力是有益的。

3. 保持大脑觉醒，通过第二信号系统——语词的作用，提示运动员注意的焦点，有助于选手注意的集中、稳定和转移。

4. 运动员的注意能力是通过训练而发展的，运动员应根据个人特点和专项特点，设计一套适合自己集中注意的方法。目前运动员经常采用的集中注意的方法有视觉守点法、视觉追踪法、意守法等。

五、生物反馈训练

生物反馈训练是借助现代化仪器，将运动员身体内部的生理过程、生物电活动加以放大，放大后的机体电活动信息以视觉或听觉形式显示给运动员，使运动员得以了解自身的机体状态，并学会有意识地控制和矫正不正常的生理变化，以达到调节机体功能，提高训练效果的目的。

目前，通过生物反馈可以提供给运动员的信息包括肌肉的紧张度、皮肤表面温度、脑电波活动、皮肤导电量、血压和心率等。

人的神经系统一种是随意的或躯体性神经系统，主要控制骨骼肌的运动，另一种是不随意的或自主神经系统，主要调节心脏、血管、胃、内分泌腺等内脏器官的活动。生物反馈训练主要是利用生物反馈仪器，将传统上认为不能随意控制的内脏器官活动的信号加以放大，并转化为眼、耳能感知到的视觉、听觉信号，运动员就可能了解自己这些内脏器官机能的变化，并做到控制和调节生理和心理状态。因为生物反馈仪所显示的信息，不仅反映了运动员的生理状况，也反映了心理状态，同时反馈仪也能显示出经调节后生理、心理改进的情况并且能够肯定和强化训练者的正确反应。所以生物反馈仪显示信息的功能，不仅使运动员提高了“自我认识”的作用，而且还使大脑皮层与器官之间建立了联系，为对内脏器官进行随意调控提供了可靠的手段。

生物反馈训练具有调节运动员情绪状态，消除过分紧张，改善机体各器官机能的作用。如运动员在训练和比赛时出现紧张情绪，必然在生理功能方面反映出来，如心率加快，血压升高，毛细血管扩张，肌肉紧张等。生物反馈技术可以通过仪器数字显示指针偏离和声光的变化，向运动员提供与情绪、思维有密切关系的信息，使运动员随时了解自己的放松状态和紧张状态时的血压、脉率、皮电、肌电、心电和脑电等生理参数的变化，从而为心理训练、心理调整提供科学的依据。

生物反馈训练不仅具有调整情绪、思维状态，消除过度紧张，改善机体各器官系统机能的作用，而且还可以提高运动员感知觉能力，加速运动技能的形成。因为运动技能的形成是经过反复地练习，逐步改进动作使之完善的过程。这一过程与反馈监测是分不开的，运动员技能形成的过程，是将技能信息不断地从输入到输出，再从输出返回到输入的过程。前者是新的输入信息，后者是反馈信息，而反馈信息就像是一个监测器，它把输出信息中不精确、不完整、不系统的反应，根据内外环境情况，调整成为系统的、完整的精确的反应，并做出正确的应答。这便是技能形成的反馈通道。

由此可见，反馈通道实际是人体自我控制系统负责动作完成过程，在动作形成过程中，一旦发现误差便及时反映到中枢进行调整，直至动作完善为止。

实施生物反馈训练的步骤如下：

（一）首先要明确训练的目的，全面了解运动员的心理状态。了解受训运动员的视、听能力，自我调整能力，注意和记忆能力等，因为这些均影响生物反馈训练的效果，应在进行训练前做全面的了解。此外，还要了解运动员训练的情况，如有没有影响训练的心理障碍和重大生活事件，也要注意调查人际关系、生活方式和内心感受等。调查内容还应包括运动员对生物反馈训练的兴趣和选择这种训练方法的动机，并询问对该训练的认识和期望。

（二）测定基础值，确定训练方案。训练开始应向运动员概要地介绍生物反馈训练的原理，测定几种生理参数的基础值。

一般需测定的基础值有脑电波、心率、肌电值、皮肤温度、血压等。同时，也可以通过艾森克个性问卷，明尼苏达多相个性测验，焦虑自评量表等了解运动员的个性、情绪活动特征。

（三）在进行生物反馈训练过程中应使运动员学会把握三类感觉信息：第一应清晰地把握感觉通道输入的信息，第二应对身体内部变化有明晰的知觉，第三应理解从仪器接收到的反馈信息的含意。

（四）不管运动员进行何种生物反馈训练，开始均应掌握放松的方法。但是，传统的放松与生物反馈放松训练不同，传统的放松训练主要是在于调整大脑皮层与内脏器官的机能，特别是调整植物神经系统的机能。这种调整的效果一般没有一个客观标准去衡量，因此就难以了解心理失调的情况和放松调整的程度。而生物反馈训练法，可以使运动员通过反馈的视觉或听觉信息了解自体生理变化，了解紧张状态和放松状态生理参数的变化，为人体心理生理变化提供客观指标，使放松程度有了依据，从而提高了放松效果。大量资料表明，单用生物反馈放松效果不如与传统放松训练联合应用效果好，因为没有指导语的引导，难以使运动员思想专一，同时还会造成人对仪器的依赖。

（五）随着反馈训练的反复练习，会加深运动员对体内信息的直接感知，提高敏感度，并使间接感知转化为直接感知，此时运动员就可以不再采用生物反馈仪，仍然可以取得较好的放松效果。所以，生物反馈训练主要是通过提高运动员的自我感觉敏感程度来加强放松训练的效果。

（六）训练室内要保持安静，体位要舒适，各种测量仪器最好和计算机相联接，以便同时训练测量较多指标。一般情况下，血压和脉搏测量右臂，肌电基线通常放在前额，因为额部肌肉最能反映运动员的心理活动变化，皮温基线常测优势手中指末节指端的皮肤温度，皮电通常测定优势手掌心部位，脑电通常测定左枕叶、枕颞叶或前额区，因为这些部位较为敏感。

（七）运动员每次放松训练后所记录的平均值作为训练后的基线值，可与基础值对比评定放松效果。前后训练基线值所得数值对比，可以发现运动员心理活动向积极方面变化的情况。

（八）在反馈训练中，应注意提高运动员的自体感知能力，注意体验在休息期、应激期及恢复调节后反馈信号的变化，体会信号变化与自身的关系。此外，还要使运动员在生物反馈训练中，深切体验到意念活动可以影响生理信息的变化，使其主动积极地参加反馈训练，并取得良好效果。

（九）进行脱离仪器训练。反馈训练目的是使运动员达到较为理想地控制自己生理变化的能力，在脱离仪器条件下达到自我控制、具有自我调节的能力。因此，采取步骤为仪器反馈与不反馈交替地进行，通过交替时间规律或不规律变化，提高运动员自我控制能力，使其在脱离反馈仪条件下，掌握较高的自我控制、自我调节的能力。

（十）在生物反馈训练中，如果与放松训练、想象训练、暗示训练、注意力集中训练结合起来运用效果更好。

（十一）在进行生物反馈训练期间，要把训练的情况作详细记录，记录内容包括生物反馈情况、自我感受如何、自我评价训练结果的等级等，为提高自我控制能力创造良好的基础。

六、催眠训练

催眠训练是应用催眠术使运动员进入一种特殊的状态(即催眠状态),并以暗示语言对其心理施予影响,从而达到心理调控、心理治疗目的的一种训练手段。

催眠术应用于医学已有悠久的历史,但对催眠术的理论解释,迄今尚未有一种学说足以说明所有的催眠现象。

生理心理学理论认为,催眠现象的产生是受术者把催眠师授予的暗示性语言,作为条件刺激物在皮层上产生选择性抑制作用,从而使兴奋高度集中于皮层上的一点,通过这一兴奋点,催眠师与受术者保持密切联系,并在此基础上进行催眠活动。持此种理论的代表巴甫洛夫认为,催眠乃是局部性睡眠,它排除了所有刺激痕迹的任何竞争作用,而作为刺激物的暗示语具有巨大的力量。

心理学理论并不强调催眠的生理和神经变化,而是强调心理暗示作用,认为催眠成败的关键在于受术者的暗示性,而不在于施术者的技巧。目前一般认为,对催眠现象的产生解释应该把心理学、神经生理学和生理学等多方面的理论综合起来给予解释较为全面。

关于催眠作用问题,在医学方面早已应用于临床并取得明显的疗效。在应用于教学训练方面,许多资料表明,催眠对解决学习训练中的许多问题有很高的实用价值。它不但能培养学生学习兴趣,集中注意力,稳定情绪,还能调动发挥他们的潜在能力,开发智力。

催眠训练对体育运动也具有重要作用,例如用“系统脱敏法”克服竞赛中的恐惧和怯场,用“自律训练法”提高自我控制情绪状态的能力,还有表象和暗示法也都与催眠有密切关系。

它们有的是从催眠术移植，有的实际上就是一种自我催眠术。

催眠术应用于运动竞赛概括地说可有三方面的作用，即运动员心理障碍的诊断与治疗，对运动员进行定向心理训练和赛后心理恢复。

在催眠状态下，运动员不仅能够讲出他潜意识里的心理障碍，而且也能够有效地治疗心理障碍。比如运动员对强手产生恐惧，就可以让他在催眠状态下模拟比赛情景，然后用系统脱敏的方法克服恐惧情绪，效果很好。

催眠术是对运动员进行心理训练的重要方法之一，催眠训练可以激发运动员训练兴趣和动机。先用放松法或凝视法进行催眠诱导，了解他们内心的症结和原因，然后在催眠状态下给予劝导、忠告，最后解开症结，增强训练的信心和兴趣。也可以引导运动员回忆最佳比赛情景，回忆自己技术优势，使之产生积极的情绪体验，引起最清晰的表象和概念，为运动技能的形成创造良好的心理基础。在催眠状态下，模拟比赛情景：如强手如林，观众偏向对手，裁判不公，气候恶劣等，然后让运动员想象自己是个强者，竞技状态好可以超常发挥，能够战胜对手取得胜利，这样就能帮助运动员克服过度紧张情绪。

催眠训练对于赛后恢复也具有重要作用，比赛后运动员会出现骄傲自满，沾沾自喜或情绪消沉等心理状态。为调解狂喜情绪，当运动员处于催眠状态后，通过语言暗示，采用中医用恐制喜的学说，模拟一个使运动员恐惧的情景，使他体验这种恐惧，以此克服狂喜，使运动员情绪取得平衡。可见，催眠训练不但可以使运动员处于松弛状态，而且在暗示作用下，可对运动员的生理、心理与行为等方面产生影响作用。使用催眠暗示应注意以下几点：

（一）对运动员进行催眠训练前应进行催眠易感性测试，应选择易感性强者作为训练对象，因为个体易感性强弱，影响着催眠训练的效果。

（二）催眠暗示语应要求明确、针对性、条理性强，由浅入深逐步结合心理障碍提出要求，若用令人费解的语词不会取得良好效果。

（三）要教会运动员放松方法，当运动员进入催眠状态后，要注意发现他们的心理矛盾的原因，以及这些矛盾对运动员的影响和他们的评价和态度。

（四）要帮助运动员正确认识和理解心理障碍与催眠暗示训练之间的关系，减少紧张应激对机体的作用，从而增强其训练的自信心。

（五）在催眠状态中，要针对心理存在问题进行分析，疏导并使之能够积极配合。对引起紧张刺激的因素不仅要给予正确分析，还应指导他们用意念自我调节。在催眠下的模拟性暗示往往收效甚好。

（六）使运动员进入催眠状态方法很多。如利用单调声、光和按摩刺激或借助脑电、皮电仪器帮助身心放松均可加速进入催眠状态。通常采用的闭目安神，调整呼吸，数呼吸次数，听呼吸声再结合意念，按此顺序放松全身各部肌肉等方法也可进行自我催眠。

七、暗示训练

目前对暗示的解释尚无统一定义，不同的学说存在着差别，但是基本看法是一致的。日本心身医学家池田酉莰郎认为：暗示就是“一个人不加批判接受他人语言或其他刺激，由此产生特定的知觉、观念、情感和行动的现象”。前苏联心理学家彼得罗夫斯基认为:“受暗示性在于一个人很容易受到别人的影响,他的行动动机不是从自己形成的意见和信念产生的,而是别人影响的结果”。美国心理学家康克林提出:“暗示就是人的认识作用不加批判的接受,这种接受即表现为一种信仰或行动的态度”。

暗示在我国作为心理训练方法之一,通常认为它是运用语言、思想或行为对运动员的心理活动施加影响的训练手段。

暗示是人的正常的心理现象,关于暗示作用一般认为,它能够对个体的生理机能产生明显的影响。大量事实证明,一个人在接受暗示后,不仅可以改变随意肌的活动状态,还可以影响不随意肌的机能。

曾有人做过这样的实验,在一块木板的中心部位放置一个支点,让被试验者躺在这块木板上,并保持原来的平衡状态,然后令其在头脑中想象自己骑在自行车上,用力蹬车的情景,但不做实际动作。经过这样的暗示之后,一般都会出现靠脚的一端下降,靠头部那一端上升,破坏了原来的平衡状态。这是由于通过暗示,使被试产生了用力蹬车的意念,下肢出现了意向性运动,这种意向性运动造成下肢血管扩张,血流量增多,重量相对增加,从而使平稳遭到破坏现象出现。

此外,暗示对人体的内脏系统也有明显的作用,无论是他人暗示,还是自我暗示,都会给人的情绪带来很大影响。所谓“望梅止渴”的故事就是暗示作用的结果。再如有人早晨起来照镜子,当发现自己脸色难看,眼圈发黑,眼睑浮肿时,立即感到全身无力,腰酸腿痛并产生去医院检查的动机,这便是自我暗示的缘故。

暗示的种类可分积极的暗示和消极的暗示两类,积极的暗示能够增进和改善人的心理、行为与生理机能，消极暗示则会破坏人的正常的心理状态和生理机能。

在运动训练比赛中，暗示训练是调节运动员心理状态的重要手段。如有一位举重运动员，在临赛前反复地暗示自己："我精神焕发，精力充沛，一定能举起这个重量"。果然他取得了人们意想不到的好成绩。可见，暗示通过无意识的作用，极大地发掘人的心理潜力，提高了人的体力。

在射击比赛中，有时刮起大风，对于起风有人自叹："唉，风这么大，我怎么能击中十环呢"。有人这样想："虽然今天风大，但我过去是在大风天练习过的，我知道怎么调整，我确信会取得好成绩"。比赛结果，前者因情绪紧张而失利，后者因心理镇定而取得好成绩。可见，积极的自我暗示对技能的发挥有促进作用，能增强能力，提高智力和技能水平。而消极暗示则会使运动员心灰意冷，忧心忡忡，注意失调，动作紊乱。

暗示，无论是自我暗示或他人暗示，都会通过大脑不知不觉地给人的情绪带来影响。前苏联有位出色的演员毕甫佐夫，他平时总是口吃，可是一登台演出说起话来却十分流畅。因为上台前他已暗示自己表演的不是自己而是剧中人，而这个角色是不口吃的。由此可见，暗示可以影响人的思维方式，而改善思维方式不仅能使人产生积极的情绪状态，而且有助于改变行为。所以，有人认为："最佳成绩和最劣成绩之间的差异就是自我谈话、自我思考与态度的不同"。

为了使暗示训练取得良好效果，在实施过程中应注意下列几点：

（一）权威性影响暗示的效果。在对运动员暗示训练中，主试人权威性越高其训练效果越好。有人做过这样实验，他把学生分为两组让他们阅读同一首诗，告诉第一组学生这是著名诗人的诗，而不告诉第二组是谁写的，结果第一组的记忆率是56.6％，第二组人仅30.1％。

（二）暗示词的选择影响暗示效果。暗示词应是肯定的、明确的、可操作性强的、简洁明了结合实际的，不应有含混不清的假定词。而且使用前应准备好积极的暗示词，取代消极暗示词。

（三）进行暗示训练应遵循重复性原则，运动员重复二三遍甚至更多遍效果更好，因为重复是功效的累积。

（四）暗示时暗示词不一定说出声，在脑子里想就可以，不过有些人对说出声暗示效果好，如果不说出声形成一个视觉表象其效果更佳。暗示词要与暗示者的行为、意念结合才能发挥更大作用。

（五）不要让潜意识负担太多的暗示，最好每次一个，最多两个，否则会降低暗示的作用。暗示语调的高低，频率快慢，词与词间的停顿，要根据暗示内容和性质有所变化。

（六）在训练比赛中，运动员感到疲劳、痛苦和自我产生怀疑时应采用积极暗示，帮助他保持专注，增强信心，情绪稳定，精神振奋，以取得优异成绩。

八、意志训练

意志训练在运动员训练中占有重要地位，意志是人们为了达到既定目的在行动上所表现出来的自觉克服困难的心理过程。意志训练即是在运动训练中有目的地培养和发展运动员意志品质的教育过程，其中包括自觉性、勇敢性、顽强性、果断性和自制力等。

在运动训练和比赛过程中，运动员是在高强度大运动量训练和激烈紧张竞赛条件下进行的，因此他们不仅要承受巨大的体力消耗，而且要承担巨大的心理压力。特别是竞技运动中，高强度的对抗性、紧迫性对运动员是一种巨大的心理压力。面对瞬息万变的赛场局势，外界干扰和多轮次压力冲击，他们必须具备坚韧不拔、勇敢顽强、果断、自制等意志品质。

在教学和训练中可采用下列几种方法对运动员进行意志训练：

（一）激发实现目的的强烈动机，树立战胜困难的信心。意志行动是在克服困难中表现出来的，而运动员战胜困难的意志行为，在一定程度上取决于对行动目的的理解和动机力量的激发。崇高而远大的社会动机，常常是动员人的一切力量同各种困难作顽强不懈斗争的心理基础。我国许多优秀运动员在参加重要的国际大赛中所创造的优异成绩，与他们“为国争光，振兴中华”的崇高目的和强烈动机是分不开的。因此，在对运动员进行意志训练时，应注意培养激发他们的爱国主义精神和民族自豪感，把创造优异运动成绩与祖国的荣誉密切结合起来，树立克服困难的决心，不断加强目的性教育，使之精神焕发地投入到训练中去。

在意志训练中，树立运动员不断克服困难的信心具有重要作用。信心是运动员取胜的重要因素，运动员在赛场上镇静自若，信心十足是奋力拼搏的精神支柱。

运动员的自信心是在训练中不断得到强化，参加比赛克服重重困难战胜对手，胜利完成训练比赛任务中锻炼出来的，它是每位运动员必备的心理品质。正如高尔基所说：“你们应该培养对自己、对自己力量的信心，而这种信心是靠克服障碍，培养和锻炼意志获得的。”

（二）加强对运动员的严格训练、严格要求。在教学训练中加强对运动员的严格要求，对培养运动员的自觉性、组织性、纪律性具有重要意义。对运动员要求不严，他们在练习时心不在焉，无精打采，不能全神贯注，不仅难以完成训练任务，也不会培养出意志品质坚强的高水平运动员。

为了严格要求运动员，教练员榜样的力量是巨大的，运动员的行动往往反映着教练员行动的特点，如果教练员情绪萎靡不振，则运动员也难以朝气蓬勃，勇往直前，如果教练员以身作则，严于律己，这些良好的品质会在潜移默化中对运动员起重要影响作用。

（三）在逐步加大困难中提高意志力。运动员的意志力是在不断克服困难中磨练出来的，而进行克服困难的意志力训练，又必须是在运动员自觉主动承受下完成的。因此，首先要提高运动员对克服困难的认识、理解，树立战胜困难的决心极为重要。其次是在训练中采用逐步加大困难方法进行练习，让运动员在克服困难中提高意志力。给予运动员的任务要适宜，过于简单容易的任务无助于培养意志力，过于困难的任务或会成为运动员不可克服的负担，或使他们在困难面前失去信心和斗志，这既不能完成任务，又不能提高意志力，也不会取得理想的效果。因此，从较小的困难练习开始，逐渐加大难度，在保证质量基础上，加快速度，可以使运动员看到自己的力量，增强克服困难的信心，随着困难的不断加大和不断克服，意志力也就得到了培养和锻炼。

（四）采用对抗性训练和提出过渡任务的办法。在教学训练中适当地进行有对抗性地练习，能提高运动员的竞争意识，从而达到强化意志力的目的。尤其是球类和一对一的直接对抗项目应注意安排一定的对抗性练习，因为对抗性练习的胜负，能激发运动员自尊心和荣誉感，迫使运动员进行意志努力。而在运动员长时间克服困难条件下，采用自我要求过度完成任务的办法，既能使运动员长时间坚持训练，又能培养运动员在疲劳状态下进行顽强工作的意志品质。

九、心理适应调节法

心理调节法是采用一些手段有意识地调整运动员赛前不良心理状态的方法。主要是调整赛前由于各种内外刺激，使运动员中枢神经系统兴奋性的变化保持在最佳竞技状态。加加耶娃把这些赛前易产生的不良状态归纳为：在重大比赛前因过高估计对手力量，而产生的沮丧恐惧情绪；由于过分考虑比赛结果，而产生的过度兴奋不稳定情绪；由于过高估计自己力量而产生的责任感降低和盲目自信等。

自我调节法是使运动员学会运用这些方法，能够在赛前不良心理状态出现时，通过自我调节使激活水平处于最佳状态，为即将来临的比赛做好心理准备。国外心理学专家把自我调节法分为四类，第一类是应用转移法，将运动员的注意力从消极思维和情绪状态引导到饶有兴趣的事物上去。第二类是应用心理肌肉放松法，放松调节面肌紧张度，骨骼肌紧张度，平整呼吸频率和语言频率等，从而达到缓解紧张情绪目的。第三类是通过表象和想象训练法，集中注意去分析比赛过程，不想比赛结果。第四类是通过降低社会影响的感受性，调节不良心理状态和克服赛前紧张和不安，使运动员精神愉快，头脑清醒，满怀信心地去参加比赛。

本章小结

运动员心理训练是现代训练重要组成部分，是现代化运动技术发展的需要。运动员心理训练就是有目的、有计划的对其心理活动施加影响的教育过程，使运动员具备提高运动水平所需的心理品质，掌握自我调控能力，最大限度地挖掘心理潜力，为在训练和比赛中身体和技战术的正常或超常发挥奠定良好的心理基础。

心理训练是通过第二信号系统的作用，提高大脑和中枢神经系统的机能，提高对内脏器官和思维过程的调节支配作用，并直接影响着人体生理机能，使运动员的情绪和行为发生良性循环，控制其兴奋水平，克服焦虑状态，保持适宜的情绪状态，以利于运动员在训练比赛中发挥出理想的水平。

心理训练分为一般心理训练和准备具体比赛的心理训练两类。一般心理训练主要培养和发展运动员专项运动所需要的心理品质和个性特征。准备具体比赛心理训练目的是使运动员在较短时间内掌握自我调节心理状态方法，以便在比赛中形成最佳心理状态。

为了较好地发挥心理训练作用，在实施过程中必须遵循一系列原则，才能取得良好的效果。这些原则是自觉积极性原则、循序渐进与专项训练相结合原则、个别对待和重复性原则。

心理训练实施方法有很多，其中主要方法有：模拟训练法、放松训练法、想象训练法、注意力集中训练法、生物反馈训练法、暗示训练法、催眠训练法、意志训练法以及心理适应调节法等。心理训练的各种方法都是根据运动员的生理、心理特点以及运动训练规律来进行的。因此，在选择运用上述方法时，应根据运动员的训练水平、比赛经验、神经类型、意志品质、情绪状态、性格、年龄特征及动机水平等，选择适合于运动员个人特点的方法，经过反复运用，便会获得临场调节心理状态的良好效果。

思 考 题

1. 什么是心理训练？为什么说心理训练是现代运动训练的重要组成部分？

2. 心理训练有哪些重要作用？

3. 简要说明心理训练的方法。

4. 心理训练应遵循哪些原则？

作 业 题

1. 在你的教学训练过程中，运用过哪些心理训练方法？效果如何，有何经验？

2. 在你的教学训练中，如何将身体训练、技术训练和心理训练三者有机结合？取得效果如何？

第十一章 运动竞赛心理

自 学 指 导

一、内容简介

本章共分为两大部分阐述了运动竞赛心理。

第一部分着重阐述了运动竞赛的一般心理特点;运动员心理活动的特点;比赛中取胜应具备的心理条件。

第二部分阐述竞赛过程中运动员的心理状态。主要内容有:运动员赛前情绪状态、赛前心理准备以及赛前焦虑特点及其控制;运动员赛中情绪变化、影响情绪变化的条件和赛中战术心理手段的运用;赛后运动员情绪体验的特点和赛后运动员的心理调整。

二、重点与难点

本章的重点是赛前、赛中、赛后运动员心理活动的特点和情绪状态调节的方法。由于学员一般都有一定的运动训练和竞赛的实际体验,所以学习本章一般都不会有太大的困难。重要的是能够学以致用。

三、学习方法与要求

学员在深入理解教材内容的基础上,通过作业和讨论,用所学知识对自己过去教学、训练和比赛中存在的问题进行分析总结,以加深对教材内容的理解和应用。

第一节　竞赛心理概述

一、运动竞赛的一般心理特点

（一）运动竞赛活动的心理学意义

运动竞赛是运动活动不可分割的组成部分，运动竞赛是推动体育运动发展，促进体育运动水平不断提高，扩大文化交流，增进友谊和团结的重要手段。而且，对运动员心理品质的形成和发展也有重大影响。

运动竞赛突出特点是以争取优异成绩为主要目标，是与运动员追求优异成绩相联系的，取得好成绩是激励运动员前进的一种重要心理意向。因此，在运动竞赛中，运动员所有的心理过程都进行得异常激烈、迅速和深刻。它超过了人们在日常生活中，生产劳动中，甚至教学训练条件下的紧张程度。

运动竞赛的这种特点，对运动员的心理过程的发展和个性特征的形成有巨大影响。它能够极大地提高运动员的感知觉、注意、思维、想象过程的水平和意志努力的程度，对形成和发展运动员的兴趣、能力、性格和改变气质特征都有很大影响。

在运动竞赛中，由于成功与失败条件的经常转换，竞争情况的复杂性、多样性和剧烈性，运动员会出现多种多样的情绪状态，并经常充满着各种各样的高级情感。如责任感、义务感、友谊感和爱国主义、集体主义情感等。所有这些情感体验，对加强运动员的情感教育具有重要作用。

运动竞赛在我国既是身体、技术和心理诸因素的较量，也是社会主义精神文明的重要教育手段。在运动竞赛中要求运动员体现社会主义的方向性和集体主义的原则性，提倡爱国主义、集体主义和革命英雄主义，提倡勇敢、顽强、团结、友谊和共同进步，提倡胜不骄、败不馁的风格。根除个人主义、自由主义、风头主义等不良品质，目前，运动竞赛在我国已成为共产主义教育的重要手段。运动竞赛不仅对运动员心理的提高和发展有着重大影响，而且在竞赛中运动员的心理因素又对竞赛的成败起着重要作用。因为运动竞赛是在激烈对抗条件下进行的，一个优秀运动员除具备良好身体素质和技战术水平外，还必须具备良好的心理品质，才能在比赛中取得胜利。例如在比赛中意志坚强的运动员，经常能以顽强态度去克服和战胜困难，完成训练和比赛任务。而意志薄弱的运动员，则往往在困难面前显得懦弱、犹豫、颓丧、胆怯，不敢与困难斗争，因而招致比赛失利。因此，良好的意志品质是比赛取得胜利的保证。

在运动竞赛中思维起着极其重要的作用，运动员正确地预见事件的进程和后果，瞬间作出决定以及准确有效的应变能力，所有这些都是运动员参赛获胜必备的心理因素。

在运动竞赛中，运动员善于适时适度地把注意力集中指向所面临的目标上，排除任何外来刺激影响和内心杂念的干扰，这是优秀运动员良好注意品质的表现，也是超常发挥的重要心理因素。从上述分析中，仅就运动员意志、思维和注意三方面可见良好的心理因素对夺取竞赛胜利是极为重要的。

（二）运动竞赛中心理活动特点

尽管不同运动项目有着不同的竞赛特点，但是也存在着共同的心理活动特点，这些特点也影响着运动竞赛活动过程，运动竞赛中心理活动特点有：

1．强烈的竞争性

竞争是体育运动固有属性，体育运动没有竞争就失去发展的动力，竞争给体育运动带来生机，使它得到蓬勃发展。

体育运动的竞争其实质是运动员之间争胜负、比高低为创造优异成绩或破记录而拼搏的过程。运动比赛的竞争根据其性质的不同可划分为：个人竞争、集体竞争及综合竞争三种类型。按其表现形式不同，又可分为直接竞争和间接竞争两种。在个人竞争中又分内在竞争和外在竞争，而个人竞争的内在竞争，即是自我竞争。

运动竞赛的胜负是通过竞赛决出来的，赛跑比的是速度，举重比的是力量，体操比的是难、新、稳、健、美等。所以，竞争是运动竞赛的基本形态，运动比赛的成败高低都是在竞争中接受严峻考验的。

运动竞赛的竞争不仅是比体力、比技术，也是比心理优势，比运动员承受心理压力能力，比心理品质功能，比竞争意识的强弱。一个运动员如果缺乏勇气和毅力或竞争意识薄弱，他永远不会是竞技场上的强者，也不会获得桂冠。

所以，培养运动员竞争意识极为重要，因此，在训练和比赛中要重视培养运动员不甘落后的进取精神；培养顽强的意志力，只有具备顽强的意志品质才不会被困难吓倒，才能在失败中吸取教训；培养运动员具有良好的承受能力，在剧烈紧张地竞争中能头脑清晰，心理平衡，冷静的判断，果断的决定，有恰当的反应能力；此外，运动员还应学会自我心理保护，要抛开渺小的自我，保持豁达开朗的广博胸怀。运动员应记住雨果的一段话："世界上最大的是海洋，比海洋更大的是天空，比天空更大的是人的胸怀"。

2. 高度的紧张性

在运动竞赛中，运动员的身心处于高度紧张状态中，运动员所有的心理过程都进行得异常迅速、激烈、活跃。高度紧张贯穿在竞赛的始终。

运动员临赛所出现的紧张，通常是一种暂时的心理现象，是人的一种情绪状态。运动员的紧张多是由于对比赛各种刺激因素及本人参赛的条件，作出具有威胁性的自我评价并形成某种强大心理压力后而产生的。

据国外资料表明，参加奥运会的世界各国优秀运动员约有50%临赛前都会出现不同程度的紧张。世界著名小提琴家哈伊维兹在舞台等待出场时，经常紧张得感到胃痛，有些表演家上场前紧张得身体发抖、呼吸困难。

在运动比赛中，并非所有的紧张都会产生消极影响，适度的紧张是必要的。在比赛中运动员适度的情绪紧张是正常的生理心理现象。因为适度的紧张比松弛状态更能调动他们的智慧和才能，加速思维运转，提高思维效能。同时，适度的紧张也可以使运动员处于高度警觉状态，使反应速度加快，动作灵活、协调、有力，注意力集中。运动员在适度紧张条件下，可以增进机体内血液循环，使之更多地流入大脑和肌肉，提高机体活动效率，促进机体能量释放。所以，运动员在竞赛中出现适度紧张有利于挖掘潜力和专心致志投入竞赛。

但是，在比赛中影响运动员动作发挥和取得优异成绩的主要心理障碍是过度紧张。因为过度紧张会使运动员大脑皮层兴奋和抑制过程失调，出现暂时性不平衡，使动作失去协调。另外，由于神经中枢调控减弱，运动员会出现心慌不安，情绪激动，呼吸短促，心跳加快，注意失调和行为紊乱等，从而破坏动作的完成和技术的发挥。

运动员临赛的紧张作为一种情绪状态，它是在一定时间和情境中产生的，其特点是它具有不同强度并随时间推移和情境的改变而不断变化。运动员临赛时无论出现何种层次的紧张，都是可以调节和克服的。主要是平时强化对运动员的心理训练，使他们学会运用调节心理状态的方法，特别是应有意识、有针对性地进行模拟训练、放松训练、表象训练和暗示训练等，增强运动员成功的心理意象和取胜信心，摆脱消极思维的困扰，这是克服参赛过度紧张行之有效的手段。

3. 心理适应性

运动竞赛中的适应是指运动员的心理与环境之间保持协调与平衡的关系。运动比赛经常是在特定的环境中进行的，运动员要想在这个特定环境中使自己的身体、技能得到充分地发挥并夺取胜利，他们必须具有高度的适应能力。

运动实践证明，运动竞赛的环境对运动员的心理状态和行为表现有重要影响。比赛的环境往往对运动员既起着积极作用，也起着消极作用。如果运动员在自己熟悉赛场参加比赛，或在自己的家乡面对着众多热情的观众和球迷的支持和鼓励，所谓“天时地利人和”，其优势是显而易见的。

近年来，西欧一些俱乐部之间举办的足球杯赛规定，当比赛结果两队比分相同时，则判客队为赢方，而不是以罚点球决最后胜负，因为主队占有地理环境优势。比赛与平时训练不同，竞争对手之间紧张激烈的竞争，风云变幻惊人的场面，色彩浓烈的观众喧嚷，比赛时的气候、场地、器械以及对手战术变化等，这些强度较大的刺激会引起了运动员情绪剧烈变化，如果运动员平时缺乏必要的适应能力，很容易导致急躁、紧张、注意分散、动作不协调，影响取得预期的比赛成果。所以目前世界上许多国家经常采用赛前组织运动员到赛场进行实地勘察，了解和熟悉那些干扰因素，并注意加强运动员的心理适应性训练，使其加速适应过程。为了消除竞赛过程中运动员出现不适应的心理和行为，平时还应加强模拟训练，通过模拟训练，人为地制造类似比赛的气氛和情境，使运动员具有应付这类情境的心理准备和适应能力。

运动员与队友及队集体的关系是否协调，也是影响运动员情绪状态的重要因素，良好融洽的人际关系，不仅为比赛中相互默契配合奠定基础，也是形成运动员情绪振奋，心境愉快不可忽视的心理因素。因此，在赛前通过与队友及有关人员交谈或双人练习等形式，增强相互了解和协调非常重要。交谈中可以谈论比赛战略战术，但应回避比赛中一些有争议问题，以达到相互尊重和相互鼓励的目的。

二、取得竞赛胜利的基本心理条件

在运动竞赛中，运动员竞技力的发挥和取得优异成绩是由许多因素促成的。如临场时的身体状况，技战术的运用和发挥，适应和抗干扰能力强弱以及教练员指导是否得当等等，但其中心理因素对运动员竞技力发挥具有极为重要的影响。因为心理因素是运动员身体、技术充分发挥，顽强拼搏，争取胜利的内在动因。运动竞赛的成败，在实力相当的情况下，大多是双方内部条件作用的结果。两军相争，一胜一败，胜败皆决定于内因。胜者或因其强，或因其指挥无误；败者或因其弱，或因其指挥失宜。运动竞赛中如果运动员没有良好的心理因素这个内在动因作为基础，尽管有良好的身体和技战术，也难以发挥出应有的水平。

(一)心理能量的激发和抑制

一般认为,心理能量就是指对一个人起着重要作用的心理的活力和强度(即精神力量)。心理能量对一个人的活动效率既可起积极作用,也可起消极作用。

据国外研究资料表明,在运动比赛中,运动员的心理能量处于高能量无应激的积极状态时,运动员就会感到头脑清醒,身体灵活有力,肌肉放松,情绪稳定,注意力集中和反应及时、准确等,这时运动员的竞技力将会明显的得到提高。

相反,如果运动员心理能量匮乏,即处于低能量高应激消极状态时,他们的行动会明显表现出迟缓,肌肉紧张,情绪不稳定,注意力不集中等,这时,运动员的竞技力将会下降。

根据上述分析,可以画出一个二维概念模式图。(见图 11—1)。

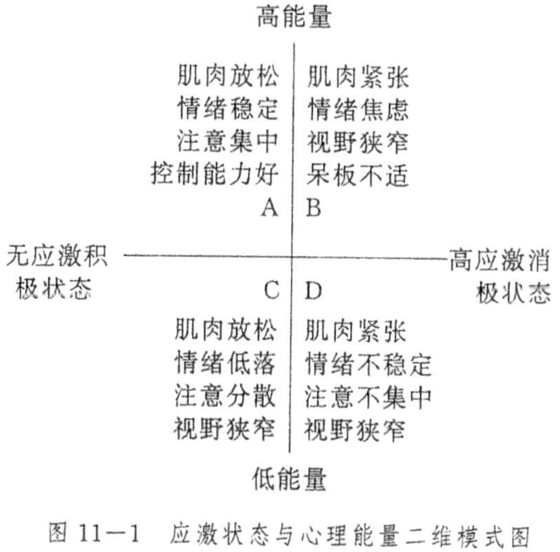

图 11—1 应激状态与心理能量二维模式图

研究资料表明，在比赛中运动员创造出最佳成绩，往往出现在高能量无应激积极状态（A区）。近年来，许多运动心理学家研究认为，调整运动员的心理能量，主要靠激励运动员的动机水平，使他们对自己所追求的目标确信不疑，坚信自身的力量与技术，对参加比赛活动有突出的主动性、积极性，有强烈的攀登世界体育高峰的责任感、义务感和自我牺牲的精神。这些都是运动员在比赛中充分发挥竞技力、取得胜利的重要心理因素。

运动员在比赛中适宜的心理能量问题，因个体差异而难以确定出一个共同的限度。比赛中低心理能量的运动员精力不足，注意分散，或情绪低落，或情绪不稳，不可能使运动潜力充分发挥出来。但心理能量过高又高度应激运动员就会处于偏离状态，也不利于潜力发挥。因此，运动员比赛时应根据需要在不同时间内和情况下，使自己的心理能量有高低不同的变化，以保持最适宜的心理状态。

美国心理学家迈尔经对动机、疲劳、能量消耗三者关系的研究认为：每个人所储存的能量并不像打开水管龙头水就会哗哗流出来那样简单，而只有当人达到一定动机水平时，那些用于支配特定活动的能量才能得到释放。该理论认为，每个人的总能量是个相对稳定的常数，由于每个人具有不同的认知、态度、需要、动机等差异，他们把总能量分配给学习、生活、训练和娱乐等方面的能量比例是不相同的，而且同一个人在不同的时间、地点和情境中，由于动机、需要、态度的变更，也会对总能量作出不同的分配，一个人分配给活动任务的能量值大小，直接影响着他们的活动效率。

（二）适宜的动机强度

一个人的动机直接影响着这个人行为的数量、质量和方向。运动员从事体育运动时动机的作用主要在于：它决定运动员在体育运动中希望取得多大成就；决定运动员努力训练的程度；决定运动员会参加何种运动项目；决定运动员是否继续从事这项运动。

一般认为，运动动机的指向性和强度是由个人的需要、兴趣、能力等多种因素相互作用所决定的。而任何一种运动动机都影响着运动员的行为方向，努力程度及坚持性，从而影响着运动成绩。

运动员取得最高成绩不仅与动机指向性有关，也与动机强度的适宜水平有关，一般认为强度非常低的动机水平，运动活动效率较低，中等强度的动机效率最高，而过高强度的动机反而导致运动活动效率下降。

由此可见，在竞赛过程中，运动员充分发挥竞技力和取得最好成绩，通常是在动机强度不高也不低，即适宜水平时取得的。而动机水平与运动成绩之间呈倒 U 型曲线，它表示了伴随动机水平高低与运动成绩和竞技力发挥的关系（见图 11－2）。

从上图可见，动机水平提高会促进运动活动效率的提高，但是如果动机强度超过一定水平，动作的成功率和运动成绩反而下降，因为过高的动机水平，会使运动员情绪混乱，注意力分散并难以控制动作。

值得注意的是，不同的运动项目运动员的动机适宜水平是不同的。一般认为，较为简单的任务，动机适宜水平相对就高一些，而较为复杂的任务，动机适宜水平相对的要低一些（见图 11－3）。

另外，有些资料表明，以力量和速度为主的运动项目，如

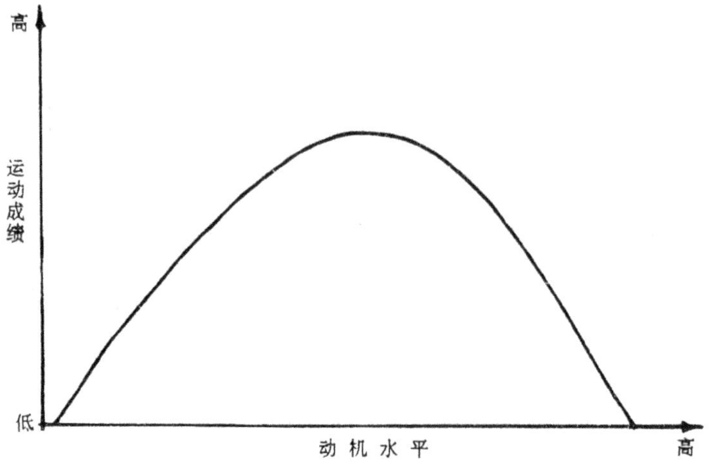

图 11—2 动机水平与运动成绩的关系

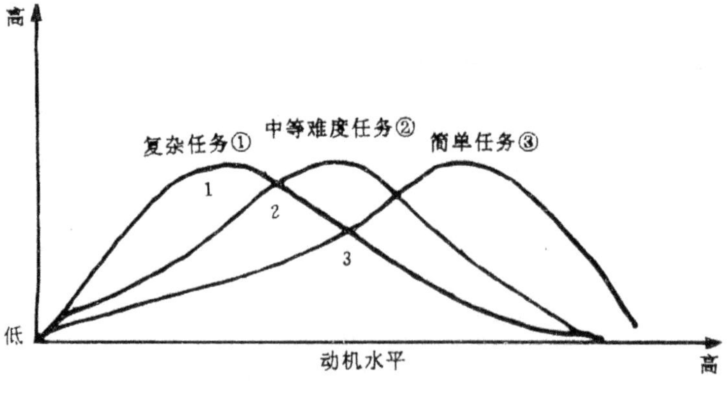

图 11—3 不同任务与动机适宜水平关系

举重、游泳、短跑等需要较高动机水平，以复杂协调动作为主的运动项目，如射击、射箭、花样滑冰等可将动机强度控制在较低水平。除此之外，影响运动成绩的因素是很多的，如运动员的文化程度、知识水平、身体条件、技能熟练程度等也都影响着运动成绩。

（三）克服过度紧张情绪

在运动竞赛条件下，经常会看到运动员由于产生过度紧张情绪，而不能有效地发挥出竞技力，使本应取得的理想成绩化为泡影。每个人在不同的环境中，都曾有过强烈紧张情绪出现。因此，这个问题早已引起心理学家们的重视，弗洛依德曾指出："当人受到连续不断地应激反应的作用，并感到自己的安宁受到威胁时，他的"我"（自我）便充满了非常明显的紧张焦虑"。

紧张是人们觉察到某种情况对自己有威胁，可能造成伤害和挫折或在思维和记忆中体验到威胁性的存在，从而引起的一种情绪状态。紧张情绪有时以一种模糊感、恐惧、不安感出现。运动员在竞赛中的过度紧张，多是由于对比赛的各种刺激因素及本人参赛条件，作出具有威胁性评价和形成某种强大心理压力后而产生的。大多是由于失败预感和怕失败的一种情绪体验，它和运动员意识到成败的社会后果的理解有关。也与观众的存在及比赛特殊气氛，比赛性质，运动员抗干扰能力等诸多因素有关。运动员的紧张过程主要包括下列三个方面：

1. 紧张源。是指造成紧张的条件，它包括内部和外部两类。外部紧张源，如意外的气候，不合适的安排，恶劣的场地条件，误判，在东道主场地比赛，观众偏向和新高手出现等。内部紧张源，如想赢怕输，害怕对手，怀疑自己，消极的解释和盲目的悬念，"一朝被蛇咬，十年怕井绳"等。

2. 运动员对威胁的评价。这是指运动员对来自内外刺激评价其威胁程度大小而言，这种评价既取决于刺激程度，也取决于运动员对刺激的认识。由于人的认识不同，有时虽然刺激相同而人的反应却有别，同样的刺激有人觉得是个威胁，有人认为是个挑战，有人则视为与己无关。

3．紧张状态的反应。运动员紧张反应包括生理反应，躯体行为反应和认知反应。生理反应如心跳加快，血压上升，腹泻，尿频等。躯体行为反应如肌肉发硬，运动协调能力下降等。认知反应如消极思维控制认知，注意分散和过度警觉等。

在竞赛过程中，有的运动员紧张程度很高，他又力图取得好成绩，这时运动活动通常会受到破坏或失调，一般不会取得好成绩。有的运动员紧张程度也很高，但他对运动成绩要求却不高，即抱着胜负无所谓态度的运动员，紧张情绪当然对他的影响作用就不大。对于那些紧张程度高，对取得成绩要求低的运动员，紧张情绪对他们也无任何重大影响。而对于那些紧张程度适宜，对取得成绩的要求又高，这样的参赛运动员运动成绩会有新的提高或突破。

（四）顽强的意志，敏捷的思维，高度集中的注意

在竞赛活动中，运动员的意志力是取得胜利的重要因素之一，意志坚强的运动员在比赛中能经常以顽强的毅力克服各种心理障碍和内外部困难，完成训练和比赛任务。意志薄弱的运动员，往往在困难面前畏缩不前，不敢与困难作顽强斗争，因而经常以失败而告终。因此，要善于把运动员的意志训练安排到平时训练工作中去，采用各种训练方法，培养运动员良好的意志力。

运动员崇高远大的奋斗目标，对祖国的热爱，对事业忘我不懈地追求，强烈的责任感，荣誉感，民族自豪感是培养顽强

意志品质的基础，是运动员产生坚强意志的强大动力。

运动员的思维在竞赛中起着重要作用，特别是在解决战术任务时，运动员战术思维的灵活性、敏捷性、预见性和创造性，对于临赛情景的分析，瞬时判断，善于谋略，善于应变和及时正确作出决定等，这些思维品质对于完成技术和战术动作，对比赛的成败具有极其重要的作用，也是一位优秀运动员必须具备的心理品质。

在运动竞赛中，无论从事何种运动项目，都要求运动员注意力高度集中，要求运动员全神贯注于一个确定目标，不受任何外来刺激的影响和内心杂念的干扰，始终把注意力指向和集中于当前活动任务上。前苏联男子体操运动员比洛谢夫在比赛时总是高度集中注意力，在轻松的状态下完成动作，当观众为他的表演热烈喝彩时，他也很少喜形于色。他的教练说："比洛谢夫从来不受外界环境的影响"。我国优秀女子体操运动员马艳红在第 22 届世界体操锦标赛高低杠项目决赛时，由于她注意力高度集中在发挥上，丝毫未感到观众和裁判员的存在，无懈可击地完成一套高难动作，成为我国历史上第一个体操世界冠军。

许多心理学家对世界各运动项目优秀运动员进行大量研究后的结论认为，善于全神贯注于一个确定目标，注意的分配和转移能力好，是优秀运动员卓越的心理品质。

第二节 竞赛过程中的心理状态

一、运动员赛前心理状态

（一）运动员赛前情绪状态的特点

运动员参加比赛都渴望取得优异成绩，然而由于他们对比赛的认识、态度以及性质和准备情况不同，经常会在赛前出现多种多样的情绪状态，这些情绪状态使他们身体机能发生一系列变化，如中枢神经兴奋性变化，物质代谢过程变化，脉搏、呼吸、血压、体温及汗腺、血糖水平等变化，这些变化对运动员竞技力的发挥有着重要影响。

根据研究资料表明，运动员赛前主要有下列四种情绪状态：

1．赛前过分激动状态

赛前过分激动状态，又叫赛前热症。处于这种情绪状态的运动员，经常表现为情绪强烈紧张，呼吸短促，心跳加快，四肢颤抖，心神不定，常常是一种情绪迅速地被另一种情绪所代替，有时甚至转化为相反的情绪。如忽而感到失败的恐惧，忽而又转化为胜利带来的喜悦，有时又陷入悲观失望之中。

运动员处于赛前过分激动状态，往往不能很好地控制自己的行动，注意分散，知觉和表象不连贯，记忆力明显减弱，常常遗忘比赛中的重要因素。

赛前过分激动状态，是与刺激物引起的大脑皮层抑制过程减弱，兴奋过程过度升高有关，也与大脑皮层对皮下中枢和植物性神经系统的调节作用减弱有关。从赛前过分激动状态产生的原因来看，与运动员的训练程度、比赛经验、意志品质、动机性质、道德修养及性格特点有密切关系。一般认为，训练程度较低与训练程度较高的运动员比较，前者容易激动、紧张失常。比赛经验少的运动员比经验丰富的运动员容易激动紧张。道德意志品质差的运动员比道德修养好的运动员容易激动紧张。因此，为防止赛前运动员过分激动状态的产生，平时应注意提高运动员的训练程度，丰富比赛经验，加强思想政治教育，调整运动员的动机水平，强化心理训练并作好赛前心理准备。

2. 赛前淡漠状态

赛前淡漠状态，也叫赛前冷症。处于这种状态的运动员的心理特点与过分激动状态相反，表现为情绪低落，所有心理过程进行得非常缓慢，全身软弱无力，意志消沉，萎靡不振，缺乏信心，知觉和注意强度减弱，反应迟钝，缺乏果断，甚至设法逃避参加比赛。

运动员赛前淡漠状态是同大脑皮层兴奋过程下降，抑制过程加强有关。从产生的原因来看，往往与运动员对比赛不利条件想得过多，而又没有妥善解决办法，因而缺乏信心和斗志有关。另外，也与赛前训练过度，运动员产生过度疲劳有密切的关系。

克服赛前淡漠状态的具体方法，主要是激发运动员比赛的动机，提高他们的竞争意识，使之对比赛持正确态度。认真研究双方具体情况，制定可行的措施以增强信心，鼓舞斗志和防止赛前过度疲劳。

3. 赛前盲目乐观状态

赛前盲目乐观状态，又叫自我安慰状态。处于这种状态的运动员，主要对即将来临的比赛的复杂性和困难估计不足，过高估计自己和本队的力量，相信自己能轻易取胜。在这种轻敌思想的支配下，不认真研究比赛对策，对面临的困难毫不在意，盲目乐观。在心理过程方面主要表现为知觉、思维迟缓，注意强度下降，比赛不积极认真准备。因此，赛前盲目乐观状态对运动员精神动员和潜力发挥，都会产生不良的影响。

克服运动员赛前盲目乐观状态，首先是教练员要深入了解运动员产生盲目乐观状态的原因，认真分析比赛双方有利与不利条件，对自己和本队的力量应有个正确估计，对对手的实力也要有个正确评价，要充分认识到比赛中存在的困难，认识盲目乐观的危害性，并动员一切力量作好赛前准备，特别是心理方面的准备应认真对待，既要克服盲目乐观情绪，又要敢于取得胜利。

4. 战斗准备状态

这是运动员在赛前应该处于的最佳竞技状态。处于战斗准备状态的运动员对面临的比赛任务有清楚的理解，对自己的技术、力量充满信心，有全力以赴在比赛中夺取胜利的期望。他们的知觉敏锐，精力充沛，全身放松，心理镇静，无焦虑情绪，能量充分得到动员并具有良好的控制能力，做到精神与身体的协调统一。

从神经活动特点来看，处于战斗准备状态的运动员的大脑皮层具有与任务相适应的神经兴奋过程，有适宜的平衡性和灵活性。

上述四种赛前运动员情绪状态，前三种是属于消极的情绪状态，对比赛的成败具有消极影响。第一种赛前状态的运动员，由于他们情绪处于过度兴奋、紧张状态，如不及时进行心理调整，在即将来临比赛中就难以取得理想的成绩。处于第二种赛前状态的运动员，他们在赛前训练中动作缓慢无力，意志消沉，对参加比赛毫无信心甚至设法逃避参赛，这样的运动员参加比赛其结果是显而易见的。第三种赛前状态的运动员，盲目轻敌，对比赛缺乏思想准备和警惕性，如参加比赛往往由于他们心理动员不够而招致失败。唯有处于第四种赛前状态的运动员，会出现良好竞技状态，因为他们具有适宜的兴奋水平并形成良好的赛前准备，具备了取得优异运动成绩的心理基础。

有着丰富经验的教练员，极为重视对运动员赛前心理状态的调整，因为赛前心理准备活动，对改变运动员赛前情绪状态具有巨大作用。因此，在赛前准备活动中，应根据运动项目特点和运动员的身心特点，安排和指导运动员做好赛前的心理准备工作。

（二）运动员赛前心理准备

在运动竞赛中，运动员为了取得优异的运动成绩，不仅要进行身体、技术、战术的准备，而且要进行各种心理准备。赛前心理准备的任务，在于形成运动员赛前最佳心理状态，以便在即将到来的极度紧张的比赛中，能够充分发挥自己的体力、技术和战术水平，取得优异成绩。

运动员赛前心理准备，包括下列几个方面：

1. 明确比赛任务，端正比赛动机

因为比赛任务是否明确，决定着运动员具体的奋斗目标，运动员对参加竞赛任务的深远意义越明确，他们的责任感就越强，由此会动员一切力量投身到比赛和训练中去。反之，对比赛任务不明确，缺乏应有的责任感，信心不足，斗志不强，情绪紧张，比赛起来就心神不定，手足无措，技战术不可能得到充分发挥。

明确比赛任务，首先要做到“知彼知己”。赛前要掌握必要的有关比赛的情报，要深入了解对手的意志特点，情绪状态，个性特征以及其他有关比赛方面的情况。同时也要明确自己的心理状态和技术上的特长和弱点，并制定出克敌致胜的对策。

日本运动心理学家松田岩男认为：目标对提高运动员的训练意愿，发挥身心潜力具有巨大效应。目标和任务定得过低，容易减弱动机的作用，目标任务过高也会削弱动机的作用。因此，目标任务定得适宜，通过自己一定的努力能够实现，是激励动机作用的重要条件。

心理学家克拉蒂通过大量的研究，给运动员确定了不同的目标和任务，并跟踪观察其运动成绩变化，结果发现：当目标任务的难度在成功概率百分之五十时运动成绩最好，而过高或过低的目标任务，都有碍于成绩的提高。

比赛动机是运动员进行比赛的心理动因，是参加比赛积极性的核心因素。一个运动员比赛动机端正与否，动机强弱，即积极性的高低与运动成绩有直接关系，因此，运动员形成崇高的社会动机具有特殊重要意义。运动员如果认识到比赛是为集体、为祖国争取荣誉，便会激起他强烈的义务感、责任感去与困难作顽强斗争。这种认识越深，就越能为形成良好的竞赛心理状态创造条件。所以，教练员赛前要帮助运动员摆正社会动机与个人动机、主导动机与附属动机之间的关系，只有这样才能最大限度地调动运动员的积极性，以顽强的拼搏精神在比赛中去夺取胜利。

运动动机可分为内部动机与外部动机。当动机起源于内部时，运动员参加竞赛是为了娱乐、获得满足、发展技能等。受外部动机驱使的运动员参加竞赛是为了获得报偿、荣誉、社会承认等。运动员参加竞赛可以同时受两种动机的推动，也可能以一种动机作为主要推动力量。就是说，运动员参加竞赛可能是由于内部激励，也可能是由于外部奖励，每个运动员对这两种动机作用有不同认识。教练员主要应当通过多种方法激发运动员的内部动机，使其把比赛作为个人主要需要，这样他们才能以持久稳定的情绪，高昂的热情和积极性投入到竞赛中去。

库利弗德通过研究内外动机激励在不同性质课题中对成绩的影响后认为，简单的课题，激发外在动机效果明显，复杂课题激发内在动机能够促进运动成绩的提高。

2. 形成最佳情绪状态

赛前运动员的情绪变化，是直接影响运动成绩的重要心理因素。人的情绪既受大脑皮层的调节，又与边缘系统，脑干网状结构和植物神经有密切关系。消极情绪可引起植物性神经功能失调，躯体运动功能和内分泌功能紊乱等。

据研究文献表明，在竞赛中运动员情绪稳定、轻松愉快时尿中的肾上腺素和去甲肾上腺素均降低，而当他们处于恐惧紧张状态时，这两种激素的分泌量都明显提高，这说明情绪与人体内分泌和生化物质代谢有密切关系。

运动员的情绪可分为积极情绪和消极情绪两种。积极的运动情绪包括运动性兴奋，对抗时的振奋，运动陶醉，竞争心，荣誉感，自豪感，义务感与责任感等。消极的情绪状态表现为心情紧张，动作拘束，反应迟钝，注意范围窄小，知觉和思维过程缓慢等。

运动员情绪的起伏与技战术的正常发挥有密切关系，而情绪的好坏则是比赛取胜的重要因素。处于积极情绪状态的运动员，技战术水平就能正常或超常发挥。处于消极情绪状态的运动员，他们的技战术水平就难以充分发挥，并常常由此而导致失败。

在比赛中运动员情绪产生的原因是多方面的，美国心理学家沙赫特和辛格提出了情绪三因素学说，他认为环境条件、生理状态和认知过程在人的情绪产生中起着重要作用。所谓环境条件，即影响运动员情绪的外界刺激，如观众的呼喊，气温、风向变化，场上灯光明暗以及裁判的误判等，这些都会引起运动员情绪的波动。生理因素主要是指运动员机体内部的生理状态，植物性神经机能状态和肌紧张等。认知因素如担心失败，患得患失，灰心丧气等。人的情绪就是在这些刺激信号的作用下，引起大脑皮层和皮层下中枢协同活动，并作用于植物性神经系统引起各种机体反应的。

运动实践证明，情绪是人体对外界环境各种刺激的主观心理现象，人不仅是被动接受外界环境的刺激，而且也可以通过主观意识加以调节和控制。运动员的情绪不但取决于比赛性质、比赛环境等一系列外界因素影响，也与运动员的崇高思想境界，坚强的意志品质，良好的思想作风等有关。此外，在赛前准备中，使运动员学会控制和调节自己情绪的方法是十分必要的，如有意识地改变影响运动员情绪体验的条件；通过模拟训练提高运动员的心理适应能力；改变运动员注意的指向性，使之把注意转移到具有积极作用的事物上去；改变表象的内容或想象技战术运用的成功等，这些都可以使运动员情绪向积极状态方面转化。

3. 树立必胜信心

信心是运动员潜力得以发挥的重要心理因素，因为只有相信自己的力量，才能在紧张激烈的竞赛条件下，动员自己的身心力量，勇敢而顽强地进行战斗。无信心会导致运动员心理过程的混乱，影响技术实力的发挥，从而招致比赛的失败。竞赛中获胜的运动员，大都在赛前充满信心，失利的运动员则往往是由信心不足所造成的。

运动员在比赛中无信心的原因很多，例如身体或技战术水平欠佳，缺乏比赛经验，也可能是由于过去失利而产生的心理障碍，还可能是运动员过高估计了对手，或者对教练员产生不信任和怀疑等，这些都可能成为运动员临场缺乏信心的原因。

树立运动员的信心主要是在平时训练中要有意识地加强教育和培养。平时要重视运动员的思想政治教育，赛前要明确比赛目的，形成正确的比赛动机，比赛的任务和指标要订得切合实际，并具有一定鼓舞性，对自己的技术情况和对手的实际水平有清楚的了解和客观估计，这是树立运动员必胜信心的前提条件。

此外，良好的身体素质和熟练的技战术动作，是运动员比赛信心的物质基础。自信心是通过无数次克服困难取得成功逐渐增强的，平时扎扎实实地训练，不断提高训练的成功率，运动员的自信心就会不断得到强化和巩固。参加比赛战胜对手是激发运动员自信心的有效手段，特别是在赛前实战训练中，尽可能增加获胜的场次也是增强信心的行之有效的方法。

最后，还可以采用心理训练的方法帮助运动员树立信心。例如，经常进行公开训练和测验，使运动员心理适应比赛环境，让运动员经常和假想对手在假想情况下进行训练。教练员和运动员之间要相互尊重和信任，要辩证地看待高手，强调异军突起的威力。教练员要善于从复杂比赛环境中梳理出良好有利的条件，以增强运动员获胜自信心。教练员临场指导镇定自若、胸有成竹、泰然轻松的神态对提高运动员自信心也会起到潜移默化的影响。

自信心是每个运动员必备的重要心理品质，应该有意识地培养和锻炼。在培养中要了解运动员不同的个性特征和意志品质，针对运动员不同的个性特点进行教育。

4. 激励战斗意志

运动员的战斗意志有时是决定比赛胜负的重要心理因素。运动竞赛经常是在双方实力相当或实力接近情况下去夺取胜利的，因此充分发挥运动员坚强的意志，就显得特别重要。

运动员在比赛中不仅是比技术和战术，而且也是对意志力的严峻考验。运动员战斗意志越强就越能经得住困难的考验，在战胜困难中使自己的战术水平得到充分的发挥。在激烈竞技中，充分发挥运动员的战斗意志，有时能使困难变为顺利，使被动变为主动，使劣势变为优势，甚至能改变整个比赛局面，达到出奇制胜的目的。

意志薄弱的运动员，往往在困难条件下，在强手面前信心不足，畏缩不前，紧张失常，斗志不强，使技战术不能发挥出应有的水平。

运动员的战斗意志，是建立在高度政治责任感和集体荣誉感基础上的。一个运动员具有为我国体育事业献身精神和攀登世界体育运动高峰的雄心壮志，才会具有革命的英雄气概和顽强的拼搏精神，才有敢于斗争敢于胜利的战斗意志，并能信心百倍地去夺取胜利。因此必须加强对运动员的政治责任感和集体荣誉感的教育。

运动员的战斗意志，主要靠平时训练中从难从严的刻苦锻炼而成的，不能设想，一个运动员平时训练无精打采，萎靡不振，而在比赛时能做到积极主动，勇敢顽强。因此，为了培养运动员战斗意志，平时训练要尽可能在复杂艰苦条件下进行，在设置困难的实战情况下培养运动员的顽强意志。

激励运动员战斗意志，还要重视发挥运动员的主观能动作用，经常把竞赛计划、方案交给运动员讨论，这不仅是集中运动员智慧的好办法，而且也是将计划变为运动员自觉行动的有效举措。在比赛时教练员要敢于放手大胆地让运动员去独立作战，对他们的勇敢顽强的行动要及时给予表扬、支持和鼓励。对他们缺点、错误或不足之处要给以正面诱导，帮助改正。同时，要教育运动员学会在战略上藐视困难，战术上重视困难，不论对手强和弱，都要敢于战胜他，只有敢于战胜对手，才能建立必胜的信心，激励战斗意志，夺取胜利。在战术上要重视困难，不能麻痹轻敌，要充分估计困难，认真做好一切准备，要具体分析双方有利和不利条件，做到“知己知彼”才能“百战不殆”。

5. 提高适应能力，消除干扰因素

运动员在赛前由于对比赛环境陌生而表现出内心不安，是影响比赛成绩重要的心理因素之一。因此，针对运动员因不适应引起的情绪紧张而进行的预防训练，是使他们提高适应能力和消除注意力分散的一种行之有效的手段。

如果运动员到陌生比赛场地参加比赛，在到达比赛场地后，首先应组织运动员熟悉比赛场地。如果运动员在周围环境中发现了一些干扰不利因素，要尽可能改变这些因素的干扰和刺激，在开赛前运动员应重新检查比赛条件、运动员身心情况以及对手情况，如上述情况发生了变化，对所制定的比赛目标进行适当的调整是很有必要的。

每位运动员赛前都有自己独特的赛前习惯活动，这些赛前习惯活动是他们多年比赛中形成的，往往是过去出现最佳竞技状态原因的总结，也是排除干扰、集中注意力、振奋精神的一种自我心理调整手段。因此，运动员赛前习惯活动不应被其他事打断。每个运动员的赛前习惯活动不同，许多运动员都有令人感到迷惑不解的赛前习惯。

巴尔蒂摩小马橄榄球队的著名后卫马特在参加比赛前总是带着心爱的小狗到森林中去，有一句没一句地对着小狗讲话，把心中的闷气和不安情绪发泄干净。美国 60 年代 NBA 篮球巨星张伯伦，在赛前他把自己反锁在一间小房间内，坐在沙发上闭目幻想，他常常想象自己是位称职的警长，在美国西部一个暴徒充斥的牛仔市镇里，非常果断地把暴徒一网打尽。他说："这种心理上的思想布局似乎很愚蠢，但我如果不沉湎于这种想象，便不能在竞赛中尽量发挥技术"。

在赛前利用音乐的奇妙作用来排除干扰、集中注意力、稳定情绪、提高成绩的运动员较为普遍。保加利亚举重运动员在赛前总是听"骑兵进行曲"，乌克兰撑杆跳高名将布勃卡则要在赛前听 1 小时的莫扎特的乐曲，曾获奥运会万米跑冠军捷克的扎托倍克喜欢一边跑步，一边哼着各种民歌，有时则背诵诗歌。他说："音乐施于长跑中，可以调节运动员的情绪，改变心理反应，激发乐观向上，树立必胜信心"。

有些运动员用奇怪习惯手段来强化自己注意力集中，费城著名二垒手柯林斯在进入击球区前，总是将口中所嚼口香糖粘在帽子钮扣上，但是如果他两次挥空棒，他就会走出击球区，把帽子上的口香糖取下，再放回口中，以加强自己的力量。

总之，运动比赛要求运动员具有高度抗干扰能力和适应能力，其中包括适应紧张激烈的比赛，适应瞬间即逝的千变万化，适应身心能量消耗，具有排除一切干扰的本领，并善于调节自己的身心状态，使之保持高度的平衡与协调，只有这样才能在竞赛中获得理想的成绩。

（三）运动员赛前焦虑特点及其控制

一般认为，焦虑是人们对当前或预见到的对自己自尊心有潜在威胁情境的一种担忧反应倾向。人们焦虑的产生主要是来自内外环境的影响，从而导致情绪上的波动和生理上的变化。人在社会工作、生活和学习中，必然会遇到各种各样的来自各方面的挑战。运动员赛前焦虑多产生于怕失败，想赢怕输，怕消极评价，怕辜负亲友、教练期望等。

焦虑情绪是一种沉重的心理压力，它可以使人处于忧愁状态之中，经常受到一种沉重的压力和负担，正如高尔基所说的："忧愁像磨盘似的，把生活中所有美好的、光明的一切和生活幻想所赋予的一切，都碾成枯燥的单调而又刺鼻的尘烟"。

在赛前被焦虑所控制的运动员，常常是愁眉苦脸，唉声叹气，精神不振，他们不能专注于赛前训练。焦虑不仅是一种心理上的自我折磨，而且也浪费了大量时间和精力，把有用的时间白白浪费在焦虑和忧愁上，既影响了训练，也折磨了自己。据资料表明，焦虑可以使运动员反应速度减慢，感觉漠然，过多的焦虑会使大脑皮层处于抑制状态，导致智力水平下降。

总的来说，焦虑会削弱或降低运动效果，但是焦虑对运动成绩的影响程度由于所处情境不同而不同，运动员焦虑的程度也有高低之分，因此，目前对焦虑的作用尚难作出确切地评价。

关于焦虑对运动能力发挥的影响问题，许多心理学家认为：高焦虑只有同高度能力相结合，才能促进运动成绩提高。

而高焦虑同低能力和一般能力相结合，则往往会抑制运动能力的提高。就促进大多数运动员运动能力而言，把焦虑控制在中等程度，有利于一般水平能力的提高，当然，焦虑曲线高峰是因人而异的。

从焦虑对于运动能力影响可以明显的看到，焦虑仅是一个情感变量，它对运动能力会产生何种程度影响，主要取决于运动员认知变量，取决于运动员已有能力的高低，以及技术动作的难易程度等多种因素。

焦虑一般分为特质焦虑和状态焦虑两种。

特质焦虑是一个相当稳定的个性特征，特质焦虑高的人，几乎在他们所面临的许多情况下都表现出焦虑，无论是在训练场、比赛场、参加社交活动以及在日常生活中，他们为遇到的许多事情担忧或有一种模糊的心神不定之感。

状态焦虑是指一个人在特定的情境中所表现出来的焦虑。它是一个人对变化的环境条件或环境压力的反应，是暂时的，随时间而波动的。

运动员的焦虑特点问题，近年来经许多学者研究认为，运动员的焦虑有如下特点：

1. 有经验的运动员与无经验的运动员在赛前焦虑水平上往往有明显的差异，不同项目运动员焦虑水平也并不相同。比如，有经验的体操和网球运动员赛前焦虑水平比无经验的运动员要高，而在摔跤和跳伞项目中，无经验的运动员比有经验的运动员赛前焦虑水平要高。

2. 运动员赛前焦虑水平的变化是随着对比赛对手的估计及比赛的重要性而升降的。与实力较弱的对手比赛，一般焦虑水平较低，与实力较强的对手比赛，则赛前焦虑水平较高。

然而，也并不完全是对手越强，焦虑水平就越高，而是在两队实力相当，尤其是决定名次的关键性比赛之前，焦虑水平为最高。当一方明显强于另一方时，赛前焦虑水平也并不很高。

3. 状态焦虑随着比赛时间的接近而逐渐上升，从赛前1周开始，到比赛即将开始时达到顶点。在进入比赛后往往焦虑水平有下降趋势，比赛后焦虑水平又有所回升。

4. 特质焦虑高的运动员与特质焦虑低的运动员的赛前焦虑水平是不同的。特质焦虑高的运动员比特质焦虑低的运动员，赛前焦虑水平明显的高。运动员的特质焦虑与状态焦虑有很大相关，运动员面临的情境压力越高，特质焦虑与状态焦虑的相关就越高。

5. 赛后特质焦虑高的运动员也比特质焦虑低的运动员焦虑要高。比赛结果对赛后焦虑水平变化起着重要作用，在大多数情况下，比赛失利者会导致焦虑水平上升，比赛获胜者则焦虑水平下降。但也有时存在着特殊情况，获胜者并不一定赛后焦虑水平下降，失败也不一定会使赛后焦虑水平提高。因为，焦虑水平的变化除了比赛结果这个影响因素之外，运动员本人的认知因素也起着重要作用。另外，有些文献还表明，运动员个人的比赛结果（成败）比运动队的比赛结果往往对赛后焦虑水平的影响更大。

对运动员赛前焦虑如何控制问题，目前，有的理论认为，大凡能够引起运动员深刻情感反应的特殊体验，被压抑下去后所产生的心理冲突，就可能构成焦虑产生的心理因素。因此，主张对运动员赛前所表现出来的焦虑，应从主客观上寻找产生内心冲突的所在，经过分析，综合提高到一定的理论高度去认识，以摆脱焦虑情绪的纠缠。一般采取的方法有下列几种：

1. 用积极自我陈述来消除消极暗示的影响。美国心理学家贝克在他所著“意识疗法”一书中认为，人的情绪好坏主要取决于人的思想、意识，有的人情绪好是因为他认为自己做得对。有的人紧张焦虑，这是由于他的思想被消极暗示所支配，而消极思维和暗示有时蕴藏着对问题的严重曲解。所以，他认为不正确的消极暗示和思维是一个人产生焦虑、恐惧和痛苦的根源。他认为树立一个人的信心，改变他们的自卑、抑郁和由此而产生的焦虑情绪，首先应改变他们思维里的错误认识，消除消极暗示的影响。

克服运动员消极思维和暗示的影响，主要是利用心理学家和教练员、领队的权威性，借助语言和环境的作用，使运动员接受教练员和心理学家的观念，以积极的暗示取替和消除运动员对竞赛条件和结果的焦虑恐惧心理。在具体实施过程中，首先要倾听运动员的主诉，细致地分析焦虑产生的原因，特别是第一次产生焦虑感的首因和情景。找出产生心理冲突的主要原因，然后制订消除焦虑心理的暗示训练方案。

运动员赛前所表现出的焦虑情绪反应，大多是出于对比赛结果和对比赛不适应以及缺乏全面分析、判断情况下产生的。因此，实施言语暗示应重点放在对运动员的解释、说明、指导和鼓励上。因此，教练员要与运动员建立良好关系，从帮助分析入手逐渐接触到问题的实质，当运动员接受上述观点后，进而指导他们学会以积极暗示消除消极暗示，当他们再次想到焦虑情景和对象时，能通过积极暗示使自己情绪处于稳定状态。

2. 淡化重要性提高透明度也是消除赛前运动具焦虑的

有效方法。所谓淡化重要性就是使运动员在心理上淡化对比赛结果的认识，淡化对运动员评价的认识，力求改变为运动员提供社会支持人们的反应。例如，说服运动员双亲和亲属不要对子女过多强调比赛一定要获胜，要拿金牌，从而减轻他们的赛前焦虑情绪。在评价运动员时要全面看待问题，不要肯定一切或否定一切，不要只着眼于消极方面，要看到运动员的积极因素。要注意奖励尖子选手的体制，不要对大多数运动员造成过大的压力等。

提高透明度，减少运动员头脑中的不确定性也是消除赛前焦虑方法之一。当然，在体育运动中有些不确定性是固有的难以排除的，如运动竞赛结果在赛前是难以确定的，正是由于竞赛结果的不确定性，才使体育运动具有刺激性和竞争乐趣。所以不应该排除这种不确定性，而是要通过不断提高心理技能来应付这种不确定性。运动员赛前应消除的是那些产生不利影响的不必要的不确定性，比如不让运动员知道他们有哪些长处，应改进哪些不足；告诉运动员做某一件事，但又让他去做另一件事；教练员在赛前传递些消极信息，运动员又无法解决；教练员、运动员或其他人用一些消极评价威胁运动员的自我价值等等。

3. 用想象放松来控制焦虑情绪

1972 年休因首次创造使用视、动行为演练来控制焦虑情绪，休因视动行为演练方法主要包括下列程序：

用简式雅克布松渐进放松法使运动员进入肌肉放松状态，然后想象竞赛中所运用的有关动作，要求运动员去想象自己最成功的动作，用想象增强信心，控制焦虑情绪。

视、动行为演练基本上是使用想象与放松结合的一种训练方法。使用这种方法如果运动员是模拟竞赛条件下练习某种技能的话，主要利用内部想象为佳，如果是需要辨别动作错误时，则利用外部想象较好，如果在一个熟练运动员动作示范后，要求运动员去想象自己最好动作，对于减少运动员焦虑情绪是非常有效的。

二、运动员赛中心理状态

（一）运动竞赛中运动员的情绪分析

运动竞赛紧张激烈，复杂多变，运动员会产生各式各样的情绪状态，竞赛中情绪状态大致可概括为下列几种：

1. 运动情绪振奋状态。它是一种积极的以增力为特征的情绪状态，运动员处于振奋状态的体验是力量增强、精神饱满、渴望参赛、身心协调。这种情绪状态是在比赛中产生的，并随竞赛形势激化而发展变化，它可以使运动员身体素质和技术水平得到充分发挥，较好地完成比赛任务。

运动情绪的振奋状态，大多是在竞争激烈时产生的，运动员的体验是头脑清楚，判断准确，注意集中，反应及时，坚信在比赛中能获得胜利的一种情绪状态。

2. 运动情绪的陶醉与悔恨状态。运动员陶醉状态经常是在势均力敌，得分交替，比分接近情况下产生的。其体验是：全神贯注于比赛上，一心想胜对方，忘记疲劳，受伤也不觉察，听不到观众的支援，密切注意对手的一切活动，准确判断，适时果断地采取行动。这种状态在球类比赛中是经常见到的，它经常成为运动员夺取胜利的动力。

竞赛中陶醉状态与运动“狂热”不同，狂热作为一种激情状态，经常会使运动员失去自我控制能力，发生犯规或粗暴行为。而处于陶醉状态的运动员能够很好地控制自己的行动，有助于技术水平的发挥。

运动情绪的悔恨状态，经常是在运动员个人失误和疏忽失分时产生的，它具有迅速爆发性和强烈激励作用。悔恨后运动员一般会迅速动员潜力，力图提高活动效率。这种状态如不及时调整或失去控制，容易导致狂热状态，不利于比赛任务的完成。

3. 运动竞争情绪状态。是运动员为了夺取优异成绩必须具备的一种情绪体验。它是在比赛中运动员自我评价和与对手评价的比较中形成的。运动竞争情绪的变化与各种运动项目比赛特点有关系，在一对一比赛项目或球类比赛项目中，运动竞争情绪是直接指向对手，挫败对手的抵抗，战胜对手，如拳击、摔跤等。在另一类项目中，比赛时不与对手直接接触，竞争情绪表现为指向和对手速度上的竞争。如赛跑、滑冰、游泳等。还有一类项目是运动竞争情绪指向自我竞争，渴望超过自己以前的成绩，打破已往的记录，战胜自己。

4. 运动荣誉感、自豪感、义务感和责任感。这些竞赛中产生的情感是社会高级情感体验，运动荣誉感经常是在比赛中运动员预感到优势或胜利受到威胁时产生的一种情绪体验，是他们感到要捍卫所代表的集体利益，并将集体利益与个人利益统一时而产生的情感。荣誉感是运动员克服困难，战胜对手极为深刻有力的情感。自豪感是运动员在取得胜利，并确认自己胜利无疑情况下产生的。义务感和责任感是运动员动员一切力量去战胜困难，无条件完成集体或国家交给自己任务的一种强有力的情感。

上述几种运动情绪状态，在竞赛中是相互作用彼此有机联系的，运动员有时从一种情绪状态转入另一种情绪状态，有时是几种情绪交织在一起，所有这些情绪状态，在竞赛中对运动员的潜力的发挥都有积极的影响作用。这些情绪状态的形成与发展与运动员的个性特征、道德修养以及政治思想水平有着密切关系。

(二)竞赛中影响运动员情绪变化的条件

在竞赛中影响运动员情绪状态变化的条件很多，主要有以下几方面：

1. 竞赛的规模和面临比赛的任务。通常竞赛规模越大，运动员面临的任务越重要，运动员情绪体验就越强烈。因为，重要的比赛任务会激起他们强烈的责任感和义务感。于是他们便动员一切力量，以战斗振奋的情绪为胜利去拼搏。

2. 参赛双方成员实力对比。当参赛双方实力相差悬殊时，比赛难以形成紧张局面，运动员的情绪也不易高涨，如果双方势均力敌形成相持局面，或某方优势随时有被破坏时，这时，运动员的情绪体验就会达到最大强度，便会出现振奋的情绪体验。

3. 训练程度和比赛经验。平时训练有素比赛经验丰富的运动员，一般在赛中总是以增力情绪为主导的。这种情绪体验能鼓舞他们的信心和斗志，提高克服困难的能力，并善于控制自己的情绪和支配自己的行动，而缺乏比赛经验和训练程度较差的运动员，往往不能正确反应和预见比赛形势变化，容易产生各种心理障碍，不能有效地控制自己的情绪和行动。

4. 参加比赛的动机性质。运动员参加比赛的动机不同，往往随着比赛成败地位的转化而产生不同的情绪体验。具有崇高社会动机的运动员，即使处于劣势情况下，也能激起深刻的责任感、义务感、荣誉感去与面临的困难作斗争。而具有狭隘个人动机的运动员，当处于劣势情况下，则可能产生消极情绪状态，向困难屈服。所以，在比赛中运动员动机的性质，是影响其情绪变化的重要因素。

5．运动员的意志品质、个性特征和道德修养。运动竞赛不仅是比技术、比力量的场所，也是比意志品质、道德修养的过程。运动员具有坚强的意志品质，顽强、机敏、灵活的性格特征，较高的道德修养，在竞技情况下才能以振奋自信的情绪状态，动员一切力量去战胜困难，夺取胜利。反之，运动员就会在困难条件下产生恐惧不安、意气消沉、无信心等消极情绪，这样就不能充分发挥自己的潜力，经常以失利而告终。

（三）竞赛中战术心理手段的运用

比赛中的战术心理手段，就是运用身体和技术能力去战胜对手的有效方法。一场比赛的胜负取决于运动员的身体、技术、战术和心理等多方面的因素，其中心理战术的运用是不可忽视的重要方面。因为，身体和技术是人体本身的能力，它是心理战术的基础，而心理战术就是运用这种能力去战胜对手的有效方法。这就是说，心理战术是建立在身体和技术基础之上的，但心理战术的合理有效的运用，又可以促进身体和技术水平的充分发挥。所以，比赛中心理战术运用是否得当，往往会成为决定胜负的关键。

在运动竞赛中具体运用心理战术手段的事例很多，现将主要手段分述如下：

1．知己知彼，以己之长，攻彼之短

我国古代军事家孙武在其名著《孙子兵法》中曾提出“知己知彼，百战不殆”这一军事指导名言，其丰富的思想不仅在军事领域产生巨大影响，而且也被广泛运用于政治、外交、经济以及体育竞技运动中。体育竞赛不仅是身体和技术水平的较量，而且也是斗智斗勇，斗谋略，斗心理战术的较量，因此，将孙武的军事指导思想引入体育领域具有极其重要的意义。

所谓“知己知彼”，就是通过多方面的调查研究，在全面了解彼我双方实力情况下，通过分析双方特点和不足，以便在比赛中发挥自己的特长，力避自己的弱点，遏制对手的特长，攻击对手的弱点。在比赛中力求做到“先胜而后求战”，“避实而击虚”，“因敌而制胜”。

所谓“先胜而后求战”，是指在掌握双方实力情况的基础上，寻找出可靠的取胜办法，然后再去参战。这一点对运动竞赛很有指导作用，因为那种不作任何调查研究，盲目参赛、盲目轻敌的“先战而后求胜”的作法，往往成为运动比赛失利的原因。

所谓“避实而击虚”，就是力避对手的坚实之处，攻击其虚弱之点，达到攻而取之，战而胜之。所谓“因敌而制胜”就是根据对手的不同情况，采用不同的心理战术，以便掌握比赛的主动权，从而达到出奇制胜的目的。

2. 出其不意，攻其不备，先发制人

这句话的含意是指在对手还没有作好充分准备的情况下，把攻击矛头指向对手无法急救的地方，防守不严的地方，力量薄弱的所在。通过先发制人的攻击，破坏对手的行动计划，打乱对手行动方案，使对手在一瞬间不能及时调整自己的行动，从而把握比赛的主动权，以取得旗开得胜，出师有利，鼓舞士气，压倒优势的目的。

但须指出，即使先发制人获得成功，也丝毫不应失去警惕，应继续寻找战机，不给对手以喘息之机，要不失时机地连续攻击对手的暴露部分和薄弱之点，坚持进攻到底，才能获得最后胜利。

3. 诱使对手麻痹大意，给对手增加心理负担

“利而诱之，乱而取之”，这是竞赛中经常使用的心理战术。用厚利诱骗对手，使其盲目认为自己处于有利的优势地位，对自己缺点和不利方面视而不见，产生轻敌思想，造成疏忽大意；在我方强烈攻击下，使对手不能协同配合，产生过度紧张的情绪；挫其锐气，毁其意志，在慌乱中战胜对手。在比赛中诱使对手麻痹轻敌的方法很多，如在我方赛前练习时，回避高超技术的运用或动作节奏有意识地放慢，待对手疏忽大意时，突然发起快速强攻，并使用高超技战术压倒对方，造成对手精神过度紧张，一时又难以调整行动而导致失败。

向对手施加精神压力，给对手以心理负担，也是运动比赛中经常使用的战术心理手段，而且经常取得较好的效果。例如，在赛前练习时有意识的在对手面前做高难动作或表演扣球的凶狠，投篮的百发百中，使对手望而生畏，造成恐惧、怯场的心理状态，以便战而胜之。

4. 消耗对手精力，保持我方稳定情绪

在比赛中消耗对手的精力，尽可能保持我方稳定情绪，是经常运用的重要心理战术手段之一。因为，稳定的情绪是充分发挥技战术的重要心理因素，它对发挥自己实力，增加对手急躁情绪，给对手以心理负担，起着不可忽视的巨大作用。

特别是比赛中，当比分交替，形成拉锯战形势时，稳定自己的情绪，同时又善于寻找对手弱点，不停顿地攻击，迫使对手为了防御在人力配备和战术上进行调整，这就增加了对手精神上的消耗。相反，在我方处于守势情况下，则要求我方队

员稳定自己情绪，集中注意，增强信心，加强战术配合。待对手攻击多次失败，精神消耗很大或丧失攻击力后，就不失时机地进行反攻，使比赛形势向有利于我方发展。

5. 通过暗示给我方队员以鼓舞和信心

暗示对稳定运动员的情绪和增强信心起着重要作用。积极的暗示可以增强运动员信心，消极的暗示也可以使运动员失去信心。领队、教练和蔼可亲充满信心的言行，对稳定运动员的情绪是极为重要的。教练员和同伴队员对运动员的支持、赞扬和鼓励，会使运动员情绪更为稳定，使技术得以充分发挥。如果教练员与运动员的关系融洽或教练具有较高权威性，这种暗示将会起更大作用。

不仅他人暗示能鼓舞运动员的情绪和信心，运动员自我暗示也同样能取得良好的效果。比如比赛时自己默念“今天我情绪很好，今天一定能得胜”。这种积极暗示会增强运动员的信心，鼓舞斗志，为充分发挥潜力奠定心理基础。应提及的是肯定型暗示和否定型暗示相比较，肯定型暗示效果更好。例如，想“对手并不可怕”，不如想“我们的力量强，更有希望获胜”。

总之，比赛中心理战术的运用，要根据临场情况变化而灵活运用，为了有效地运用战术心理手段，必须研究比赛中战术心理变化的对策。应付战术心理变化的对策概括为下述几个方面：

第一，当采用先发制人战术心理手段出现意外情况，使战术行动不能奏效时，就应及时改变战术方案并向运动员渗透新的战术行动计划。第二，当比赛的进程有利于向对方的节奏发展时，应及时改变比赛的战斗方案，调整阵容，尽可能扭转比赛进程，使之有利于向我方的节奏发展。第三，当我方的精力遭到消耗时，应鼓舞运动员的信心，激励斗志，发扬勇敢顽强战斗作风，同时及时变更比赛方案，使之变被动为主动。第四，当我方队员拿不定主意变得行动拘束时，教练员应当机立断，设法改变比赛进程，提高运动员战术意识的积极性。第五，当纪律混乱，打乱协调性时，比赛极容易输掉，所以平时训练必须严明纪律，比赛中只有严守纪律，才能统一意志，取得胜利。

教练员是运动比赛的指导者，责任极大。他对比赛计划的制定及改变，比赛发展的趋向，战术的运用，每个运动员的临场表现等，都要进行认真细致的观察分析，作出正确的判断，及时作出相应的对策。有时在比赛中运动员的判断带有一定的片面性，因此要教育运动员服从教练的判断，以便客观地掌握比赛变化形势，牢牢控制比赛的主动权。

三、运动员赛后心理状态

（一）运动员赛后情绪体验的特点

竞赛后运动员无论是胜负，都会产生一种特殊的情绪体验，它对赛后的训练会有重要的影响。赛后运动员的情绪变化取决于很多因素，鲁吉克提出四点：第一，所取得的成绩，成功或失败及其社会意义；第二，所取得的成绩与运动员意愿是否一致；第三，比赛紧张和困难的程度；第四，运动员个人的品质。比赛后运动员存在多种多样的情绪变化，无论是成功者还是失败者，都可能产生积极和消极两方面的情绪。

1. 胜利的运动员赛后的情绪体验。赛后获胜的运动员无疑会产生积极的情绪体验，表现为对自己实力的优越感，对所取得成绩的满意感，荣誉自豪感，确信自己的技术优势，希望加强训练，为今后参加比赛夺取更大胜利。

胜利也会给运动员带来消极的情绪体验，表现为骄傲自满，盲目自信，过高估计自己的能力，目空一切，甚至有的运动员对赛后训练漠不关心，产生懈怠、疏忽和散漫等消极行为。

2. 失败的运动员赛后的情绪体验。比赛失败的运动员通常会产生消极的情绪体验，表现为患得患失，怨天尤人，丧失信心，意气沮丧，自暴自弃等。

运动员失败后也可能产生积极的情绪体验，表现为总结失败的经验教训，加强训练克服缺点，以利于下次比赛获胜。这些运动员对失败持正确态度，认为失败是成功之母，他们通常有远大的奋斗目标和较高的抱负水平。

总之，运动竞赛对运动员赛后心理过程的影响，是由多种因素作用而形成的，运动员对胜负所产生的情绪体验，主要与认知性质及所持态度有密切联系。具有集体主义精神的运动员获得胜利时，会从中得到鼓舞，继续前进，失败时也会从中吸取教训，更加奋发图强、刻苦训练。而抱有个人主义思想参加竞赛的运动员，胜利后会骄傲自满，狂妄自大，失败时则垂头丧气，止步不前。因此，必须提高运动员政治思想水平，培养集体主义精神，才能促进其积极情绪体验的产生。

(二)运动员赛后的心理调整

在比赛中，运动员为了夺取胜利全力以赴地投入到比赛中去，比赛的结果出现了一方是胜利者，一方是失败者，比赛后的瞬间，有的运动员欣喜若狂，有的疲惫不堪地坐在地上，有的惊恐不安地站着，有的呆若木鸡不知所措，有的扶着同伴队员的肩膀大哭，展现了选手们心理活动的各种状态。

运动员比赛时心理紧张情绪，赛后虽然一下子放松了，但由于比赛时精神高度集中，赛后并不是马上就可以恢复到正常平静的心理状态。所以，赛后必须对运动员的心理进行调整。心理调整包括以下几个方面：

1．迅速消除比赛成绩的干扰，正确看待胜负

国外资料表明，比赛成绩是较强的刺激，比赛成绩在运动员大脑皮层中的痕迹作用可长达1～3个月之久。心理实验证明，赛后1个月运动员动作的错误率比平时高20%以上，比赛中失常和意外获胜队员甚至高达50%。因此，优胜者常常陶醉于欣喜兴奋之中，失利者往往陷入沮丧苦恼境地。所以，赛后要及时对运动员进行对待胜负的教育，使之对竞赛的胜负有一个科学的认识和态度。对于失败的选手要树立欢迎别人超过自己，更要有勇气战胜别人的正确观念，要培养不甘落后的进取精神和顽强的意志品质，要相信自己通过训练能够取得胜利。对于获胜的选手要树立远大高尚的追求目标，要克服骄傲自满，淡化个人名利，要客观正确评价自己，加强训练继续拼搏，取得更大胜利。

2．防止丧失自信心

比赛失败的运动员，往往会产生丧失自信心的现象，不只失败者赛后会丧失自信心，就是胜利者如果胜利的情况与自己预想的结果不同，也会产生自信心丧失的问题。

运动员自信心丧失伴随而来的是挫折感产生，自卑感增强，自我评价降低。有的运动员认为自己本来就不具备优秀运动员的素质和条件，不如激流勇退；有的运动员会产生对立、攻击、诿过于人等挫折反应。严重的还会出现各种各样的心理障碍或患运动焦虑症、厌倦性神经症等身心疾病。这对运动员以后的生活、训练以及人际关系都会起着极为不良的影响。因

此，赛后必须有针对性的进行心理调整，加强提高自信心的教育。

3. 消除不正常的攻击性

攻击性是运动员在竞技中产生的重要心理特点，在比赛中运动员攻击的对象是对手。战胜对手，击败对手，超越对手，运动员处于全力拼搏和攻击冲动状态中。在比赛结束后这种攻击状态不会马上消失，特别是失利者由于自己的期望没有得到满足，会产生新的攻击动机，并在新的动机驱使下表现出更强烈的攻击性。

赛后运动员攻击的矛头不是指向对手，因为对手已不复存在。这时攻击的矛头有的指向自己，更多的是指向同伴队员、教练员和裁判员。如抱怨自己无能，抱怨裁判不公，场地设备不好，甚至把个别队员当替罪羊，横加斥责，这些不正常的心理会影响运动员的生活、训练，因此必须进行心理调整。

4. 消除赛后紧张情绪

运动员参加国内外大赛后，紧张激烈的情绪不会马上消失，在比赛中产生的高度紧张焦虑以及优越感、悔恨感也不会像流水那样平静的流逝。赛后必须通过一定的手段消除运动员赛后的紧张情绪，这是不容忽视的一个重要问题。

如何在大赛后对运动员心理进行调整，下面提供几点看法，供参考：

(1)减弱运动员大脑皮层的兴奋度。大赛之后可以组织队员进行参观，游览，暂时离开训练环境或观赏有启发意义的电影、录像、戏剧、音乐等活动。通过这些丰富多采的转移性活动，减弱运动员紧张情绪，降低兴奋水平，使之逐渐恢复到正常心理状态。

(2)对队员及时进行正确对待胜负的教育。通过典型事例的分析，让获胜选手看到自己的不足，使其从沾沾自喜、踌躇满志中清醒过来。让失利选手学会从光明一面观察问题，用两分法去认识分析问题，在不利中看到有利因素，消极中看到积极方面，总结教训，振作精神，认真参加训练。

(3)创设情绪发泄的情境。运动员的激情是平时生活、训练和比赛中客观存在的自然反应，作为一个正常的人是都存在的。而运动员的紧张情绪大多来自强烈的刺激，或对突然变化事物产生不适应以及是认知因素造成的。这些情绪无论来自何方，最忌自我压抑。所以，赛后应创设发泄机会使之倾吐胸中抑郁，解除积闷，或找知己谈心，或利用文字、图画、音乐等疏其激情，导其情绪。也可以通过典型人和典型事例的座谈、讨论等形式，从正面总结比赛经验，强化运动员的好思想、好作风和好行为。

(4)利用自我解脱和转移法消除自卑感，增加自信心。自我解脱就是对运动员在比赛中承受的压力或打击，不是钻牛角尖，越钻路越窄，而是自我安慰、自我说服，提高自我认识的能力，设法从压力和打击下解脱出来，把不良的心理压力引向理智的理解中去，这也是提高自己心理的自我保护能力。

所谓转移法就是通过谈话和采用其他方法转移具有自卑感运动员的注意力，使他们看到光明和希望，建立起自信心。抛开自卑，减少苦闷，并转化为一种活泼向上的力量。

(5)增进自我认识。一个人要正确对待别人，也要正确对待自己，正确对待自己首先要认识自己。大凡能正确认识自己的人，即使身处逆境也能克服困难，在不断适应环境中使自身得到发展。

对自己有正确认识的人，常常是乐观自信的，每个人都有优点和缺点，要正确对待优点，努力改正缺点。要看到世界上没有绝对完美的事物，绝对完美的人则更难找。只有增进自我认识，才能不断克服训练比赛中遇到的困难，才能做到胜不骄，败不馁，不断前进。

本章小结

运动竞赛中心理活动的特点主要有：强烈的竞争性、高度的紧张性和心理适应性。取得竞赛胜利的基本心理条件包括心理能量的激发和抑制；调整适宜的动机强度；克服过度的紧张情绪；顽强的意志、敏捷的思维、高度集中注意力的培养。

运动员赛前情绪状态一般可分为四种：赛前过分激动状态、赛前淡漠状态、赛前盲目乐观状态、战斗准备状态。四种状态中唯有战斗准备状态属于良好的竞技状态。运动员赛前心理准备包括：明确比赛任务，端正比赛动机；形成最佳情绪状态；树立必胜信心；激励战斗意志；提高适应能力，消除干扰因素。

在竞赛过程中运动员会出现以下几种心理状态：情绪振奋状态；陶醉与悔恨状态；竞争情绪状态；体验到荣誉感、自豪感、义务感和责任感的状态。竞赛中影响运动员情绪变化的条件主要有：竞赛的规模和面临比赛的任务；参赛双方实力对比；训练程度和比赛经验；参加比赛的动机性质；运动员的意志品质。竞赛中常用的战术心理手段主要有：知己知彼，以己之长，攻彼之短；出其不意，攻其不备，先发制人；诱使对手麻痹大意，给对手增加心理负担；消耗对手精力，保持我方情绪稳定;通过暗示给我方队员以鼓舞和信心。

赛后对运动员的心理调整主要包括以下方面:迅速消除比赛成绩的干扰,正确看待胜负;防止丧失自信心;消除不正常的攻击性;消除赛后紧张情绪。

思 考 题

1. 简要说明运动竞赛的一般心理特点。
2. 简要说明取得竞赛胜利的基本心理条件。
3. 运动员在赛前应做好哪些心理准备?
4. 在竞赛中经常运用哪些心理战术?
5. 竞赛中影响运动员情绪变化的条件主要有哪些?

作 业 题

1. 结合自己训练比赛经验谈谈运动员赛前焦虑的特点及其控制方法。

2. 你认为运动员赛后心理状态有哪几种?使用什么方法进行调整?谈谈自己的经验。

主要参考书目

1. 运动心理学教材组:《运动心理学》(体育学院通用教材),人民体育出版社,北京,1988年。
2. 杨宗义主编:《体育心理学》,西南师范大学出版社,重庆,1991年。
3. 王天生等:《体育运动心理学》,广州体育学院学报编辑部,广州,1986年。
4. 李建周等:《体育运动心理学》,吉林教育出版社,长春,1990年。
5. 祝蓓里:《运动心理学原理与应用》,华东化工学院出版社,上海,1992年。
6. 邱宜均主编:《运动心理诊断学》,中国地质大学出版社,武汉,1992年。
7. 车文博等:《心理学原理》,黑龙江人民出版社,哈尔滨,1986年。
8. 杨博民主编:《心理实验纲要》,北京大学出版社,北京,1991年。
9. 杨治良主编:《实验心理学》,华东师范大学出版社,上海,1991年。
10. 朱智贤主编:《心理学大词典》,北京师范大学出版社,北京,1989年。
11. 朱智贤:《儿童心理学》,人民教育出版社,北京,1980年。
12. 彭凯平:《心理测验》,华夏出版社,北京,1989年。
13. 孟昭兰:《人类情绪》,上海人民出版社,上海,1989年。

14. 车文博主编:《心理治疗指南》,吉林人民出版社,长春,1990年。
15. [苏]古梅纽克等著,聂锦波等译:《运动心理卫生学》,人民体育出版社,北京,1984年。
16. [美]托马斯·塔特科等著,沈爱如等译:《实用运动训练心理学》,人民体育出版社,北京,1984年。
17. 张苏范等编译:《生物反馈新的心理治疗》,北京科学技术出版社,北京,1987年。
18. 王惠民等编译:《心理技能训练指南》,人民体育出版社,北京,1992年。

说　　明

本书原为上海世界图书出版公司出版，1999 年 1 月以版权转让形式由我社出版。为应急需，此次再版我们只对初步检查发现的差错作了更正，具体见下表。

人民体育出版社

1999 年 2 月

页数	行数	误	正
17	12	给合	结合
55	10	学得的运动技术	学到的运动技术
59	倒 2	容易最大上限	容量最大上限
93	倒 3	将意志定义为人自觉地确定目，	将意志定义为人自觉地确定目的，
109	11	实出特点	突出特点
113	倒 2	同卵双生子人小在不同环境中长大	同卵双生子从小在不同环境中长大
115	倒 8	……与与个性心理状态……	……及个性心理状态……
127	表 4-2	16.45	20.95
128	7、10	图 4－5	图 4－3
143	5	当被试认为为……	当被试认为在……
150	4	由■罔美延等修订	由过罔美延等修订
152	11	“竞争对跳跃能力影响的测定”、	删掉
157	1	3～4%	3%～4%
179	1	使他们人中……	使他们从中……
185	5	深入了探讨	深入了解探讨

页数	行数	误	正
189	17~18	有时表现为迫使自己去完成应当完成的任务，	删掉
192	14	对自己的整个心理面貌进评价	对自己的整个心理面貌进行评价
199	5	什么是广义是心理发展	什么是广义的心理发展
204	倒10	便全造福于社会	便会造福于社会
207	倒6	自然随之同步而高升	自然随之同步而升高
211	倒11	体教师	体育教师
212	倒2	也可影响学生	也会影响学生
256	12	80~90%	80%~90%
258	2	影响……的因素什么?	影响……的因素是什么?
272	7	50~55%	50%~55%
276	14	高级神级活动	高级神经活动
278	6	父母离异造成儿童的经济失持	父母离异造成子女的心理压力
308	倒3	指向集中在……	集中指向在……
317	倒7	……的速度和培养运动员……	……的速度以及培养运动员……
323	倒11	……心理调节，……心理调整。	……心理调节和……心理调整。
330	倒10	再紧张，放松……	再紧张，再放松……
330	倒6	现地，	现在，
334	2	要化很长时间	要花很长时间
339	1	……运动员注意两维度模式。	……运动员注意两维度模式，见图10-1。
339	倒10	广阔-内部类型，广阔-外部类型	广阔-内部型，广阔-外部型
358	倒5	仅就……三方面可见	仅就……三方面即可见
367	10	“……“我”……”	“……‘我’……”
367	14	模糊感、恐惧、不安感……	模糊感、恐惧感、不安感……

图书在版编目(CIP)数据

体育心理学 / 全国体育院校成人教育协作组编. –北京：人民体育出版社，1999（2018.9.重印）
体育学院函授教材
ISBN 978-7-5009-1754-0

Ⅰ.体… Ⅱ.全… Ⅲ.体育心理学–高等教育：函授教育–教材 Ⅳ.G804.4

中国版本图书馆 CIP 数据核字(1999)第 04593 号

*

人民体育出版社出版发行
北京京华虎彩印刷有限公司印刷
新华书店经销

*

787×1092 32 开本 13 印张 272 千字
1999 年 6 月第 1 版 2018 年 9 月第 17 次印刷
印数：71,371—72,370 册

*

ISBN 978-7-5009-1754-0
定价：45.00 元

社址：北京市东城区体育馆路 8 号（天坛公园东门）
电话：67151482（发行部） 邮编：100061
传真：67151483 邮购：67118491
网址：www.sportspublish.cn
（购买本社图书，如遇有缺损页可与邮购部联系）